KB169168

노자

실증적 『노자』 읽기

리링李零 지음 | 김갑수 옮김

글항아리

앞에 쓰는 말

『노자』는 굉장히 재미있다. 형식상으로나 내용상으로나 논리적 서술의 측면에서나 문학적 수법의 측면에서나 모두 대단히 독특하다. 이러한 독특함은 어디서 오는 것일까? 나는 줄곧 생각해왔다. 중고등학교 시절부터 생각했고, 지금까지 생각하고 있지만, 그 까닭을 아직 완전히 다 알아내지 못했다. 여러분에게 참고가 되도록 여기서 한번 정리를 시도해보기로 하자.

용과 같은 노자

옛날 책 가운데 노자에 대해 가장 많이 이야기하는 책은 『장자』다. 『장자』에서 노자를 이야기할 때 노자를 스승이라 하고 공자를 제자라고 한다. 그들을 항상 하나로 묶어놓으면서 노자를 높이고 공자를 깎아내린다. 사마천이 『사기』 「노자한비열전」을 쓸 때 이 같은 반半문학적·반半상상적인 이야기를 감히 많이 인용하지는 못했다. 그러나 이런 이야기들을 떠나 그는 달리 말할 만한 게 별로 없었다. 이것이 그에게는 어려운 문제였다.

사마천은 공자에 대해 설명할 때 아주 많은 이야기가 있었기 때문에 그것을 연보에 배치할 수 있었고, 그래서 1년씩 차근차근 설명해 나갔다. 공자의 제자들 또한 이름이 있었고 성도 있어 일렬로 길게 늘어놓았고 그 분량도 매우 엄청나다. 그러나 노자를 설명할 때는 세 명의 노자를 한데 묶어놓았고, 그 글자 수도 겨우 435자(같은 글자 7자 포함)이고, 노담은 겨우 236자(같은 글자 2자 포함)에 불과하며, 기본적인 연대도 없고, 기초적인 사적事蹟도 없다. 공자와는 아예 비교조차 안 된다. 제자들에 대한 설명도 그저 관윤희關尹喜 한 사람에 대해서만 나온다. 노자의 이미지도 매우 모호하여 진짜인지 가짜인지 헷갈리게 한다.

도가는 신비감을 즐긴다. 무엇이든 투명하고 분명하게 하면 신비감이 없다. 조금 비워두면 미학적 효과는 더 커진다.

사마천의 「노자한비열전」을 읽을 때는 뭔가 중요하게 고려할 점이 있다. 같이 읽어보도록 하자.

1) 노자는 노수성老壽星이다

노인 말을 듣지 않으면 눈뜨고 코 베인다는 속담이 있다. 중국 전통에서는 노인을 존경하고 노인을 아꼈으며, 나이든 사람들로부터 들은 것과 그들이 들려주는 교훈을 특별히 중시했다. 노자를 노자라고 부른 것은 그의 성이나 씨가 노老라서가 아니라 그가 오래 살았기 때문이다. 그는 고대에 유명한 노수성老壽星[1]이었다. 옛날 책에 보이는 사람 중에 고대의 노수성으로 가장 이름 난 사람은 팽조彭祖일 것이다. 옛날 책 가운데 팽조를 언급한 가장 이른 것은 『논어』다. 공자는 그를 "노팽"이라고 불렀다.(「술이」 7.1) 우리는 "노팽"의 의미는 노자와 팽조가 아니라 매우 오래 산 팽조라는 뜻임을 알아야 한다.[2] 죽간과 백서 등의 고서古書, 상하이박물관의 초나라 죽간楚簡, 마왕두이馬王堆에서 발굴된 백서帛書 등에서도 모두 노팽을 언급하고, 그와 함께 있는 또 다른 고로耇老 한 분이 있다. 그 역시 노수성이다. 노자의 "노老"가 이런 뜻이라는 것을 알아야 한다. 이것은 신선의 색채를 띤 첫 번째 칭호다.

2) 노자는 성이 이李, 이름이 이耳, 자가 담聃, 초나라 고현苦縣 사람

엄격하게 말하면 이는 씨氏이지 성姓이 아니다. 사마천은 성과 씨를 분명하게 구분하지 않았다. 그의 이름名(어려서의 이름, 가까운 사람들끼리 부르는 이름)은 이耳이고, 자字(성인이 된 뒤의 존함)가 담이다. 후인들은 이름을 보고 그는 아마도 귀가 무척 큰 사람, 기괴하고 기분 나쁘게 생긴 사람일 것이라고 추측한다.[3]

선진시대의 성씨와 이름 짓는 관례에 따르면 노자는 본래 이자李子라고 불러야 하고, 완전한 호칭으로는 노리자老李子라고 해야 한다.

1 중국의 전설에서 장수를 상징하는 복신福神을 가리키며, 나중에는 나이가 많은 노인을 높여 부르는 말로 쓰게 되었다.— 옮긴이

2 李零, 『喪家狗』, 山西人民出版社, 2007, 142~143쪽. 우리말 번역본, 리링, 『집 잃은 개 1』, 김갑수 옮김, 글항아리, 2012, 350~353쪽.

3 옛날 사람들은 또 노자를 순임금의 친구인 백양伯陽, 주나라 유왕의 태사였던 백양伯陽 등과 하나로 묶어버린 다음 그의 자를 백양伯陽이라고 했다. 예를 들면 한대 연희 8년(165)에 변소邊韶의 『노자명老子銘』에 이미 이런 견해가 보인다. 당나라의 사마정司馬貞과 장수절張守節도 노자의 자를 백양이라고 말했는데(『사기』 「노자한비열전」의 정의와 색은), 그들은 노자의 나이를 계속 위로 끌어올렸다. 이는 한당 시기의 신선가의 주장이다. 그러나 사마천은 이런 견해에 대해 언급하지 않았다.

그러나 옛날 책에서 습관적으로 노자라고 불렀다. 노老라고 한 것은 성을 말한 것이 아니라 성씨를 생략해버린 것이다. 『장자』에서는 노자를 말할 때 크게 존경하여 그를 "노담老聃"이라고 불렀다. "노"는 노수老壽, 즉 장수했다는 뜻이지 성씨가 아니며, 자字를 불렀고 이름을 부르지 않았다.[1]

사마천은 노자가 초나라 고현苦縣 여향厲鄕 곡인리曲仁里 사람이라고 했다. 이것은 그의 본적지다.

고현은 지금 허난河南성 루이鹿邑이고, 여향은 뇌향賴鄕이고 옛날 뇌국賴國이 있던 곳이다. 곡인리는 이 뇌향 아래 있는 거주 단위다. 이 지역에는 나중에 태청궁太淸宮이라는 저명한 종교 건축물이 세워졌다. 태청궁의 전신은 후한後漢의 노자 사당이었고, 당송 시기에는 태청궁이라고 불렀다. 1997년 허난성에서 고고학에 종사하는 사람이 태청궁 유적지를 발굴하다가 서주의 대묘 장자구묘長子口墓를 발견했다.[2] 그러니 초나라는 곧 후베이湖北·후난湖南이라고 생각해서는 안 된다.

3) 노리자老李子와 노래자老萊子는 같은 사람

사마천은 왜 노래자를 「노자한비열전」 속에 집어넣었을까? 그 이유는 매우 단순하다. 노래자와 노담, 즉 위에서 말한 노리자는 모두 초나라 사람이었기 때문이다. 그들은 모두 공자를 만났었고, 모두 도

1 『통지通志』「씨족략사氏族略四」에서는 노씨를 열거하고 있다. 일설에 노동老童의 후예라 하고, 다른 일설로는 노담老聃·노래자老萊子의 후예라고 하는데, "그런 얘기는 전혀 들어본 적이 없다. 그들이 장수했기 때문에 노라는 말로 부르다가 결국 그것이 성씨가 되었다幷無聞焉, 以其老也. 故以老稱之, 遂爲氏." 이전 사람들이 이미 노는 씨가 아니라 노수를 가리키는 말일 뿐이라고 자주 지적했다.

2 湖南省文物考古研究所, 周口文化局, 『鹿邑太淸宮長子口墓』, 鄭州: 中州古籍出版社, 2000.

가이고, 말하는 내용이 비슷하고, 정말 같은 사람 같다. 예를 들면 노자는 이는 딱딱하고 혀는 부드럽지만, 사람이 늙어 이는 다 빠져버려도 혀는 남아 있다고 비유한 적이 있다. 이 말은 옛날 책에서 여러 번 언급되었는데, 어떤 때는 노자의 말이라 하고, 어떤 때는 노래자의 말이라고 한다.

많은 사람이 이씨 성은 모두 서북인이라고 생각하고 있다. 예를 들면 출토된 진인秦印(진나라 때의 도장) 가운데 이씨 성의 것이 매우 많다. 그러나 초나라에도 이씨 성을 가진 사람이 많았다. 예를 들어 바오산包山 초나라 죽간에는 많은 인명이 나오는데 이씨 성이다. 진나라의 이李자는 이른바 "목자리木子李"이지만 초나라의 이李자는 李라고 써서 모양이 좀 이상하다. 위쪽에 있는 것은 목木자가 아니라 내來자다. 내자와 이자는 모두 내모지부來母之部에 속하는 글자로서[1] 옛날 음이 완전히 같았고 글자의 모양도 서로 비슷하다. 우리가 오늘날 쓰고 있는 이李자는 한대의 글자 모양이고, 한대의 글자 모양은 진나라 계통 문자의 글자 모양을 따른 것이다. 우리는 초나라 문자에서 이자를 어떻게 썼는지 알 수 없고, 따라서 내萊자와 이李자가 어떤 관계였는지 상상할 수 없는 것도 당연하다. 이러한 맥락을 알아야 비로소 원래 사마천이 말한 세 명의 노자 가운데 앞의 두 사람은 같은 사람이라는 사실을 어렴풋이나마 깨달을 수 있다.

노리자와 노래자는 같은 사람이다. 그러나 "노래자는 15편의 글을

1 고대 한어는 29개의 운부韻部와 33개의 성모聲母로 소릿값을 표시했다. 우리말로 치면 자음에 속하는 것이 성모이고, 모음과 받침에 속하는 부분이 운부다. 한 글자의 음을 표시할 때 X母Y部의 형식으로 성모와 운부를 동시에 표시한다. 예를 들어 어떤 글자가 X母Y部에 속한다고 가정하면 X라는 자음과 Y라는 모음으로 이루어진 글자라는 뜻이다.—옮긴이

썼다. 그것은 도에 대한 내용의 노랫말로 사용한 것으로서老萊子著書十五篇, 言道歌之用" 『노래자』와 『노자』는 다른 책이다. 『노자』는 철학적인 문체로서 『노자』 내편 격이고, 『노래자』는 이야기식 문체였을 것이며 『노자』 외편 격이었을 것이다. 후대의 사람들이 책의 저자를 확정할 때 노자와 노래자를 두 사람으로 나누었지만, 이제 그 둘을 한 사람으로 간주해야 한다. 노래자라는 이 이름은 초나라 문자의 자체字體에 남아 있다.[1]

4) 공자가 노자를 만나다

공자가 노자를 만난 것에 대해 묘사한 것은 『장자』에 보이는 것이 거의 전부다. 『장자』는 노자를 뿌리로 삼았다. 『장자』에 묘사된 내용은 과장이 심하며, 도처에서 노자를 높이고 공자를 깎아내렸다.[2] 『장자』의 이야기는 한대에 유행했기 때문에 화상석畵像石에 자주 보인다. 그림에 보면 노자와 공자는 서로 국궁鞠躬을 하고 있고 중간에 어린아이가 끼어서 일부러 공자를 난처하게 만들고 있다. 그는 항탁項橐이라고 부르는 전설 속의 신동神童이다. 사마천은 그들 두 사람이 만나는 장면을 묘사할 때 노자를 굉장히 신성스럽게 설명했고, 높은 곳에서 아래로 내려다보고 있는 것으로 설명했다. 노자는 공자에게 "그대의 교만스러운 태도와 넘치는 의욕을 버리고 자만스러운 표정과 사치스러운 생각을 버려라"[3]라고 충고했다. 공자는 화를 내지 않았을

1 李零, 「老李子和老萊子」 『郭店楚簡校讀記』, 北京大學出版社, 2002, 195~202쪽.

2 공자가 노담을 만난 것에 대해서는 『장자』의 「천지」 「천도」 「천운」 「전자방」 「지북유」 등의 편에 보이고, 공자가 노래자를 만난 것은 『장자』 「외물」 편에 보인다.

3 사마천, 『사기』 「노자한비열전」: 去子之驕氣與多欲, 態色與淫志. 『장자』 「외물」 편에서 공자가 노래자를 만났을 때 이와 비슷하게 말했다.

뿐만 아니라 오히려 노자를 한 마리의 용과 같다고 과장하여 비유하면서 새나 짐승이나 벌레나 물고기 등과 같은 동물에 대해서는 탐구하여 알 수 있지만 용에 대해서는 알 수 없다고 극찬했다.[1]

사마천은 이렇게 말했다. "세상에서 노자의 학문을 배우면 유학을 배척하고, 유학 역시 노자를 배척했다. 도가 다르면 함께 일을 계획하지 않았다."[2] 이 말은 전한前漢 시기의 유가와 도가의 투쟁을 반영한 것이다. 한나라 초기엔 황로黃老를 숭배했고, 이때 노자는 가장 높은 대접을 받았다. 무제가 유술儒術을 받들자 유가는 비로소 활개를 치고 다닐 수 있었다. 공자는 그 즉시 신세가 확 피었지만, 노자가 여전히 영향력을 행사하고 있었기 때문에 유가는 계속 노자의 명성으로부터 도움을 받을 수밖에 없었다. 그 때문에 위에서 말한 화상석이 크게 유행했다.

옛날 사람들은 공자를 봉황새(『논어』「미자」 18.5)에 비유하고, 봉황새는 상서로운 동물(『논어』「자한」 9.9)이라고 말했다. 봉황새에 대한 비유는 천하가 태평하여 성인이 강림한다는 것을 암시하는 것이다. 이것은 공자의 별명이다. 노자는 봉황새가 아니라 용이었고, 머리를 감추고 꼬리만 드러내면서 구름 속에 숨었다. 그들은 난세에 살았기 때문에 역할이 서로 달랐다.

5) 공자가 만난 노자는 주나라 태사담과는 무관하다

사마천은 왜 주나라 태사담太史儋을 「노자한비열전」 속에 집어넣

1 『장자』「천운」 편에서 공자가 노담을 만나는 장면을 이야기할 때 이와 비슷한 말이 있다. 사마천은 이 두 가지 노자 말을 고쳐 쓰면서 하나로 뒤섞어 설명했다.

2 사마천, 『사기』「노자한비열전」: 世之學老子者則絀儒學, 儒學亦絀老子. 道不同不相爲謀.

었을까? 그 이유는 아주 간단하다. 첫째, 그들은 모두 주나라의 도읍인 낙양에서 봉직했다. 이이李耳는 "주나라 수장실의 사史"였고, 주나라 태사담도 주나라 태사太史로서 두 사람은 모두 주나라의 사관史官이었다. 둘째, 담聃과 담儋의 옛날 발음은 비슷했기 때문에 이 두 글자는 통가자通假字, 즉 서로 바꿔 쓸 수 있는 글자였다.

주나라 태사담은 전국시대 중기의 사람이다. 전하는 바에 따르면 그는 기원전 374년에 다음과 같이 예언했다. 즉 주周나라와 진秦나라는 본래 하나로 합쳐진 나라였지만 나중에 나뉘고, 나뉜 뒤 500년이 지나면 다시 하나로 합쳐지며, 그로부터 다시 17년이 지나면 패왕霸王이 나타날 것이라고.[1] 그가 예언한 "대추세"는 진나라가 동주와 서주를 없애고 천하를 하나로 겸병한 것을 가리킨다. 이는 당연히 후세 사람들이 원인과 결과를 뒤바꾼 것이며, 역사적 사실을 거꾸로 소급하여 예언한 일이 있었던 것처럼 꾸며낸 것이다.

노자는 매우 나이가 많았다. 몇 살까지 살았을까? 사마천은 노자가 "도를 닦아 수명이 늘어났기 때문에 다른 사람보다 오래 살았다. 아마도 160세까지 살았을 것이며, 200여 세까지 살았다고 하는 사람도 있다"고 말했다. 예전에 어떤 사람은 사마천이 노담과 태사담 등의 나이를 합산했기 때문에 그렇게 많았다고 말했다.[2] 사람이 그렇게

---

1 『사기』의 「주본기周本紀」「진본기秦本紀」「봉선서封禪書」「노자한비열전」.

2 瀧川資言, 水澤利忠, 『史記會注考證附校補』(상하이고적출판사, 1986년, 1300쪽) 참고. 내 생각은 이렇다. 공자는 기원전 552년에 태어나 기원전 479년에 죽었다. 노자는 공자보다 나이가 많았고 따라서 태어난 해도 당연히 공자보다 일렀다. 주나라 태사담이 예언한 해는 기원전 374년이기 때문에 그가 죽은 해는 당연히 그보다 늦을 것이다. 기원전 552년에서 기원전 374년까지는 179년으로 이 숫자는 160년보다는 길고 200년보다는 짧다. 사마천은 기원전 374년은 공자가 죽은 해로부터 129년이라는 시간이 지난 시점이라고 했지만, 실은 106년이다.

오래 산다는 것에 대해 우리는 황당하게 생각하지만, 사마천은 정상적인 것으로 생각했다. 한대에는 신선가神仙家의 학설이 성행했고, 노수성은 살아 있는 신선이었다. 예를 들면 묵자墨子가 후한대까지 살 수 있었다 해도 그것은 조금도 진기한 일이 아니었다. 『열선전列仙傳』『신선전神仙傳』 속에는 이런 이야기가 굉장히 많다. 노자는 가장 뛰어난 사람으로 발탁되어 일찌감치 합격자 명단에 이름이 올라 있었다.

노자를 연구하는 사람들에는 두 가지 경향이 있다. 하나의 경향은 노자는 공자보다 이른 사람이고 그 때문에 『노자』는 『논어』보다 이르다고 보는 것이다.[1] 다른 하나의 경향은 그것과는 완전히 반대로 『노자』는 『논어』보다 늦고, 따라서 노자는 공자보다 늦으며 주나라 태사 담이 바로 진짜 노자이며 『노자』는 그가 쓴 책이라고 보는 것이다.[2]

나는 사람은 사람이고, 책은 책이기 때문에 그 두 가지는 당연히 분리해서 이야기해야 한다고 생각한다. 사람이 혹시 좀 일찍 살았다 하더라도 책이 반드시 아주 일찍 나오는 것은 아니기 때문이다.

6) 노자의 후손

한대에 단간리段干李씨가 있었는데 노담에게서 나왔다. 그 다음 세대 자손의 세계世系는 다음과 같다. 노담老聃—이종李宗—이주李注—이궁李宮—○—○—○—이가李假—이해李解. 이 표는 당시의 족보를 이용한 것이다. 노자의 후손은 8대만에 한 문제文帝까지 이른

1 천구잉陳鼓應의 「노학老學은 공학孔學보다 앞선다」, 『老莊新論』, 上海古籍出版社, 1992, 43~58쪽; 리쉐친李學勤의 「노자의 연대에 대해 논함」, 『當代學者自選文庫: 李學勤卷』, 安徽教育出版社, 1999, 578~586쪽.

2 허빙디何炳棣, 「사마담 및 사마천과 노자의 연대」, 『有關孫子老子的三篇考證』, 中央研究院近代史研究所, 2002, 71~99쪽.

다. 아마도 세대의 수가 부족한 것 같다. 아무리 넉넉하게 잡아도 태사 담에서 그친다. 그러나 사마천은 위아래로 200년이라는 신축의 여지를 두면서도 그에게는 그것이 모순으로 생각되지 않았다.

7) 공자와 그 밖의 인물

사마천은 노자는 서쪽으로 함곡관을 빠져나갔고 어디서 죽었는지 모른다고 말함으로써 후대 사람들에게 상상의 공간을 남겨두었다. 그가 진나라로 갔다고 하는 사람도 있고, 그가 서역(인도)으로 갔다고 하는 사람도 있지만, 어쨌든 중심으로부터 멀리 떨어져 변두리 끝에 살았다는 것이다. 후한 시기에 불교와 도교가 서로 싸울 때 이른바 노자화호설老子化胡說이라는 것이 등장했다. 그것은 바로 이러한 상상의 공간을 이용한 것이다.

사마천은 노자에 대해 설명할 때 장주莊周, 신불해申不害, 한비韓非 등과 같은 전傳 속에 넣었다. 노자는 오늘날의 루이鹿邑 사람이고, 장자는 오늘날의 민촨民權 사람이고, 신불해는 오늘날의 싱양滎陽 사람이고, 한비는 오늘날의 신정新鄭 사람이다. 루이와 민촨은 허난 동부에 있고 각각 초나라와 송나라에 속했었다. 싱양과 신정은 허난 중부에 있고 모두 한나라에 속했었다. 노학은 줄곧 두 파로 나뉘어 있었다. 한 파는 무위파고 다른 한 파는 유위파다. 장주는 혼자서 노자의 학문을 지키면서 유가와 묵가를 비판했고, 왕족이나 귀족들을 인정하지 않았다. 그는 넓은 의미의 도가 중의 무위파(좁은 의미의 도가)에 속한다. 신불해와 한비는 형명법술학刑名法術學에 주력했다. 그들은 넓은 의미의 도가 중의 유위파(좁은 의미의 법가)에 속한다. 사마천은 두 학파가 모두 노자의 후예라고 생각했다.

초나라 도가의 원산지는 오늘날 허난 동부(송宋나라, 위衛나라, 정鄭나라, 진陳나라, 채蔡나라 일대)다. 공자가 주유열국할 때 많은 광인狂人과 마주쳤던 곳이 공교롭게도 이 일대였다. 허난 역시 사상이 발생한 지방이다.

모호한 책, 『노자』

사마천은 노자를 일러 "숨어 있는 군자隱君子"라고 말하면서 이름을 숨길 것을 제창했다. 노자는 낙양洛陽에서 오래 머물다가 세상이 나날이 잘못되어가는 것을 보고서는 마침내 관직을 버리고 그곳을 떠나 곧바로 대서북大西北[1]까지 달려갔다. 그는 계속 서쪽으로 가다가 오늘날의 허난성 링바오靈寶의 한구관函谷關(함곡관)에 도착했다. 그때 국경의 관문을 지키고 있던 관윤희關尹喜가 그를 잠시 머물도록 붙들었다. 그는 노자가 그렇게 가버리고 나면 노자가 품고 있던 학문도 함께 사라져버릴 것이고, 그러면 그 다음에는 아무도 그것을 알 수 없을 것이라는 점을 염려했다. 그래서 그는 노자에게 어찌됐든 며칠 동안 머물면서 자신들에게 무언가를 남겨달라고 요청했다.[2] "이렇게 해서 노자는 상·하편의 책을 저술했고, 내용은 도덕의 의미를 설명하고 있으며 분량은 총 5000여 자다."[3] 이 책이 바로 나중에 『노

1 네이멍구內蒙古의 일부를 포함한 산시陝西, 간쑤甘肅, 닝샤寧夏, 칭하이青海, 신장新疆에 대한 통칭.—옮긴이

2 루쉰魯迅은 「국경을 나가다出關」에서 매우 흥미롭게 묘사했다. 『루쉰전집』 제2권(인민문학출판사, 1956, 387~397쪽)을 보라.

3 사마천, 『사기』 「노자한비열전」: 於是老子乃著書上下篇, 言道德之意, 五千餘言.

자』 혹은 『도덕경』이라고 불리게 되는 책이다.

『노자』는 원래 어떤 책이었을까? 나는 다음과 같이 소개해보기로 한다.

1) 상편과 하편 혹은 상경과 하경으로 나뉘며, 총 81장에 매우 짧고, 대략 5000자 정도[1]

통행본 『도덕경』은 「상경上經」과 「하경下經」 등 두 가지로 구분되어 있다. 「도경」은 제1장에서 제37장까지고, 「덕경」은 제38장에서 제81장까지다. 전해 내려오는 책은 두 종류다. 하상공본河上公本, 왕필본王弼本, 부혁본傅奕本은 「도경」을 상편이라 하고, 「덕경」을 하편이라 한다.[2] 엄준본嚴遵本은 오행의 수를 빌려 72편으로 나누었다. 엄준본의 「상경」 40편이 아직 남아 있는데, 그것은 「덕경」 제38장, 제39장, 제41~81장(제40장만 빠졌음)에 해당한다. 「하경」 32편과 29편에는 빠

1 『노자』의 글자 수는 나의 제자 쑤샤오웨이蘇曉威의 통계에 따르면 다음과 같다. 마왕두이 백서馬王堆帛書 갑본은 5344자이고, 을본은 5342자다(중복된 글자 124자를 뺀 것). 통행본 중 하상공河上公의 『도덕경장구道德經章句』는 5201자(중복된 글자 94자를 뺀 것)이고, 왕필王弼의 『노자도덕경주老子道德經注』는 5162자(중복된 글자 106자를 뺀 것)이며, 부혁傅奕의 『도덕경고본道德經古本』은 5450자(중복된 글자 106자를 뺀 것)다. 엄준嚴遵의 『도덕진경지귀道德眞經指歸』, 장도릉張道陵의 『노자상이주老子想爾注』 등은 온전한 책이 남아 있지 않기 때문에 통계를 뽑지 않았다. 라오쭝이饒宗頤 선생은 동한 이후의 문헌은 허자虛字를 뺀 책과 허자를 빼지 않은 책으로 구분된다고 지적했다. 앞의 경우에 해당하는 것은 도교에서 전해오는 책으로서 허자를 자주 빼거나 생략해버렸기 때문에 5000자에 가깝다. 가령 갈홍이 편찬한 하상공의 『도덕경장구』는 4999자뿐인데, 바로 이런 책이 그 예다. 둔황본敦煌本 성현영成玄英의 『노자개제老子開題』에서 "계사본系師本(장로張魯가 편찬한 것)이나 갈본葛本(갈현葛玄이 편찬한 것)은 5000자가 못 된다"고 했다. 원인은 다음과 같은 데 있다. 즉 제11장 "卅辐共一轂삽폭공일곡"의 "卅삽"은 "三十삼십"을 합한 글자이기 때문에 여기서 한 글자가 줄어들었다. 라오쭝이의 『노자상이주교증老子想爾注校證』(상하이고적출판사, 1991, 49쪽, 52쪽) 참조.

2 하상공본에는 각 장마다 제목이 있다. 모든 장은 각각 두 글자로써 그 장의 대의를 보여주고 있다.

진 글자가 있다. 이는 「도경」 제1~17장, 제20장, 제22~26장, 제28~29장, 제31장, 제33장, 제35장, 제36장 등에 해당하며, 3편이 빠져 있다.(범위는 「도경」 제18장, 제19장, 제21장, 제27장, 제30장, 제32장, 제34장, 제37장 안에 포함된다)[1] 상이주본想爾注本은 불완전한 책으로 『도덕경상』의 제3장에서 제37장까지만 있다. 이 역시 「도경」을 앞에 두고 있지만, 장을 나누지 않고 이어서 베껴 썼다.

『노자』를 『도덕경』이라고 부른다. 도와 덕 두 글자의 배열 순서에서 봐도 그렇고, 도와 덕 두 글자의 논리적인 관계에서 봐도 본래부터 당연히 그렇게 불렀을 것이다. 그러나 덕자를 앞에 배치하고 도자를 뒤에 배치한 책도 매우 오래전부터 있었다. 예를 들면 마왕두이 백서본이 바로 「덕경」을 상편으로 삼고, 「도경」을 하편으로 삼고 있다. 『한비자』 「해로解老」에서도 「덕경」을 위주로 하면서 시작하자마자 장황하게 설명을 늘어놓고 있는데, 제38장에 대해 먼저 이야기하고 있다.[2] 그 때문에 도가 앞에 배치된 것은 도가에서 전해지는 책이고, 덕이 앞에 배치된 것은 법가에서 전해지는 책이라고 추측하는 사람도 있다.[3]

1 엄준본은 「상경」이 40편인데, 오늘날 통행본 제38~39장, 제41~81장에 해당한다. 그 가운데 제39장과 제41장은 하나의 장으로 합해져 있고, 제57장과 제58장 윗부분의 반쪽이 하나의 편으로 합해져 있으며, 제58장 아랫부분 반쪽과 제59장이 하나의 편으로 합해져 있고, 제67장과 제68장이 하나의 편으로 합해져 있으며, 제78장과 제79장이 하나의 편으로 합해져 있다.

2 「해로」 편의 인용 순서는 통행본 제38장, 제58장, 제59장, 제60장, 제46장, 제14장, 제1장, 제50장, 제69장, 제53장, 제54장이다. 「유로喩老」 편의 인용 순서는 통행본 제46장, 제54장, 제26장, 제36장, 제63장, 제64장, 제52장, 제3장, 제64장, 제47장, 제41장, 제33장, 제27장이다. 궈뎬郭店 초나라 죽간본楚簡本에는 세 벌의 간문簡文이 있지만, 오늘날 통행본과의 대응관계는 그다지 일치하지 않는다.

3 高亨·池曦朝, 「試談馬王堆漢墓中的帛書老子」, 『文物』 1974년 11기, 1~7쪽.

2) 각 장이 짧고, 압운押韻이 있으며 운각韻脚(운이 되는 글자)이 매우 치밀하여 마치 순구류順口溜[1]와 같다(제73장이 가장 전형적임)

사람들은 『노자』를 철학적 시라고 부른다. 사실 『노자』는 운문으로 되어 있지만 시가는 아니다. 압운은 입에서 술술 나와 암송하기 편하다. 중국 고대의 운문, 시가, 산문 등은 확연하게 구분할 수 없다. 그것들을 구별하는 관건은 다음과 같다. 시가는 노래로 부를 수 있고 또 암송만 하고 노래로는 부르지 않을 수도 있어야 한다. 운문은 음악이 수반되지 않고 그저 읊조리며 암송할 수만 있다. 운문은 압운을 위주로 하고 있으며, 산문은 운을 쓰지 않거나 혹은 조금 쓴다. 고대의 운문은 한대에는 부賦라고 불렀는데 『초사楚辭』가 그 속에 포함된다. 『초사』와 『시경』은 어떤 점에서 구별될까? 어떤 사람은 『시경』은 네 글자로 씌어 있고 격식이 잘 갖추어져 있으며, 혜兮라는 후렴 글자를 쓰지 않지만, 『초사』는 장단구長短句가 많고 항상 혜兮를 후렴으로 사용한다고 생각하지만, 다 그런 것은 아니다. 서로 상반된 예가 양쪽에 다 있다. 양자를 구별하는 관건은 아마도 둘의 곡조가 원래 달랐을 것이라는 데 있다. 『노자』는 글귀의 방식이 들쭉날쭉하며, 혜兮자를 섞어 쓰고 있기 때문에 그것을 초사체라고 생각하는 사람이 있지만, 맞지 않다. 또 시경체라고 생각하는 사람이 있지만, 역시 맞지 않다. 그것은 선진先秦의 부체賦體에 더 가깝다.[2]

3) 논거는 없고 이치만 말하고 있으며, 인물이 없고 이야기가 없다

『노자』와 『논어』는 다르다. 『논어』에는 156명의 사람이 나오지만,

1 즉흥적인 문구에 가락을 먹여서 노래하는 민간 예술의 한 가지.—옮긴이

2 李零, 『簡帛古書與學術原流』, 三聯書店, 2004, 325~339쪽.

『노자』에는 없다. 고요하고, 쓸쓸하며 휑한 정적만 감돈다. 이 책을 읽고 있으면 무인지경에 들어간 것 같은 느낌이 든다. 총 81장으로 된 이 책을 처음부터 끝까지 다 읽어봐도 단 한 사람도 안 나온다.

이 책은 대화체가 아니다. 말하는 사람이 누구인지, 누구 들으라고 하는 말인지 전혀 알 수 없다. 굳이 찾으려고 한다면 세 사람이 있지만, 모두 추상적이다. 하나는 "나我" 혹은 "나吾"로서 이 책의 글쓴이라고 하지만 실은 가상의 통치자다. 두 번째는 "성인聖人"으로서 통치자의 모델이다. 세 번째는 집합 개념으로서의 "민民" 혹은 "백성百姓"이다. 한쪽은 남을 다스리는 사람이고, 다른 한쪽은 남에게 다스림을 받는 사람이다. 그는 백성을 어떻게 다스려야 할 것인가를 가르치고 있는 것이다.

4) 정正과 반反, 음陰과 양陽이 각각 서로 바뀌는 등 대비가 강렬한 변증법을 즐겨 말한다

『노자』는 모순을 즐겨 이야기한다. 모순의 두 가지 측면에 대해 "저것을 버리고 이것을 택한다去彼取此."(제12장, 제38장, 제74장) 그는 항상 약세적 입장을 선택하고 심지어는 일부러 반어법을 쓰며, "상식"과는 반대되는 것을 말하기도 한다. 원서에서는 이런 것을 "정언약반正言若反(올바른 말은 반어反語와 같다)"(제80장)이라고 부른다. 사람으로 예를 들어보자. 다들 남자는 여자보다 강하다고 말하고, 어른은 어린아이보다 강하다고 말한다. 이 책은 유별나게도 여자가 더 강하고 어린아이가 더 강하다고 말한다.

5) 이 책은 일종의 노련한 지혜를 대표한다

노인의 지혜는 아주 오래 세상을 겪는 동안 경험이 풍부하다는 것 외에 또 한 가지 특징이 있다. 그것은 애매모호하고 기억력이 좋지 않다는 것이다. 『노자』 역시 이러한 특징이 있다. "몽롱하고 흐리멍덩惚兮恍兮, 恍兮惚兮"하여 마치 애매모호한 시와 같다. 『노자』를 말할 때 나는 자주 노년의 치매[1]를 떠올리고는 한다. 나의 어머니가 바로 이 병에 걸렸었다. 대뇌 속에 있는 해마海馬라는 부품이 고장나면 수리할 수 없다. 임상적 표현은 시간도 못 느끼고 공간도 못 느낀다. 누구도 기억하지 못하고 말끔하게 잊어버린다.(배우자는 제외) 뇌는 쓸모가 없지만 몸은 몇 배나 좋아진다. 먹을 수도 있고 잘 수도 있지만 마음 속에 품고 있는 것은 없다. 『노자』에서 묘사하고 있는 정신 상태는 바로 이 정도쯤의 상태다. 그 역시 잊어버리는 데는 아주 선수였다. 따지거나 계산하는 생각을 태연스럽게 다 잊어버렸다. 이름이든 이익이든 할 것 없이 뭐든 다 잊어버렸다. 도를 깨닫는 것은 추상적이다. 무엇이든 다 추상화시켜버리고 나면 남아 있는 것은 도道뿐이다.

이것은 일종의 노련한 지혜다.

『노자』는 비유를 좋아한다

옛날 사람들은 어떤 이치를 말할 때 정의 내리는 것은 좋아하지

1 과거에는 그런 사람을 뭉뚱그려 노망난 사람이라고 불렀는데, 그것이 실은 이 병이었던 것이다. 1989년 내가 미국에 있을 때 전문가 한 사람이 중국에서는 왜 이 병이 유별나게 적게 발생하는지에 대해 설명했다. 현재 우리는 중국에서도 이 병에 걸린 사람이 결코 적지 않다는 것을 다 알고 있다.

않고, 비유하는 것을 몹시 좋아했다.

『노자』에는 『노자』만의 이야기 방식이 있다. 이 문제는 집중적인 논의가 필요하다. 『노자』 철학은 생명철학 혹은 목숨의 철학이다. 그 특징은 "몸을 귀하게 여기는 것貴身"이다. 오늘날 "몸"은 유행하는 술어다. 『노자』는 무엇을 말하든 몸을 가지고 비유를 들고 있으며, 그 밖의 비유는 그로부터 파생된 것이다. 몇 가지 예를 골라 함께 이야기해보기로 하자.

1) 도를 논할 때 여자나 어린아이에 비유하는 것을 가장 좋아한다

『노자』는 말한다. 도는 "하늘과 땅의 어머니다"(제25장), "만물의 어머니다"(제1장), "세상의 어머니다"(제52장), "어머니를 알면 그것을 통해 그 자식도 알 수 있다."(제52장) 도는 천지만물의 어머니고, 천지만물은 도라는 어미의 아이다. 도라는 어미는 칠흑처럼 깜깜하고 깊어서 그 밑바닥이 보이지 않는 생식기다. 『노자』에서는 그것을 "깜깜한 암컷玄牝"이라고 했다. 암컷을 뜻하는 빈牝자의 본래 뜻은 자성동물雌性動物의 생식기로서 사람도 포함된다. 이것은 생물학과 의학의 개념으로서 색정적 의미는 전혀 없는, 매우 건강한 표현이다. 『노자』의 "깜깜한 암컷玄牝"은 우주의 생식기이고, "깜깜한 암컷의 문玄牝之門"은 그것의 질 입구(제6장)다. 이런 종류의 말을 현대어로 번역할 때 지식인들은 거북스럽게 생각하면서 입을 열지도 못하고 말을 꺼내지도 못하며, 가능한 한 이리저리 빙빙 돌려서 말한다. 서양어 번역본을 포함하여 현대 백화 번역본에서는 모두 그것을 "자성雌性" 혹은 "여성female"라고 번역하고 있다.[1] 아이가 어디에서 나오는지 보통 사람들은 모두 다 알고 있다. 자성과 여성에 무슨 문이 있다는 말인가? 방문이나 창문은 분명히 아닐 테고.

『노자』에서는 어머니를 중요하게 여기지만, 아버지에 대해 언급하는 경우는 매우 적다. 어머니에 대한 언급은 총 5번(제1장, 제20장, 제25장, 제52장, 제59장)이고, 아버지를 언급한 경우는 겨우 한 곳뿐이다.(제21장)[2]

만물에는 어머니만 있는 것이 아니라 아버지도 있다. 만물에 형체를 부여할 때 하나의 형체가 있으면 하나의 이름이 있다. 고대에는 아이가 태어나면 이름을 지어야 했고, 이름은 아버지의 이름을 따랐다. 아버지가 지었기 때문이다. 아버지의 역할은 이름 짓는 데 있었다. 제21장에서는 다음과 같이 말하고 있다. "지금부터 옛날에 이르기까지 그 이름은 없어지지 않기 때문에 그것으로써 만물의 시원을 탐색한다. 만물의 시원이 그렇다는 것을 내가 어떻게 알았겠는가? 이것 때문이다."[3] "만물의 시원衆父"은 만물에 이름을 지어준 도의 아버지다. 『노자』에서는 암컷을 중시하고 어머니를 중시하며, 부드러운 것을 중시하고 약한 것을 중시한다. 만물이 태어날 때 어머니는 알아도 아버지는 알지 못한다. 그런데 아버지가 있다는 것을 어떻게 알 수 있을까? 바로 자신들의 이름을 근거로 해서 알 수 있다.

『노자』에서 "아버지"에 대해 언급한 것은 이 한 번이다. 어머니는

---

1 예를 들어 류뎬쥐劉殿爵가 최초로 "玄牝"을 mysterious female이라고 번역했고, 나중에는 dark female이라고 번역했다. D. C. Lau, Lao Tzu, *Tao Te Ching* (Harmondsworth: Penguin Books, 1963, p.62) Lao Tzu, *Tao Te Ching* (Hong Kong: The Chinese University, 1982, p.275) 참고. 한루보韓祿伯와 류뎬쥐劉殿爵의 최초의 번역법은 같았다. 그들은 "玄牝"을 mysterious female이라고 번역했다. Robert G. Henricks, Lao Tzu, *Tao Te Ching*, (New York: Ballantine Books, 1989, p.198) 참조.

2 제42장의 "학부學父"는 다른 뜻이다.

3 제21장: 自今及古, 其名不去, 以閱衆父. 吾何以知衆父之狀哉. 以此.

한 명이지만 아버지는 매우 많다. 아버지는 씨앗을 빌려주기만 하고, 빌려주고 나면 별로 할 일이 없다. 그저 어머니 쪽에 이름을 남겨주면 끝이다. 이렇게 "아버지"는 뒤쪽에 숨는다.

2) 덕을 설명할 때 갓 태어난 어린아이에 비유하는 것을 가장 좋아한다

『노자』는 "풍부한 덕을 가진 사람은 갓난아이와 비슷하다"[1]라고 말한다. "갓난아이赤子"는 "영아嬰兒"라고도 부른다. 이는 울기만 할 뿐 웃을 줄 모르며, 그저 젖을 빨아먹을 줄만 아는 갓난아기이고, 분홍색의 작은 살덩어리다.(제10장, 제20장, 제28장) 이처럼 갓 태어난 어린아이는 생명력이 가장 왕성하다. 예를 들면 여러 가지 전설 속에 나타나는 기아棄兒는 비록 거친 들판에 버려져도 독충이나 맹수가 상처를 내거나 해를 끼치지 못한다. 갓난아이의 뼈는 약하고 근육은 부드럽다. 그러나 손은 주먹을 꽉 쥐고 있다. 남녀의 성교에 대해서는 알지 못해도 고추는 오히려 항상 발기되어 있다. 하루 종일 울지만 조금도 기력을 잃지 않는다.(제55장) 갓난아이赤子는 "어머니(도)의 젖(덕)을 먹는 것을 중시한다貴食母"(제20장), 즉 대도로서의 어머니道母의 젖을 먹는다.

3) 남녀의 성교를 비유로 들어 대국과 소국의 관계를 설명한다

『노자』는 다음과 같이 말한다. "세상의 모든 관계에서 암컷은 항상 고요함으로써 수컷을 이긴다. 암컷은 고요해야 하기 때문에 아래쪽에 있는 것이 좋다."[2] 여자는 약하고 남자는 강하며, 부드럽고 약한

1 제55장: 含德之厚, 比於赤子.

2 제61장: 天下之交也, 牝恒以靜勝牡. 爲其靜也, 故宜爲下.

것이 종종 굳세고 강한 것을 이긴다. 여자는 침대에서 대개 남자의 아래쪽에 있지만, 아래쪽에서 위쪽의 것을 받아들이기 때문에 고요함으로써 움직이는 것을 제어할 수 있다. 그래서 아무리 대단한 남자라 하더라도 머리를 숙여 복종한다. 대국과 소국 역시 이와 같다. 대국은 하류 쪽에 가만히 있어야 한다. 아래쪽에 있음으로써 위쪽의 것을 취하는 것이다. 이것을 "세상의 암컷天下之牝"이라고 했다.(제61장)

4) "깜깜한 암컷玄牝"이라는 비유처럼 "골짜기의 신谷神"이라는 또 다른 비유를 든다

"곡신谷神"은 "현빈玄牝"의 다른 말이다. 대지에서 산등성이는 양이고 계곡은 음으로서 암수와 비슷하다. 예를 들어 "골짜기의 신은 죽지 않는데, 이를 현빈(깜깜한 암컷)이라고 부른다"[1]고 하여 두 가지를 같이 언급하고 있다. "골짜기의 신"이라는 말은 아래로 움푹 패어 있다는 이미지를 따온 것이다.

골짜기는 아래로 움푹 패어 있기 때문에 물은 그로부터 나오고 모여서 강과 바다가 된다. 그것은 도가 만물을 낳는 것과 비슷하다. 『노자』는 이렇게 말한다. "예를 들면, 도道가 천하에 있는 것은 마치 작은 골짜기가 강이나 바다와 함께 있는 것과 같다."[2] "강과 바다가 온갖 골짜기의 제왕이 될 수 있는 것은 스스로 아래쪽에 처하기 때문이다. 이 때문에 온갖 골짜기의 제왕이 될 수 있는 것이다."[3]

암컷과 수컷에서 그는 암컷을 선택했다. 산등성과 골짜기에서 그

1 제6장: 谷神不死, 是謂玄牝.

2 제32장: 譬道之在天下也, 猶小谷之與江海也.

3 제66장: 江海之所以能爲百谷王者, 以其善下之, 故能爲百谷王.

는 골짜기를 선택했다. 두 가지는 서로 비슷한 관계다. 『노자』는 말한다. "자신의 강한 점을 알고 자신의 약한 점을 지키면 천하의 물이 모여드는 계곡이 된다. (…) 흰 것을 알고 검은 것을 지키면 천하의 골짜기가 된다."[1] "가장 좋은 덕은 골짜기처럼 텅 비어 있고, 가장 하얀 것은 검은 듯하다."[2] 여기서 말한 "천하의 물이 모여드는 계곡이 된다爲天下溪"나 "천하의 골짜기가 된다爲天下谷"는 제61장의 "세상의 암컷天下之牝"과 같은 의미다.

5) 여성雌, 어머니母, 암컷牝, 골짜기谷, 영아嬰兒 등의 개념과 관련하여 또 "물水"을 비유로 든다

가보옥賈寶玉은 "여자의 몸은 물로 만들어졌고, 남자의 몸은 흙으로 만들어졌다"(『홍루몽』 제2회)고 말했다. 『여씨춘추』「불이不二」편에서는 "노담은 부드러움을 중시했다老耽貴柔"고 말했다. 『노자』라는 책은 여성雌을 좋아할 뿐만 아니라 어머니母를 좋아하고 암컷牝을 좋아하고 갓난아이嬰兒를 좋아하고 또 계곡溪을 좋아하고 골짜기谷를 좋아하고 물을 좋아한다. 공자는 "지혜로운 사람은 물을 좋아한다"[3]고 말했다. 노자가 바로 물을 좋아했다.

물에는 두 가지 큰 특징이 있다. 첫째는 아래쪽으로 내려가는 것으로, "사람은 높은 곳으로 올라가지만, 물은 아래쪽으로 흘러간다." 또 한 가지는 부드러움을 중시하는 것으로, 물의 본성은 지극히 부드럽지만 돌을 뚫을 수 있다. 예를 들어 『노자』는 "최고의 경지는 물과

---

1 제28장: 知其雄, 守其雌, 爲天下溪.…知其白, 守其辱, 爲天下谷.

2 제40장: 上德如谷, 大白如辱.

3 『논어』「옹야」: 知者樂水.

같다. 물은 만물을 매우 이롭게 해주면서 고요하다. 많은 사람이 싫어하는 곳에 머물고, 그 때문에 도道에 가깝다"[1]고 했다. 이것은 첫 번째 특징을 말한 것이다. "세상에서 물보다 부드럽고 약한 것은 없지만, 견고하고 강력한 것을 공격하는 데는 그것보다 나은 것이 없고, 다른 무엇으로도 대체할 수 없다. 물이 견고한 것을 이기고 약한 것이 강한 것을 이기는 것을 세상에 알지 못하는 사람은 없지만 그러한 도리를 실행할 수 있는 사람은 없다"[2]고 했다. 이것은 바로 두 번째 특징을 말한 것이다.

제도가齊道家(황로술)는 기氣를 중시하고, 초도가楚道家는 물을 중시한다. 이 두 가지는 모두 세상에서 가장 부드럽고 약한 것이다. 그러나 사나울 때는 굉장히 사납다. 물은 『노자』에서 그 지위가 매우 독보적이다.[3]

6) 원시상태와 발전하지 않는 것을 강조하고, 갓난아이嬰兒 외에 또 "통나무樸"로 비유를 든다

『노자』는 이 말을 자주 사용하는데(제15장, 제19장, 제28장, 제32장, 제37장, 제57장) 도를 가리킬 뿐만 아니라 덕을 가리키기도 한다. 예를 들어 제37장의 "나는 그것을 이름 없는 통나무로 눌러줄 것이다"[4]에서는 바로 도를 가리킨다. 제28장의 "영원한 덕이 충족되어 순박한

---

1 제8장: 上善似水, 水善利萬物而有靜. 居衆人之所惡, 故几于道矣.

2 제80장: 天下莫柔弱於水, 而攻堅強者, 莫之能勝也, 以其無以易之也. 柔之勝剛, 弱之勝強, 天下莫弗知也, 而莫能行也.

3 궈뎬 초나라 죽간 『태일생수太一生水』는 마치 『노자』의 우주론을 그림으로 풀어놓은 것 같다. 그 역시 물을 중시한다.

4 제37장: 吾將鎭之以無名之樸.

상태樸로 되돌아간다"[1]에서는 덕을 가리킨다. 박樸 역시 비유다. 목재가 아직 가공을 거치지 않은 것을 통나무樸라 부르고, 이미 가공을 거쳐 가구가 된 것을 기물器이라고 부른다. 『노자』는 이렇게 말한다. "통나무가 파손되면 기물이 된다."[2] 이것은 갓난아이嬰兒의 비유와 비슷하다.

노자 사상의 특징

공자와 노자 중 누가 앞서고 누가 뒤서는지에 관한 것은 중국 철학사의 오래된 문제다. 옛날 사람들은 공자가 낙양에 가서 노자에게 예禮를 물었을 때 노자는 늙은이였다고 말하고 있어 노자가 공자보다 더 이르다는 점에는 전혀 문제가 없어 보인다. 그러나 노자라는 사람과 『노자』라는 책은 다른 문제다. 나는 노자의 나이가 공자보다 더 많았기 때문에 『노자』가 『논어』보다 앞선다고 생각하지 않는다.

고서의 성립 연대를 연구할 때 우리는 나중에 나온 책이 그 이전 책보다 앞자리를 차지하고 있는 경우, 그 책의 성립 연대가 더 이른 것으로 간주하기 쉽다는 점에 주의해야 한다. 공자가 노자를 만났을 때 공자는 노자를 비평하지 않았지만, 노자는 오히려 공자를 비평했다. 우리는 비평하는 사람이 분명히 선생일 것이고, 자격이 충분할 뿐만 아니라 나이도 분명히 많을 것이라고 쉽게 믿어버린다. 그러나 사상의 논리적 선후를 연구하는 데는 규칙이 있다. 우리는 "반대"할 때

1 제28장: 恒德乃足, 復歸於樸.

2 제28장: 樸散則爲器.

는 반대할 대상이 없을 수 없다는 점을 잊어서는 안 된다. 즉 "반대당하는 것"은 일반적으로 모두 "반대하는" 쪽의 앞에 있어야 하는 법이다. 배울 때는 배움의 본보기가 있어야 하고, 비판할 때도 비판의 대상이 있어야 한다.

예를 들면 『논어』에서 묵자를 비판했는가? 비판하지 않았다. 『묵자』가 공자를 비판했는가? 비판했다. 왜 그랬을까? 그 이유는 간단하다. 묵자는 공자 뒤의 사람이기 때문에 공자가 묵자를 비판하는 것은 불가능하지만, 묵자가 공자를 비판하는 것은 대단히 정상적이다. 이런 이치를 염두에 두면서 우리가 『논어』를 읽고, 『노자』를 읽으면서 한 번 물어볼 필요가 있다. 『논어』에서 『노자』를 비판했는가? 『노자』가 공자를 비판했는가? 『묵자』에서 『노자』를 비판했는가? 『노자』에서 『묵자』를 비판했는가? 『논어』 『묵자』 『노자』 등을 읽을 때 우리는 공자는 항상 자기 혼자 말하고 있을 뿐 다른 학파의 사상가와 대화하지 않았다는 인상을 받는다. 묵자는 다르다. 그는 작심하고 시비를 걸면서 곳곳에서 공자를 물고 늘어지며, 그가 사용한 개념은 몹시 대칭적이다. 그러나 『노자』는 그렇지 않다. 『노자』는 솥 밑에서 땔감을 빼내는 방법을 선택하여 문제를 근본적으로 해결하려고 한다. 공자의 뒤쪽으로 돌아가 공자 위로 올라갔으며, 보다 더 궁극적인 사고로 무장하여 『논어』를 낮추어보았고, 『논어』를 해체했으며, 『논어』를 포위했고, 『논어』를 농축해서 자기 개념 속에 집어넣어버렸다. 그 양자 간의 선후 관계는 아주 분명하다.

공자와 묵자와 노자 등은 모두 당시를 무도한 세상이라고 생각했고, 그들은 모두 현실을 비판했으며, 모두 이상을 품고 있었고, 유토피아를 몹시 동경했다. 그들은 또 옛날로 돌아갈 것을 부추겼고, 성인에 대한 애착이 있었으며, 백성을 어리석게 만들 것을 주장했다. 이것은 그들의 공통점이다. 그러나 사회 문제의 관건이 어디에 있는가에 대한 견해가 달랐고, 그 대책 역시 달랐다. 『여씨춘추』「불이不二」편에서 다음과 같이 말했다. "노담은 부드러움柔을 중시했고, 공자는 인仁을 중시했고, 묵적은 검소함을 중시했다."[1]

묵자는 공자를 비판했고, 그 비판의 주된 내용은 두 가지다. 하나는 공자가 귀족의 입장에 서서 상층노선을 견지하면서 인의예악仁義禮樂을 제창하고 귀천의 등급질서를 중시하지만, 묵자는 평민의 입장에 서서 하층노선을 견지하면서 겸애대동兼愛大同을 제창하고 모든 사람의 평등을 강조했다. 다른 하나는 공자는 천명을 경외敬畏했지만, 초자연적인 것이나 강압적인 것이나 질서를 어지럽히는 것이나 귀신에 대한 것怪力亂神에 대해서는 말하지 않았고, 천도天道나 성명性命에 대해서는 드물게만 말하는 등 비교적 합리적이었다. 그러나 묵자는 "하늘의 뜻天志"과 "귀신의 존재를 밝히는 일明鬼"에 대해 큰소리로 떠들어대는 등 비교적 미신적이었다.

"공자는 인仁을 중시했다"는 말이 뜻하는 것은 "문文"이고, "묵적은 검소함을 중시했다"는 말이 뜻하는 것은 "질質"이다. 『노자』는 『묵자』보다 더 "질"을 강조했다.

『노자』와 공자는 본질적인 차이가 있다. 궈뎬郭店에서 초나라 죽간이 발견된 뒤로 학자들은 유가와 도가의 합류에 대해 떠들어대고 있지만 나는 그에 동의하지 않는다.

『노자』는 무위無爲를 제창한다. 그의 생각은 이렇다. 이 두 녀석들

1 『여씨춘추』「불이」: 老耽貴柔, 孔子貴仁, 墨翟貴廉.

은 지나치게 기량을 뽐내고 있으며, 지식인과 지혜를 숭상하면서 지나치게 작위적이다. 예를 들면 공자는 안 된다는 것을 알면서도 기어코 하려고 하면서 자기 자신을 괴롭혔으니 얼마나 안타까운 일인가? 묵자는 머리끝에서부터 발끝까지 갈아 없앨 기세로 천하를 이롭게 하려고 했으나 그 역시 너무 무기력했다. 노자의 생각은 아주 간단하다. 그렇게 집요하게 애쓰지 말라는 것이다.

『노자』의 원칙은 그들과는 완전히 다르다. 무슨 인의충신仁義忠信이라든가 무슨 상현상동尙賢尙同이라든가 하는 것은 도나 덕과 같이 전혀 질박하지 않다. 도나 덕은 인위의 종착역이 아니다. "사람은 땅을 본받고, 땅은 하늘을 본받고, 하늘은 도를 본받고, 도는 자연을 본받는다."[1] 사람의 배후에 땅이 있고, 땅의 배후에 하늘이 있고, 하늘의 배후에 도가 있으며, 도는 자연에 근거하고 있다. 그는 진정 사람이 근본이라고 말하지 않았다. 그것은 우리로 하여금 17~18세기의 유럽을 생각나게 한다. 그들도 자연의 법칙에 대해 애착을 가졌었다.

묵자는 침략전쟁을 반대했지만 전쟁에 대해 매우 큰 관심을 가졌다. 이는 공자가 그저 문화文化만 얘기하고 무화武化에 대해 언급하지 않은 것과는 다르다. 맹자 역시 전쟁을 종식하고 살상을 금지할 것을 온 세상에 호소했다. 이것은 전국시대의 사상적 분위기다. 『노자』는 성인을 모델로 내세우면서 치국治國과 용병술用兵術을 큰소리로 이야기했다. 『노자』에서 전쟁을 언급한 것은 죽음에 대해 관심을 가졌기 때문이다. 전쟁은 흉사凶事이고, 전쟁은 상례喪禮라고 『노자』에서는 말하고 있다. 전쟁의 야만성과 전쟁의 잔혹성은 그의 마음을 두려움

1 제25장: 人法地, 地法天, 天法道, 道法自然. '道法自然'에 대한 해석은 본문 제25장을 참조할 것.—옮긴이

에 떨게 했다. 그가 묘사한 전쟁은 모두 오랜 세월을 허송하는 것이며 엄청난 재난을 동반하는 것으로서 어떻게 보더라도 모두 전국시대의 상황과 비슷하다.

선진시기 노자의 학문은 두 학파로 나뉘어, 무위를 강조하는가 하면 유위를 강조하기도 했다. 이는 한대 이후의 인상과는 다르다. 유위를 주장하는 일파는 삼진三晉의 형명법술학과 결합하고 또 순자의 예학禮學과 결합함으로써 전국시대를 마감하고 제국帝國으로 나아가게 하는 데 중대한 공헌을 했다.

한초의 노학老學은 황로술의 일부로서 그것은 한초의 휴양생식休養生息[1]에 역시 중대한 공헌을 했다.

전한 말기에 유가는 흥성하고 도가는 쇠퇴했다. 도가는 유가와 자리를 바꾸고 정치적 우위를 상실하여 "재야당"이 되었다. 그러나 뒤이은 길고 긴 시간 동안 그것은 여전히 중국의 사상계에서 가장 큰 "반대당"이었다.

후한 시기에 유가와 도가의 투쟁은 그치고, 불교와 도교의 투쟁이 발생했다. 도가의 귀착지는 도교였다. 한당漢唐 이후로 도교는 여전히 유가의 경쟁 상대였으며, 쓰러지고 일어서기를 반복했다.

『노자』를 읽으면서 우리는 그 역시 크게 작위했다는 점을 잊어서는 안 된다.

1 국가와 국민의 힘을 기르기 위해 평화와 휴식기를 가지는 것.—옮긴이

『노자』를 어떻게 읽을 것인가

먼저 책에 대한 문제부터 이야기해보기로 하자.

1) 궈뎬郭店 초나라 죽간본楚簡本 『노자』(이하 "죽간본"이라고 줄여 부른다)

출토되어 나온 책이다. 가장 오래된 이 책은 연대가 기원전 약 300년 정도다. 죽간본은 갑본, 을본, 병본 등 세 묶음으로 나눈다. 갑본 묶음은 상하 두 부분으로 나뉘고, 을본과 병본 두 묶음은 나뉘지 않았다. 이 세 묶음의 글은 매 묶음마다 장을 나누었다. 각 장의 배열 순서는 오늘날의 통행본과는 다르다. 『노자』를 교독校讀할 때 이 책은 중요한 참고가 된다. 그러나 그 분량은 오늘날 통행본의 3분의 1에 불과하다.[1]

2) 마왕두이馬王堆 백서본帛書本 『노자』(이하 "백서본"이라고 줄여 부른다)

이 책은 갑본과 을본 등 두 책으로 나뉘어 있고, 두 책 모두 상하 편으로 나뉘어 있으며, 각 편 안의 글자는 이어서 썼고 장章을 나누지 않았다. 그러나 순서는 전해져 내려오는 통행본과 대체로 같다. 갑본은 기원전 약 206년에서 기원전 195년 사이에 베껴 쓴 것이고, 을본은 기원전 179년에서 기원전 169년 사이에 베껴 쓴 것으로서 역시 무척 오래되었다. 『노자』를 교독할 때 가장 중요하다.[2]

1 荊門市博物館, 『郭店楚墓竹簡』(文物出版社, 1998)에 수록됨.

2 『馬王堆漢墓帛書』 壹(文物出版社, 1980), 馬王堆漢墓帛書整理小組 편에 수록됨.

3) 석각본石刻本

당대부터 원대에 이르기까지 각 지역 도관道觀의 석각본 10종.[1]

4) 중고中古 시기의 고초본古抄本(옛날 필사본)

둔황본敦煌本, 투루판본吐魯番本, 러시아 소장본俄藏本 등 여러 종류가 있다.[2]

5) 전해져 내려오는 통행본(이하 "통행본"이라고 줄여 부른다)

이전에는 주로 다섯 가지 책이 있었다. 한대 하상공河上公의 『도덕경장구道德經章句』본(이하 "하본"), 엄준嚴遵의 『도덕진경지귀道德眞經指歸』본(이하 "엄본"), 장도릉張道陵의 『노자상이주老子想爾注』본(이하 "상본"), 위나라 왕필王弼의 『노자도덕경주老子道德經注』본(이하 "왕본"), 당나라 부혁傅奕의 『도덕경고본道德經古本』(이하 "부본") 등이 그것이다.[3]

이들 책 중 죽간본은 완전하지가 않아서 저본으로 쓸 수 없다. 통행본과 기타 시기가 늦은 책은 옛 원본을 고친 부분이 너무 많다. 다른 책의 통행본은 옛날 책을 고치면서 종종 글자를 추가했지만, 『노자』는 다르다. 통행본은 통일성을 추구하느라 종종 글자를 뺐다. 게다가 역사의 흐름과 함께 여러 가지 책을 서로 참고하여 교정하기도 하

---

1 何士驥, 「古本道德經校刊」(國立北平研究院史學研究會考古組, 『考古專報』 제1권 제2호, 1936)에 수록됨.

2 李零, 『簡帛古書與學術源流』(三聯書店, 2004, 24~25쪽) 참고.

3 통행본은 『四部要籍注疏叢刊』(老子卷, 中華書局, 1998)을 참고할 만하다. 다만 이 책은 하본, 엄본, 왕본, 부본만 수록하고 있고 상본은 포함하고 있지 않다. 상본은 饒宗頤, 『老子想爾注校證』(上海古籍出版社, 1991)이 볼 만하다. 또 하본은 王卡 點校, 『老子道德經河上公章句』(中華書局, 1993)가 볼 만하고, 엄본은 王德有 點校, 『老子指歸』(中華書局, 1994)가 볼 만하다.

고 서로 뒤섞이기도 했다. 바로잡을수록 더 뒤엉켜버렸고 고칠수록 더 혼란해져버렸다. 이런 점들 때문에 전반적인 정황에서 볼 때 모두 백서본보다 못하다. 저본으로는 차라리 백서본을 선택하는 것이 가장 좋다.

이전의 교주본校注本은 시야가 위의 3, 4, 5에 한정되어 있었다. 대부분의 책은 모두 여러 책을 한데 모아놓고, 동등하게 참고해가면서 교열했고, 뜻에 따라 취사선택했으며, 이것저것 한데 긁어모았다. 그렇게 긁어모은 결과 "뒤죽박죽 잡탕"이 되고 말았다. 모든 책이 다 잘못 되어버렸다. 백서본이 나타나자 그것들은 대부분 폐기하고 읽지 않게 되었다.

백서본은 연구자가 매우 많다. 나는 가오밍高明의 『백서노자교주帛書老子校注』(중화서국, 1999, 이하 "가오본")가 가장 좋다고 생각한다. 이 책의 장점은 핸들을 잘 붙잡고 있다는 것이다. 즉 통행본과 백서본을 대등하게 놓고 교정한 것이 아니라 백서본을 위주로 통행본의 변화를 연구했다는 데 있다. 백서본이 발견된 뒤로도 어떤 연구자들은 통행본을 읽는 데 길들여져 낡은 작업 방법을 버리려고 하지 않는다. 그들은 여전히 고본古本이 바로 통행본이라고 고집을 부리면서 백서본을 새로운 증거자료로 간주하고, 원래의 판본 계통 속에 "잡탕"으로 끼워 넣는다. 이러한 방법이 매우 유행하고 있지만, 받아들여서는 안 된다. 가오본은 그렇게 하지 않았다. 그의 책에서 백서본은 요점을 분명하게 제시하는 작용을 하고 있다.

죽간본에 대한 연구 저작 역시 매우 많다. 그러나 죽간본은 완전하지 못하기 때문에 지금 『노자』를 읽는다면 당연히 백서본을 위주로 하되 위로 죽간본을 교정하고 아래로 통행본의 변화를 연구해야 할 것이다. 비교할 때는 시간적인 층차를 고려해야 하고, 횡적인 비교는 종적인 비교보다 아래 두어야 한다.

『노자』의 옛 주석은 대부분 도교에서 전해오는 책이다. 그것은 한당 시기의 사상에 대한 연구에서 매우 중요하고, 전도교前道教[1]와 도교의 관계를 연구하는 데도 상당히 중요하다. 그러나 우리는 한 가지 주의해야 할 것이 있다. 그것은 바로 한대 이후의 도교道教와 한대 이전의 도가道家는 다르다는 점이다. 예전에 한학자漢學者들은 Taoism을 도가와 도교 모두를 가리키는 말로 썼지만, 오늘날 많은 사람은 그 두 가지는 구분해야 한다고 주장한다. 그 말이 맞다. 도가에 대한 연구에서 우리는 또 뒤늦게 형성된 것의 간섭으로부터 자유로워야 한다. 이것은 『논어』를 읽을 때도 마찬가지고, 실은 같은 이치다.

도가에서는 방술方術을 중시한다. 이는 도가와 도교의 공통점이다. 나는 제자백가의 책을 읽을 때 원술설학援術說學(기예로써 학술을 설명하는 것)을 특히 강조하며, 고대의 지식 체계로 고대의 사상을 해석한다. 나는 수술數術,[2] 방기方技,[3] 병서兵書 등으로 제자諸子를 해설하는 것을 좋아한다. 『노자』는 천도를 중시하고 양생을 중시했으며, 우주의 발생에 대해 설명하는 것을 좋아했고 방중술 용어로써 설명하는 것을 좋아했다. 이 분야에서 수술數術과 방기方技는 중요한 참고가 된다.

---

1 도교가 교단으로 성립되기 이전의 도교, 즉 초기 형태의 도교를 말한다.—옮긴이

2 고대의 천문天文, 역법曆法, 점복占卜 등에 관한 학술.—옮긴이

3 의약醫藥, 양생養生 등에 대한 이론과 기술을 가리키기도 하고, 거기에 점복, 별자리, 관상 등을 포함하여 말하기도 한다.—옮긴이

읽는 것 자체에 대해 얘기하자면, 나의 해설은 모든 장章마다 두 부분으로 되어 있다.

한 부분은 "대의大義"로서 나는 먼저 각 장의 대체적인 내용을 개괄적으로 설명해두었다. 이와 같은 서술은 번역과 비슷하고 또 전혀 번역 같지 않기도 하다. 번역은 글자와 글자, 구절과 구절이 대응되어야 하므로 비교적 제약을 받는다. 나는 가능한 한 넓게 펼쳐가면서 이야기할 것이다. 각 장의 의미를 가능한 한 통속적인 말로써 자세하게 해석하면서 저자의 생각을 전달하고 저자의 말투를 전달하려고 한다.

한 부분은 "토론"으로서 각 장에서 가장 중요한 문제나 자구상의 난점, 본문에서의 관계 등에 대하여 가능한 한 파고들어보기로 한다. 만약 어떤 자구가 다른 장에도 중복되어 나타날 경우에는 그 출처에 대하여 주를 달아 밝힘으로써 대조해 보기 편하도록 했다.

나의 『노자』 읽기는 나의 『논어』 읽기와 비슷하다.

첫째, 나는 내증內證을 가장 중시한다. 내가 볼 때 자구의 상호 참조와 내용의 전후 결합 및 호응 관계가 가장 중요하다. 나는 『노자』 자체를 가지고 『노자』를 풀이할 것이다.

둘째, 나는 선진 고서와 관련된 맥락을 매우 중시한다. 하나는 도가의 맥락으로서 예를 들어 『장자』 『문자』에 인용된 글과 비평이다. 다른 하나는 법가의 맥락으로서 예를 들어 『한비자』에 인용된 글과 비평이다. 마지막 하나는 『논어』 및 『묵자』와 대조해보는 것이다.

셋째, 나는 『노자』 텍스트의 변화를 매우 중시한다. 텍스트에 대한 비교와 교감은 성립 연대가 비교적 이른 전형적인 텍스트를 선별해내고 연대가 지나치게 늦은 파생적인 텍스트는 솎아서 내버리는 작업이다. 각 책의 차이는 어떤 것은 중요하고 어떤 것은 중요하지 않다. 나는 이 작업에서 최대한의 정련 과정을 거쳤다.[1] 교감을 간략하게 하는 것은 수고를 덜려는 것이 아니라 텍스트 변화의 핵심적 맥락과 총체적 맥락을 드러내기 위한 것이다.

여기서 미리 설명해두어야 할 것이 몇 가지 있다.

1) 이 책은 백서본 갑본을 저본으로 쓰면서 을본을 참고하여 글자를 보충했다. 글의 해석에는 일률적으로 파독破讀[2]하고 난 뒤의 느슨한 방식을 사용하여 글을 풀이했다. 독자 여러분이 대조하여 확인해보고 싶다면 원서의 자세하고 확실한 해석문을 조사해보기 바란다.

2) 백서본의 상하편은 순서가 통행본과 서로 반대다. 쉽게 대조해볼 수 있도록 하기 위하여 나는 통행본 「도경」에 해당하는 부분을 앞쪽에 두었고, 통행본 「덕경」에 해당하는 부분을 뒤쪽에 두어 순서를 뒤바꾸었다. 이것은 원서가 바로 이런 모양을 하고 있었다고 말하려는 것은 아니다. 백서는 본래 장을 나누지 않았다. 그러나 상하편 속의 장과 장의 순서는 대체로 비슷하고 몇 개만 다를 뿐

1 劉笑敢, 『老子古今-五種對勘與析評引論』(中國社會科學出版社, 2006) 참고. 류샤오간의 다섯 종의 서적에 대한 이 비교와 교감은 하본, 왕본, 부본, 백서본, 죽간본 등 다섯 종의 판본을 한 곳에 모아놓고 독자들에게 비교할 수 있도록 하여 매우 편리하다. 그러나 그는 이 비교에 엄본과 상본을 포함시키지 않았다.(엄본과 상본은 모두 한대의 책으로 매우 중요하다.—저자)

2 하나의 글자가 두 가지 이상의 뜻을 가지고 있고 그에 따라 음도 다르게 읽을 경우에 가장 일반적으로 사용되는 독음 이외의 것을 파독이라고 한다. 즉 파독이란 어떤 글자가 원래 가지고 있는 음을 다른 음으로 바꿈으로써 의미의 변화를 표시하는 것이다. 예를 들어 識은 보통 안다는 뜻을 나타내고 음은 "식"이지만, 기록한다는 뜻도 가지고 있고 이때의 음은 "지"인데, 이를 파독이라고 한다.—옮긴이

이다. 나는 또 통행본을 참조하면서 앞에 「도」를 두고 뒤에 「덕」을 두는 순서에 따라 장을 나누었고, 아울러 주에서 그것이 통행본의 몇 장에 속하는지 밝혔다. 이렇게 한 목적 역시 통행본과 대조해보기 편하도록 하기 위해서다. 이것은 내가 본문을 처리한 방식이다.

3) 우리의 교독은 주로 죽간본의 다른 이문異文[1]과 초기 고서에서 인용한 이문, 그리고 통행본의 이문과 기타 자료(예를 들어 비본碑本, 둔황본)의 이문 등을 포괄하고 있다. 통행본이라도 만약 각각의 책에 따른 차이가 크지 않다면 "통행본"이라고 통칭하겠지만, 책에 따라 차이가 크다면 구분하여 예를 들 것이다. 나는 통행본의 이문異文은 대부분 『장자』 『문자』 『한비자』 『회남자』 등에 근거하고 있다는 점을 발견했다. 이들 변동의 출처 역시 가능한 한 드러내 보여야 한다.

1 다른 글자나 어구.—옮긴이

차 례

하편下篇 덕경德經

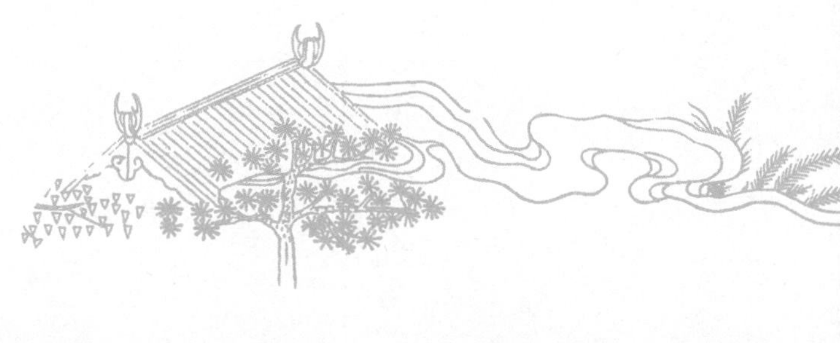

상편上篇 | 도경

道經

제1장

통행본 제1장

도라고 할 수 있는 도는 불변의 도가 아니다. 이름으로 부를 수 있는 이름은 불변의 이름이 아니다. 이름 없는 것은 만물의 시작이다. 이름 있는 것은 만물의 어머니다. 그러므로 무욕의 상태에 그대로 있으면 그 변화의 미묘함을 볼 수 있다. 유욕의 상태에 그대로 있으면 자신이 추구하는 것을 볼 수 있다. 이 두 가지는 같이 나와서 다른 이름을 가지고 있지만 같은 것을 뜻한다. 깜깜하고 또 깜깜하지만 모든 신비로운 것들이 나오는 문이다.

道可道也, 非恒道也. 名可名也, 非恒名也. 無名, 萬物之始也. 有名, 萬物之母也. 故恒無欲也, 以觀其妙. 恒有欲也, 以觀其所徼. 兩者同出, 異名同謂. 玄之又玄, 衆妙之門.

【대의】

없음에서 있음이 발생한다.

이 1장은 주로 도와 사물, 사물과 이름, 사람과 사물의 관계를 설명하고 있다.

도와 사물의 관계는 "무중생유無中生有(없음 가운데서 있음이 발생하는 것)"다. 도는 무無이고, 만물은 유有다. 도는 천지를 낳고, 천지는 만물을 낳는다. 이것은 비교적 완벽한 설명이다. 그러나 여기서는 그저 도와 사물만 이야기하고 천지에 대해서는 언급하지 않았다.

사물과 이름의 관계는 마치 어머니와 아이와 같다. 아이가 태어나면 이름을 지어야 하는 것과 같다. 천지와 만물의 어머니는 도道다. 만물이 아직 생겨나기 전에는 당연히 이름이 없다. 만물이 발생하고 나면 비로소 이름을 갖는다.

도는 궁국의 존재로서 말로써 설명할 방법이 없다. 말로써 설명할 수 있는 것은 어떤 것도 도가 아니다. 만물에는 이름이 있다. 하나하나 이름 붙일 수 있는 어떤 이름도 영원불변의 이름이 아니다. 영원불변의 이름은 그저 억지로 붙여놓은 이름, 즉 추상적인 이름, 개괄적인 이름일 뿐이다. 사실 도라는 이 이름 역시 마찬가지다.

사람과 사물의 관계에서 핵심적인 것은 욕망欲이라는 한 글자에 있다. 사람이 없다면 욕망은 없고, 사람이 있으면 욕망이 있다. 앞의 것은 무아지경無我之境, 즉 내가 없는 상태이고, 뒤의 것은 유아지경有我之境, 즉 내가 있는 상태다. 만물은 끊이지 않고 계속해서 생겨나며, 모든 오묘한 것은 만물 자체의 오묘함이다. 이러한 오묘함은 무욕無欲 상태에서만 비로소 볼 수 있다. 유욕有欲에서 보이는 것은 자신이 추구하는 것, 자신이 필요로 하는 것뿐이다. 유용有用과 무용無

用에서 유욕과 무욕을 완전히 볼 수 있다. 무욕의 상태에서 보는 것은 무용지물無用之物, 즉 쓸모없는 것이다. 유욕의 상태에서 보는 것은 유용지물有用之物, 즉 쓸모 있는 것이다.

말할 수 있는 것과 말할 수 없는 것, 이름 지을 수 있는 것과 이름 지을 수 없는 것, 이름 있는 것과 이름 없는 것, 욕망 있는 것과 욕망 없는 것 등은 모두 유무지변有無之辨, 즉 있음과 없음을 구분하는 논의에 속한다. 그것들은 동일한 것의 다른 두 명칭이다. 이런 것이 바로 도다. 도는 깊고 깜깜하고 거대한 동굴과 같다. 이 거대한 동굴이 바로 "모든 신비로운 것들이 나오는 문衆妙之門"이며, 제6장에 나오는 "암컷의 깜깜한 문玄牝之門"이다.

【토론】

道可道也, 非恒道也. 名可名也, 非恒名也.

도가도야, 비항도야. 명가명야, 비항명야.

첫 번째의 "도道"자와 첫 번째의 "명名"자는 모두 명사다. 두 번째의 "도道"자와 두 번째의 "명名"자는 모두 동사다. 도道가 명사로 쓰일 경우에는 길, 도로를 가리키고, 동사로 쓰일 때는 도導, 즉 이끈다는 뜻이다. 예를 들어 『논어』「학이」 1.5의 "도천승지국道千乘之國(천승의 나라를 다스린다)"의 도道가 바로 이끈다는 뜻이다. 도道가 동사로 쓰일 때는 또 한 가지의 뜻이 있는데 그것은 바로 말한다는 뜻이다. 여기서 두 번째의 도道는 말한다는 뜻이다. 명名이 명사로 쓰일 때는 명칭을 가리키고, 동사로 쓰일 때는 명명하는 것을 가리킨다. 옛날 책에 명命과 명名은 자주 서로 바꿔 썼다. 인용문 가운데 나오는 두 개의 "항恒"자는 통행본에는 "상常"자로 바뀌어 있는데, 이는 한 문제의 이름(유항劉恒)을 피휘한 것이다. 상常과 항恒은 완전히 다르다. 상은 늘, 언제나의 뜻이고, 항은 변하지 않는다는 뜻이다. 『노자』에서 말하고 있는 것은 "홀로 존재하면서 바뀌지 않는다"[1]는 것이다. 항은 매우 중요하다. 도론道論 종류의 작품 속에서는 종극終極, 즉 마지막이라는 개념이다. 예를 들면 상하이박물관 초나라 죽간의 『항선恒先』에서 "항선恒先"은 도를 가리킨다. 통행본 「계사繫辭」의 "태극太極"은 마왕두이 백서에는 "대항大恒"으로 되어 있고, 이 역시 도를 가리킨다. 통행본의 "태극太極"은 "대항大恒"을 고쳐쓴 것이다.[2] 백서본에 항恒자는 매우 많이 나오지만, 상常자는 아주 적다.(오직 제16장, 제52장, 제55장에만 보인다) 통행본에서는 항恒자를 거의 전부 상常자로 바꾸어버렸다. 이는 피휘하면서 글자를 고친 것이며, 아래도 같다. 이 점에 대해서는 다시 설명하지 않겠다. 여기서 말하는 "항도恒道"는 가장 추상적

1 제25장: 獨立而不改.

2 문헌에 나오는 "극極"자는 초나라 죽간과 마왕두이 백서에서는 자주 "항恒"자로 되어 있다. 예를 들어 초나라 지명 "期思"는 초나라 죽간에는 "恒思"로 되어 있는데, 이는 바로 "항사恒思"가 "기사亟思"로 되었다가 다시 "기사期思"로 바뀐 것이다. 『주역』 「계사」의 "태극太極"은 마왕두이 백서에는 "대항大恒"으로 되어 있는데, 이 역시 "대항大恒"에서 "태극太極"으로 바뀐 것이다. 내 생각에는 이것은 글자의 모양이 비슷해서 혼용한 사례에 속한다. 비슷한 예로 고문자 가운데 "창蒼"자와 "한寒"자가 혼용된 것을 들 수 있다. 최근에 추시구이裘錫圭 선생은 학자들이 예전에 "항恒"으로 해석한 글자가 실은 모두 "극極"자였다는 점을 지적했다. 추시구이 선생이 2007년 중국간백학국제논단中國簡帛學國際論壇에 발표한 논문 「是"恒先"還是"極先"?」(2001년 11월 10~11일, 타이베이)을 참조할 것. 나는 이 주장에 동의하지 않는다. 그 이유는 네 가지다. 첫째, 『항선恒先』에는 심心부와 극亟부에 속하고 "극極"으로 읽는 다른 글자가 있다. 글자를 쓰는 모양은 달라서 같은 글자로 볼 수 없다. 둘째, 옛날 책에는 원래부터 "항恒"자가 있었기 때문에 전체를 다 "극極"자로 고쳐서는 안 된다. 예를 들면 "진항陳恒(제나라의 대부였다가 쿠데타로 제나라 군주가 된 사람. 田恒이라고도 한다.—옮긴이)"을 "진극陳極"이라고 고쳐서는 안 된다. 셋째, 옛날 책에 나오는 "항恒"자는 피휘하여 "상常"으로 바꾸었지만 "극極"자를 피휘했다고 볼 수는 없다. 넷째, 그의 주장처럼 볼 경우에는 옛날 책에 나오는 모든 "항恒"자를 말살하는 것이 된다. 예를 들어 만약 이 책에 나오는 모든 "항恒"자를 "극極"자로 읽는다면 맞지 않다는 것이 분명하다.

인 이름이다.

無名, 萬物之始也. 有名, 萬物之母也.

무명, 만물지시야. 유명, 만물지모야.

도는 본래 이름이 없다.[1] "대大"라든가 "도道" 등으로 부르는 것은 임시방편으로 그런 것이고, 억지로 그렇게 갖다 붙인 것이다.[2] 옛사람들이 "이름名"이라고 말하는 것은 종종 "모양形"과 관련이 있다. 만물이 생겨나기 시작할 때는 아직 모양이 없고, 따라서 당연히 이름이 없다. 생겨난 뒤에는 하나의 사물은 반드시 하나의 형체를 가지고 있으며, 하나의 형체가 있으면 반드시 하나의 이름을 가지고 있다. 사물들은 상생相生, 즉 서로 살려주기도 하고 상극相剋, 즉 서로 대립하기도 하면서 끝없이 생명을 이어간다. 인췌산銀雀山에서 출토된 한나라 죽간의 「기정奇正」에서는 이렇게 말하고 있다. "그러므로 형체가 있는 것들은 이름 붙이지 못할 것이 없고, 이름이 있는 것들은 이기지 못할 것이 없다. 그러므로 성인은 만물로써 만물을 이기고 또 이긴다. 그러므로 그 승리는 끝이 없다."[3] 이것은 형명학形名學의 견해다. 형명학은 형명학刑名學이라고도 부르고, 이는 법률 논쟁과 관련이 있으며, 치국治國이나 용병用兵과도 관련이 있다. 형명形名은 도구로서 사물을 제어할 수 있다. "무용無明"은 무無고, "유명有名"은 유有다. 왕필은 주에서 다음과 같이 설명하고 있다. "모든 있음은 모두 없음에서 시작

1 제32장과 제37장에서는 "도항무명道恒無名"이라고 말했고, 제40장에서는 "도포무명道褒無名"이라고 말했다.

2 제25장에서는 다음과 같이 말했다. "有物混成, 先天地生. 寂兮寥兮, 獨立而不改, 可以爲天地母. 吾未知其名, 強字之曰道, 強爲之名曰大."

3 故有形之徒, 莫不可名. 有名之徒, 莫不可勝. 故聖人以萬物之勝勝萬物, 故其勝不屈.

되었다. 그러므로 아직 형체가 형성되지 않고 아직 이름이 결정되기 전의 때가 바로 만물이 시작되는 시점인 것이다. 그것들이 형체를 갖고 이름을 가지면 자라나게 하고 길러주고 자리 잡아 안정되게 해주는 것은 바로 그 어미다."[1]

萬物之始 만물지시

통행본에는 대부분 "천지지시天地之始"라고 되어 있는데 이는 잘못 고친 것이다. 『사기』「일자열전日者列傳」에는 "만물지시萬物之始"로 인용되어 있으며, 위에서 인용한 왕필주를 보면 왕필주의 원본도 "만물萬物"로 되어 있었을 것이다. 따라서 옛날 책에서는 이렇게 되어 있었음을 알 수 있다. 통행본에서는 "만물萬物"을 "천지天地"로 고쳤다. 그 원인은 아마 그것을 전수해주는 사람이 도가 천지를 낳고 천지가 만물을 낳는다는 식으로 도와 만물 사이에 천지가 없을 수는 없다고 생각했기 때문일 것이다. 사실 이 장의 중점은 도와 사물, 사물과 이름, 사람과 사물의 관계에 있다. 도와 사물의 관계에서는 주로 형체形와 이름名이 있는가 없는가를 보는 것이다. 도는 말로써는 설명할 수 없고, 이름(개념)으로 형용할 수 없다. 만물이 생겨나기 이전에는 형체도 없고 이름도 없다. 생겨나고 나서야 형체가 있고 이름이 있다. 원문은 그냥 도와 사물의 관계에 대해서만 설명했고 천지에 대해서는 전혀 언급하지 않았다. 『노자』에서 도를 논할 때는 항상 여성이 아이를 낳는 것에 비유한다. 어머니는 물론 중요하다. 그러나 아버지가 없으면 시작조차 불가능하다. 부父자와 보甫자는 서로 통하는 글

1 凡有皆始於無, 故未形未名之時, 則爲萬物之始. 及其有形有名之時, 則長之育之, 亭之毒之, 爲其母也.

자다. 보甫에는 시작한다는 뜻이 있다. 아버지가 정말 시작하는 것이다. 이 시작은 매우 중요하다. 농촌에서는 사람들이 아이 낳는 것을 농사짓는다고 부른다. 어머니는 밭이지만, 아버지의 씨앗이 없으면 아이는 태어날 수 없다. 제21장에서 말하고 있는 "중부衆父"는 실제로 바로 이 만물의 아버지들이다. "만물지모萬物之母" 역시 비슷한 비유다. 도는 어머니이고 만물은 그 자식이다. 아이를 낳으려면 아버지가 참여해야 하지만, 어머니가 없으면 또한 아이가 있을 수 없다. 어떤 형체가 없다면 그에 대한 이름도 없다. 오직 어머니가 아이를 낳고 난 다음에야 어린아이는 비로소 이름을 갖는다. 옛날에는 아이의 이름을 지을 때는 모두 아버지가 지었고, 또 남권사회에서는 모두 자식의 이름을 지을 때 아버지를 따랐다. 『노자』에서 만물의 발생과 변화를 설명할 때 어머니는 하나뿐이지만 아버지는 매우 많다. 만물의 이름은 아버지를 따른다. 하나의 사물이 있으면 하나의 이름이 있고, 하나의 이름이 있으면 하나의 아버지가 있다. 그러므로 "중부衆父"라고 했던 것이다. 『노자』는 도를 어머니에 비유하고 있는데, 그런 예는 이 장 외에도 제20장, 제25장, 제52장, 제59장 등이 있다. 사물을 자식에 비유하는 예는 제52장에 보인다.

故恒無欲也, 以觀其妙. 恒有欲也, 以觀其所徼.

고항무욕야, 이관기묘. 항유욕야, 이관기소요.

통행본에는 "항恒"이 "상常"으로 되어 있고, 두 번 나오는 "야也"자와 "소所"자가 없다. 현대의 학자들은 그것을 "고상무, 욕이관기묘. 상유, 욕이관기소요故常無, 欲以觀其妙. 常有, 欲以觀其所徼"라고 읽는다. 백서본이 나온 뒤로 이러한 독법이 잘못되었다는 것이 증명될 수 있었다.[1] 이 구절은 사람과 사물의 관계를 설명하는 것이다. "고항무욕야, 이관기묘故恒無欲也, 以觀其妙"는 사람이 없으면 욕망이 없고, 욕망이 없는 것이 무아지경無我之境, 즉 내가 없는 경지이며, 욕망이 없어야 비로소 가만히 앉아서 그 변화를 볼 수 있고, 그 신비로움을 다 터득할 수 있음을 말하는 것이다. 제34장의 "만물이 모두 그곳으로 모여들어도 주인 노릇을 하지 않고, 언제나 아무 욕심이 없으니 작다고 할 수 있다"[2]를 참조하자.

"항유욕야, 이관기소요恒有欲也, 以觀其所徼"는 사람이 있으면 욕망이 있고, 욕망이 있는 것은 유아지경有我之境, 즉 내가 있는 경지이며, 욕망이 있으면 반드시 바깥의 사물에서 찾는 것이 있음을 말하는 것이다. 통행본에서는 통일성을 추구한 나머지 "소所"자를 뺐기 때문에 맛이 변해버렸다. "요徼"는 동사다. 따라서 그 앞에 "소所"자가 있어야 하며, 음과 뜻은 요要(요구하다)나 요邀(맞이하다)와 같고, 여기서는 추구하다, 찾는다는 뜻이지 변경邊境이나 종극終極 등의 뜻을 나타내는 명사가 아니다. 욕망을 가진 상태에서 볼 수 있는 것은 그저 "용用", 즉 바깥으로 드러난 형체일 뿐이고, 욕망이 없는 상태에서 볼 수 있는 것이 바로 "묘妙", 즉 탄생과 변화의 신비로움이다.

1 예를 들어 런지위任繼愈가 바로 이렇게 읽는다. 그의 『老子今譯』(古籍出版社, 1956, 1쪽), 『老子繹讀』(앞의 책의 최신 수정본)(北京圖書館出版社, 2006)을 참조할 것. 그는 앞의 책을 쓸 때 아직 백서본을 보지 못했다. 그런데 나중에 나온 책은 백서본을 분명히 보았고 또 그것을 인용했음에도 불구하고 이전의 읽기 방식을 고치지 않고 있어서 좀 이상하다는 생각이 든다.

2 제34장: 萬物歸焉而弗爲主, 則恒無欲也, 可名於小.

兩者同出, 異名同謂 양자동출, 이명동위

이 구절은 이름이 없는 만물과 이름이 있는 만물이 모두 똑같이 도에서 나왔으며, 하나는 "무無"라고 부르고 하나는 "유有"라고 부르지만, 실제로는 같은 것이라는 점을 지적하고 있다. 이 구절은 통행본에는 "양자동출이이명, 동위지현兩者同出而異名, 同謂之玄(두 가지는 같이 나왔지만 이름이 다르다. 두 가지 모두를 신비스럽다고 한다)"으로 되어 있다. 먼저 글자를 보충했고 나중에 끊어 읽기를 고쳤다. 그래서 모양새가 완전히 어그러져버렸다. 헤겔의 『논리학』에서도 처음부터 있음有과 없음無과 변화變에 대해 설명한다. 그도 있음과 없음은 이름은 다르지만 같은 것을 말한다고 했다.[1]

玄之又玄, 衆妙之門 현지우현, 중묘지문

"현玄"은 깜깜하고 깊어서 헤아릴 수 없다는 뜻이다. 『노자』에서는 이 글자를 여러 글자 앞에 놓는 것을 아주 좋아한다. 예를 들면 "현빈玄牝"(제6장)은 만물의 어머니이고, 이 거대한 생식기는 밑바닥이 없는 동굴이다. "현감玄鑒"(제10장)은 깜깜하고 검은 거울로서 사람의 마음을 비유한 말이다. "현달玄達"(제15장)은 깊어서 헤아릴 수 없는 것이고, "현덕玄德"(제10장, 제51장, 제65장)은 가장 깊고 넉넉한 덕이고, "현동玄同"(제56장)은 뒤섞여 있어 구별이 없는 것이다. "중묘지문衆妙之門"은 제6장의 "현빈지문玄牝之門(암컷의 깜깜한 문)"이다. 노자는 그것을 천지만물이 생겨나는 거대한 생식기에 비유하고 있다.

한대와 위진 시기에는 술수術數와 방기方技로 노자를 풀이하고,

1 헤겔, 『논리학』, 양이즈楊一之 옮김, 商務印書館, 1974, 上冊, 69~99쪽.

『노자』에 나오는 어휘를 이용하여 술수나 방기의 술어로 사용했다. 예를 들면 다음과 같다.

1) 『노자지귀老子指歸』「군평설이경목君平說二經目」
지혜가 있는 사람이 경문의 법칙을 통찰하면, 천지의 이치와 음양의 법칙과 부부의 도리와 부자의 법도와 군신의 규범 등을 훤히 알아 만물이 눈앞에 펼쳐질 것이다.[1]

2) 『상이주想爾注』 일문(『광홍명집廣弘明集』 권13에 인용된 것, 『변증론辨證論』「외론外論」에 인용된 것)
도가도道可道는 아침에 좋은 식사를 하는 것이다. 비상도非常道는 저녁에 그것이 똥이 되는 것이다. 이 두 가지는 같은 곳에서 나왔지만 명칭이 다르다고 말한 것은, 사람은 생식기로 소변을 배출하는데, 소변이 나올 때 정精이 나온다는 것을 말한다. 현지우현玄之又玄은 코와 입을 말한다.[2]

『상이주』는 인체의 구멍, 예를 들어 항문, 생식기와 코, 입 등을 "도로道路"라 부르고, 아울러 이들 "도로"를 가지고 "도"를 풀이했다. 정말로 황당함의 극치다. 그러나 황당한 데는 황당함의 내력이 있다.

1 『老子指歸』「君平說二經目」: 智者見其經效, 則通乎天地之數, 陰陽之計, 夫婦之配, 父子之規, 君臣之儀, 萬物敷矣.

2 "道可道者, 謂朝食美也. 非常道者, 謂暮成屎也. 兩者同出而異名, 謂人根出溺, 溺出精也. 玄之又玄者, 謂鼻與口也."

그 자체도 하나의 사상이다.[1]

제41장에 "천하의 모든 사물은 있음有에서 나오고 있음은 없음無에서 나온다"[2]라는 말이 있는데 이 역시 이 장을 읽는 데 참고할 만하다.

1 『상이주』는 장릉張陵이 말하고 장로張魯가 기록한 것인데, 장릉은 『황서黃書』를 지어 성교의 규범房中儀規을 전했다. 이 책은 방중술 이론으로 노자를 풀이했다. 제목의 "상이想爾"의 "상想"은 그리워한다는 뜻이다. 이 책은 방중술로써 노자를 해석했다. 황당무계한 것처럼 보이지만, 실은 한대에 줄곧 이러한 설명 방식이 있었다. 예를 들면 마왕두이 방중서에 이미 『노자』의 술어를 이용하여 방중술의 술어로 사용하고 있었다. "코와 입鼻與口"은 하상공주에 근거한 것이다. 하상공주에서 "암컷의 깜깜한 문玄牝之門"은 "코와 입이라는 문鼻口之門"이라고 말했다.

2 제41장: 天下之物生於有, 有生於無.

제2장

통행본 제2장

세상 사람들은 모두 아름다운 것을 아름답다고 알지만, 추한 것일 뿐이다. 모두 그것을 좋다善고 알고 있지만 그것은 좋은 것善이 아니다. 있음과 없음은 서로 낳고, 어려운 것과 쉬운 것은 서로 이루고, 긴 것과 짧은 것은 서로 드러내고, 높은 것과 낮은 것은 서로 의존하고, 소리音와 소리聲는 서로 호응하고, 앞과 뒤는 서로 이어지며, 이것은 영원하다. 이 때문에 성인은 아무 할 일이 없는 곳에 머물고, 말없는 가르침을 실행한다. 만물이 생겨나더라도 조작하지 않고, 일을 하더라도 그것을 가지지 않고, 일이 이루어져도 거기에 머물지 않는다. 오직 머물지 않기 때문에 그것을 잃지 않는다.

天下皆知美之爲美, 惡已. 皆知善, 斯不善已. 有無之相生也, 難易之相成也, 長短之相形也, 高下之相盈也, 音聲之相和也, 前后之相隨也, 恒也. 是以聖人居無爲之事, 行不言之敎. 萬物作而弗始也, 爲而弗恃也, 功成而不居也. 夫唯弗居, 是以弗去.

【대의】

자연을 따른다.

이 장은 앞의 제1장과는 다르다. 여기서는 주로 형체와 이름이 있는 것들에 여러 가지 모순이 발생한다는 것을 말하고 있다. 예를 들어 아름다운 것과 추한 것, 있음과 없음, 어려운 것과 쉬운 것, 긴 것과 짧은 것, 높은 것과 낮은 것, 소리音와 소리聲, 앞과 뒤 등과 같은 것이 그렇다. 이런 개념들은 항상 그림자가 몸체를 따라다니는 것처럼 온갖 변화가 이로부터 발생한다. 만물의 변화는 만물 자체의 변화이고, 성인이 하는 일은 모두 무위無爲의 일이고, 하는 말은 모두 말없는 가르침이며, 만물에 대해 전혀 간섭하지 않는 것이다. 시작할 때도 간섭하지 않고, 중간에도 간섭하지 않고, 끝맺을 때도 간섭하지 않는다. 만물은 끝없이 삶을 계속 이어가지만 성인은 그것들이 저절로 변화하도록 내버려두며 그 공적을 차지하지 않지만, 도리어 거대한 공적을 갖는다.

【토론】

이 장은 죽간본에 있다.

惡已 악이

죽간본이나 백서본은 같지만, 통행본에서는 통일성을 추구한 나머지 앞에 "사斯"자를 추가했다.

皆知善 개지선

통행본에는 대부분 "개지선지위선皆知善之爲善(모두 좋은 것을 좋다고 알고 있다)"으로 되어 있지만, 이는 아마도 『회남자』「도응道應」, 『문자』「미명微明」에서 나온 것이 아닌가 의심된다. 이것은 옛날 책의 여러 가지 글쓰기 방법 중 다른 한 가지에 속한다.

斯不善已 사불선이

죽간본에는 "차기불선이此其不善已"로 되어 있고, 백서본에는 "사불선의斯不善矣"로 되어 있으며, 통행본에는 "사불선이斯不善已"로 되어 있다. 이已자는 유모지부喩母之部에 속하는 글자이고 의矣자는 압모지부匣母之部에 속하는 글자인데 두 글자의 독음이 비슷하다. 여기서는 "사불선이斯不善已"로 쓴다. 이已는 문장 끝에 쓰는 말로서 의矣자와 같다.

形 형

왕본에서는 통속성을 추구하느라 "교校"로 고치다보니 운을 잃었다. 죽간본, 하본, 부본 등은 백서본과 같고 잘못이 없다.

盈 영

통행본에서는 한 혜제惠帝의 이름을 피휘하여 "경傾"으로 고쳤다.

先後 선후

죽간본, 용흥비, 엄본주(남아 있지 않음) 등은 같고, 하본, 왕본, 부본 등에서는 "전후前後"로 고쳤다. 전후는 공간 개념이고 선후는 시간 개념으로서 서로 같지 않다.

恒也 항야

영원히 이와 같다는 것을 가리키며, 곳곳에 이런 표현이 있다. 이는 앞에서 말한 것을 총결하는 말이다. 죽간본과 통행본에는 이 두 글자가 없다.

聖人 성인

성聖은 총명한 것이고, 천성적으로 총명한 것이며, 더할 나위 없이 총명한 것이다. 옛날 사람들이 말한 성인, 즉 본래적 의미의 성인은 모두 상고의 제왕으로서 권력과 지위를 가지고서 백성을 평안하게 하고 민중을 구제할 수 있는 사람이다. 예를 들면 요, 우, 탕, 문, 무 등은 모든 사람이 공인하는 성인이다. 이 말은 『노자』에서 특히 애용하는 말인데 책 전체를 통해 총 24장에 걸쳐 언급했으며, 항상 "이 때문에 성인은是以聖人" 어쩌고저쩌고라고 쓰면서 모두 모범으로 삼고 있다. 다만 도대체 누구를 가리키는지 전혀 말하지 않는다.[1] 성인은 고대인의 공통적 이상으로서 『장자』를 제외하고는 누구도 반대하지 않았다.[2]

居無爲之事, 行不言之教 거무위지사, 항불언지교

일을 처리할 때도 모두 무위의 일을 처리하고, 말을 할 때도 모두 말없는 가르침을 실행한다. 『노자』는 자연을 제창하고 인위를 반대했

1 제2장, 제3장, 제5장, 제7장, 제12장, 제23장, 제27장, 제28장, 제29장, 제34장, 제47장, 제49장, 제57장, 제60장, 제63장, 제64장, 제66장, 제68장, 제72장, 제73장, 제74장, 제79장, 제80장, 제81장.

2 『장자』「거협」: 聖人不死, 大盜不止. 우리말 번역문은 김갑수 옮김, 『장자』(글항아리, 2019, 개정증보판, 138쪽)를 참조할 것.

으며, 책의 도처에서 이런 종류의 생각을 피력하고 있다. "위爲"는 자연의 이치를 따르지 않는 것이다. 인위는 사물의 발전과 변화를 간섭한다. "무위無爲"는 그것과 반대된다. 무위는 사람에게서 인위적인 것을 없애 자연으로 복귀하도록 한다. "거居"는 죽간본, 하본, 왕본 등은 모두 같고, 부본에는 "처處"로 되어 있다. 초나라 죽간, 진나라 죽간에서는 고凥자로 쓰고 있는데 이는 거居자와는 다른 글자이지만 한대에 섞어 쓰기 시작했다. 『설문說文』「시부尸部」에서 이미 고凥를 거居로 간주했다. 통행본의 "처處"자는 대개는 모두 원래 "거居"자였다. 이 점에 대해서는 다음에 다시 설명하지 않겠다.

萬物作而弗始也, 爲而弗恃也, 功成而不居也. 夫唯弗居, 是以弗去.

만물작이불시야, 위이불시야, 공성이불거야. 부유불거, 시이불거.

농사짓는 것이나 짐승을 기르는 일은 모두 자연에 따라야 하며 저절로 살아나게 둬야 하고, 저절로 자라가게 둬야 하며, 싹을 뽑아올려 빨리 자라도록 도와주어서는 안 된다. 즉 단숨에 살찐 돼지를 길러내려고 해서는 안 된다.[1] "작作"은 시작이 있다는 뜻이고, 원문에서는 만물이 태어나 자라기 시작하는 것은 만물 자체가 태어나고 자라는 것이기 때문에 사람은 발명자를 자처해서는 안 된다는 것을 말하고 있다. "시恃"는 점유하다, 가지고 있다는 뜻이다. "거居" 역시 점유한다는 뜻이다. 가지지도 않고 점유하지도 않고 자연스러움에 맡기는 것, 그것을 『노자』는 "현덕玄德"이라고 부른다. 도는 사람 밖에 있지만, 사람이 의존하고 실행하는 것이다. 덕은 마음에 보존되어 있지

1 우물가에서 숭늉 찾는다는 우리말 속담과 같은 뜻.—옮긴이

만, 사람이 끌어내야 하는 것이다. "현덕玄德"은 가장 높고 가장 심오한 덕이다. 제10장에서는 다음과 같이 말하고 있다. "낳고 기르는데, 낳고서도 가지지 않고 기르면서도 주재하지 않는다. 이것을 현덕玄德이라고 한다."[1] 제51장에서는 다음과 같이 말하고 있다. "만물을 낳지만 소유하지 않고, 은혜를 베풀지만 자랑하지 않고, 길러주지만 주재하지 않는다. 이것을 현덕玄德이라고 부른다."[2] 유有와 시恃, 재宰와 시恃는 비슷한 말이다. "불弗"은 부정부사로서 죽간본이나 백서본 텍스트에서 "불弗"자는 동사 앞에 놓으며 형용사나 부사 앞에는 놓이지 않는다. 이 두 가지는 대개 구별하여 사용했다. 통행본에서는 자주 "불不"자로 "불弗"자를 대체한다. "불弗"과 "불不"은 무엇이 다른가? 일반적으로 "불弗"은 목적어를 생략한 동사 앞에 혹은 개사介詞 앞에 두는 것이고, "불不"은 목적어를 수반한 동사나 개사 앞에 둔다. 형용사와 부사 앞에도 "불不"자를 써야지 "불弗"자를 써서는 안 된다. "불弗"자를 "불不"자로 쓴 것은 한 소제昭帝 유불劉弗의 이름을 피휘하여 고친 것이다.[3] 옛날 책 가운데 불弗, 물勿, 불不, 무毋, 무無 등의 부정어는 초기의 용법이나 고문자의 용법에서는 글자마다 구별이 있었지만, 나중에는 왕왕 뒤섞여 사용되었다. 그것들 가운데 불弗은 방모물부幫母物部에 속하는 글자이고, 물勿은 명모물부明母物部에 속하는 글자로서 소리와 뜻이 비슷하다. 불不은 방모지부幫母之部에 속하는 글자이고, 무毋와 모母는 모두 명모지부明母之部에 속하는 글자로서

1 제10장: 生之畜之, 生而弗有, 長而弗宰也, 是謂玄德.

2 제51장: 生而弗有也, 爲而弗恃也, 長而弗宰也, 此之謂玄德.

3 다음 논문들을 참조할 것. 丁聲樹, 「釋否定詞"弗""不"」, 『慶祝蔡元培先牛六十五歲論文集』, 國立中央硏究院曆史語硏究所集刊外編第一種, 1935, 991~992쪽; 魏培泉, 「"弗""不"拼合新證」, 『中央硏究院曆史語言硏究所集刊』, 第72本 第1分, 2001, 205~206쪽.

소리와 뜻이 서로 비슷하다. 무無는 명모어부明母魚部에 속하는 글자로서 후세에 역시 무毋나 물勿과 서로 비슷해졌다. 내려오는 옛날 책 가운데 그 글자들은 항상 이렇게 바뀌고 저렇게 바뀌어 그 미묘한 차이를 구별하기 매우 어렵게 되었다. "시始"는 죽간본에는 "태怠"로 되어 있고, 백서본과 부본에는 "시始"로 되어 있으며, 하본과 왕본에는 "사辭"로 되어 있다. 고문자에서 태怠와 시始와 사辭는 모두 태台부에 속하거나 혹은 사司부에 속하면서 그로부터 소리값을 얻었는데(심心부에 속하고 태台와 사司 두 글자가 결합되어 이루어졌다), 매번 혼용하고 있다. 여기서는 "시始"로 쓴다. "성공成功"은 죽간본에는 "성成"으로 되어 있고 통행본에는 "성공成功"으로 되어 있다.

상하이박물관 초나라 죽간楚簡의 『항선恒先』에는 다음과 같은 문장이 있는데, 참고할 만하다. "만물이 발생할 때 풍부하고 다채로웠다. 만물이 발생한 처음에는 완벽했고 질서정연하여 아무런 혼란도 없었다. 그러나 사람이 생기고 나서 혼란이 발생했다. 모든 혼란은 인위적 요소로부터 나왔다. 먼저 내부가 있어야 외부가 있다. 먼저 작은 것이 있어야 큰 것이 있다. 먼저 부드러운 것이 있어야 굳센 것이 있다. 먼저 둥근 것이 있어야 모난 것이 있다. 먼저 어둠이 있어야 밝음이 있다. 먼저 짧은 것이 있어야 긴 것이 있다."[1]

만물이 존재하면 곧 모순이 존재하고, 모순이 존재하면 곧 앞과 뒤가 존재한다는 것은 윗글과 같다. 그러나 앞의 것이 앞과 뒤를 더 강조하고 있다.

1 『항선恒先』: 多采物, 先者有善, 有治無亂. 有人焉有不善, 亂出于人. 善有中, 焉有外. 先有小, 焉有大. 先有柔, 焉有大剛. 先有圓, 焉有方. 先有晦, 焉有明. 先有短, 焉有長.

제3장

통행본 제3장

지식인을 높이지 않음으로써 백성이 다투지 않도록 한다. 얻기 어려운 물건을 귀중하게 여기지 않음으로써 백성이 도둑이 되지 않게 한다. 탐낼 만한 것을 보이지 않음으로써 백성이 혼란에 빠지지 않게 한다. 이 때문에 성인의 다스림은 백성의 마음을 비게 하고, 백성의 배를 채워준다. 또 백성의 생각을 약화시키고 그들의 뼈를 강하게 한다. 항상 백성을 지식도 없고 욕망도 없게 해야 하고, 그들이 감히 엄두를 내서는 안 되는 것과 해서는 안 되는 것이 무엇인지를 알려주기만 하면 다스려지지 않는 것이 없을 것이다.

不尙賢, 使民不爭. 不貴難得之貨, 使民不爲盜. 不見可欲, 使民不亂. 是以聖人之治也, 虛其心, 實其腹. 弱其志, 強其骨. 恒使民無知無欲也, 使夫知不敢弗爲而已, 則無不治矣.

【대의】

지혜와 욕심을 버려라.

이 장에서는 주로 지식을 끊어버리고 욕심을 없애는 것에 대해 설명하고 있다. 앞에서 사람이 있으면 욕망이 있다고 말했다. 사람은 이름을 좋아하고 이익을 좋아한다. 사람들은 평생 동안 자신의 지혜를 몽땅 이것들을 위해 사용한다. 지식인賢을 존중하면 명성을 놓고 다투고, 재물을 중시하면 이익을 차지하기 위해 다툰다. 『노자』는 이것이 혼란의 시작이라고 생각한다. 『노자』는 고대의 총명한 제왕은 모두 우민정책을 채택했다고 생각했다. 그래서 백성의 머리를 텅텅 비게 함으로써 다른 사람과 우열을 다투게 하지 않았고, 배불리 먹게 하여 몸을 튼튼하게 한 다음 힘껏 일할 수 있게 했다. 한 번의 고생으로 평생 동안 편안하게 해줌으로써 그들이 계속 멍청하게 지내면서 지식도 없고 욕심도 없게 하고, 그저 어떤 것은 함부로 해서도 안 되고 또 할 수 없다는 것만 알게 하는 것이 가장 좋다고 생각했다. 그러면 세상은 가장 평화로운 상태에 도달한다는 것이다.

【토론】

尙賢 상현

원래 "상현上賢"으로 되어 있었다. "상현上賢"은 바로 "상현尙賢"이다. 『묵자』에 「상현」 편이 있는데 이와는 반대된다. 공자 역시 지식인을 존중했지만, 『노자』는 지식인을 존중하지 않았다.

難得之貨 난득지화

희귀한 재화를 말한다. 이 말은 다음의 제12장과 제64장에도 보인다.

盜 도

옛날 사람들은 재산을 침탈하는 죄를 도盜라고 불렀고, 사람에게 상해를 입히는 죄를 적賊이라고 불렀다.

不見可欲 불현가욕

돈을 본 적도 없는 가난한 사람은 종종 금전의 유혹을 뿌리치지 못하고, 순박한 것이 좋다는 것을 알지 못하며, 돈을 보자마자 극도로 흉악해진다. 공자도 "욕심이 없으면 강하다無欲則強"고 생각했다. 공자가 말한 "무욕無欲", 즉 욕심 없는 것은 다른 사람에게서 찾는 것이 아니라 자기에게서 찾는 것이다.(「공야장」 5.11)

使民不爲盜 사민불위도

『회남자』「도응」에서는 "마음을 어지럽히지 않게 한다使心不亂"고 했다. 옛날 책에 있는 아주 많은 인용문은 대부분 이런 종류의 글자 모양을 가지고 있다.[1] 하본 역시 그러하고, 왕본과 부본에는 글자를 첨가하여 "사민심불란使民心不亂", 즉 백성의 마음을 어지럽게 만들지 말라고 했다.

---

1 蒙文通, 『老子徵文』, 臺北: 萬卷樓圖書有限公司, 1998, 24쪽.

虛其心, 實其腹 허기심, 실기복

제12장의 다음 구절을 참고하라. "이 때문에 성인의 다스림은 배를 위하되 눈을 위하지 않는다. 그러므로 저것을 버리고 이것을 택한다."[1]

使夫知不敢弗爲而已, 則無不治矣

사부지불감불위이이, 즉무불치의

이것은 백성을 아무것도 모르게 하고 아무 욕심도 없게 해야 한다는 것을 말하고 있다. 즉 오직 그들이 함부로 해서는 안 되는 것이 무엇인지, 그들에게 허락되지 않은 일이 무엇인지를 알려주기 위한 것이다. 어른이 어린아이를 가르칠 때 늘상 여러 가지 많은 경고를 한다. 어려서부터 얘기해서 그들로 하여금 처음부터 온갖 나쁜 일을 하려는 생각조차 품지 못하도록 하는 것이다. 서양에서는 어디에나 caution(경고) 문구가 붙어 있고, 가는 곳마다 모두 precaution(예방책)이 씌어 있다. 이 역시 이러한 의도를 가지고 있다. 이 글의 글쓴이는 백성은 근본적으로 어리석어야 하며, 그들이 하고 있는 일을 하도록 그냥 두어서는 안 되고, 그들이 이미 알고 있는 일까지 모르게 해야 하며, 이미 생각하고 있는 것까지 감히 생각하지 못하도록 해야 하며, 그렇게 하는 것이 비로소 문제를 근본적으로 해결하는 것이라고 생각했다. 이 문장은 상본에는 "사지자불감위야, 위무위, 즉무불치使智者不敢爲也, 爲無爲, 則無不治"라고 되어 있으며, 백서본에 가장 근접해 있다. "위무위爲無爲"는 나중에 추가한 것이다. 부본은 대략 하본

1 제12장: 是以聖人之治也, 爲腹不爲目, 故去彼取此.

이나 왕본과 같지만 마지막 구가 "즉무불위야則無不爲也(못하는 것이 없다)"로 되어 원래의 뜻에서 더 멀어졌다.

제4장

통행본 제4장

도는 텅 비어 있으면서 그것을 쓰고 항상 가득 차는 법이 없다. 깊도다, 그것은 만물의 뿌리인 듯하다. 도는 예리한 날을 꺾고, 복잡하게 얽힌 것을 푼다. 빛을 누그러뜨리고 먼지와 함께 한다. 깊도다, 그것은 항상 존재하는 것 같다. 나는 그것이 누구의 자식인지 모르지만 하느님의 조상인 것 같다.

道盅而用之, 或弗盈也. 淵兮似萬物之宗. 挫其銳, 解其紛. 和其光, 同其塵, 湛兮似或存. 吾不知誰之子也, 象帝之先.

【대의】

도는 하느님의 조상이다.

도는 텅 빈 것虛을 쓰고, 가득 찬 것을 가장 싫어한다. 그것은 만물의 근본이면서 몹시도 심오한 것이다. 그것은 예리한 칼끝도 꺾어버릴 수 있고, 복잡하게 뒤엉킨 것도 풀어버릴 수 있고, 광명과 함께 있을 수도 있고, 흙먼지와도 함께 할 수 있고, 있는 듯 없는 듯 하면서 만물의 뒤에 숨어 있다. 그것은 그 어떤 것보다 앞서며 인류의 가장 오래되고 또 오래된 조상보다도 더 앞선다.

【토론】

或弗盈 혹불영

"혹或"은 원래 "유有"로 되어 있었지만, 하본과 왕본에는 "혹或"으로 되어 있고, 상본과 부본에는 "우又"로 되어 있는데, 혹或으로 읽어야 한다. "영盈"은 아래 글과 압운을 이룬다. 하본, 상본, 왕본 등에서는 피휘하기 위해 글자를 바꾸는 일은 하지 않았지만, 부본은 "만滿"자로 바꾸어 운을 잃었다.

兮 혜

초나라 죽간에서는 "가可"자로써 "혜兮"자를 대신했지만, 백서에서는 "가呵"자로 "혜兮"자를 대신했다. 아래도 같다.

挫其銳, 解其紛. 和其光, 同其塵

좌기예, 해기분. 화기광, 동기진

"예銳"는 칼끝이고, "분紛"은 뒤섞여 어지러운 것이며, "광光"은 빛이고, "진塵"은 흙먼지다. "좌기예挫其銳"는 날카로운 칼끝을 꺾어버리는 것이고, "해기분解其紛"은 어지럽게 뒤섞인 것을 제거하는 것이며, "화기광和其光"은 빛과 함께 있는 것이고, "동기진同其塵"은 흙먼지와 함께 있는 것이다. 이 구절들의 요지는 도의 운용道之用은 빛을 감추고 어둠을 기르면서韜光養晦, 영광이나 치욕에도 놀라지 않으며寵辱不驚, 비난과 명예毁譽를 무시한다는 것이다. 똑같은 말이 제56장에도 보인다. 상본에서는 분紛자를 염念자로 고쳐 분노한다고 설명하여 새로운 풀이를 만들어냈고, 용흥비龍興碑 역시 "염念"으로 쓰고 있다.

湛 담

역시 깊다는 뜻이다.

吾不知誰之子也 오부지수지자야

도는 궁극의 개념, 즉 그 앞에는 다른 어떤 근원도 없고, 아버지도 없고 어머니도 없으며, 자기가 바로 근원이라는 것을 가리킨다.

象帝之先 상제지선

마치 하느님의 조상 같다. 제帝는 체蒂, 적嫡 등의 글자와 관련이 있고, 본래는 인격신이었다. 상제上帝, 즉 하느님은 먼 조상의 먼 조상으로서 친족의 근원이다. 제帝가 살고 있는 제정帝庭은 천상에 있다. 한대 이후로 늘 제帝와 천天을 구분 없이 하나로 이야기하지만 이는 맞지 않다. 명나라 말기 마테오리치가 중국에 선교하러 왔을 때 『성경』의 God을 어떻게 번역할 것인가 토론하다가 결국 중국의 옛날 책에 있는 "상제上帝"라는 말을 선택했다(다른 한 가지 번역어는 "천부天父"

다). 여기서 문제가 되는 것은 제帝는 사람의 발생 근원이다. 그것 이전에 그보다 더 오래 되었고 또 모든 것을 창조했으면서 자신은 다른 것에 의해 창조되지 않은 그 무엇인가가 있었을 터인데, 그게 무엇일까 하는 것이다. 대답은 바로 도道다. 『노자』는 도를 가지고 공자와 묵자를 초월했고, 인위를 기반으로 하는 여러 가지 사고를 초월했다. 그것은 마치 중국 사람들이 '나는 니 애비다, 나는 니 할배다'라는 식으로 나는 너보다 연배가 위라고 말하는 것을 좋아하는 것과 같다. 『노자』는 보다 더 궁극적인 것을 가져다가 상대방을 눌러버린 것이다. 사람이 아무리 나이가 많아도 제帝보다 나이가 많을 수 없고, 제帝가 아무리 나이가 많아도 천天보다 나이가 많을 수 없고, 천天이 아무리 나이가 많아도 도道보다 나이가 많을 수는 없다. 『장자』「소요유」에서 말하는 소대지변小大之辨(작은 것과 큰 것의 차이) 역시 이와 같은 논리다. 『노자』는 『묵자』와는 달랐다. 『노자』는 칼이나 창을 들고 서성거리면서 공자와 겨루려고 하지 않고, 상대방 뒤쪽으로 돌아가기도 하고, 상대방 위쪽으로 뛰어올라가기도 하고, 상대방을 안쪽으로 몰아넣기도 하는 등 그렇게 상대방을 제압했다.

상하이박물관 초나라 죽간의 『항선恒先』에서는 도를 "항선恒先"이라고 불렀다. 이는 바로 도의 선두적 지위를 강조한 것이다.

제5장

통행본 제5장

하늘과 땅은 어질지 않아서 만물을 풀로 만든 개쯤으로 여긴다. 성인은 어질지 않아서 백성을 풀로 만든 개쯤으로 여긴다. 하늘과 땅 사이는 마치 풀무와 같다. 그 사이는 텅 비어 있으되 다함이 없고, 움직일수록 더 많은 것이 나온다. 들어서 아는 것이 많으면 자주 궁지에 몰리니 차라리 가슴 속에 간직하고 있을지어다.

天地不仁, 以萬物爲芻狗. 聖人不仁, 以百姓爲芻狗. 天地之間, 其猶槖籥歟. 虛而不屈, 動而愈出. 多聞數窮, 不若守於中.

【대의】

천지는 거대한 풀무 같다.

천지는 아무 감정이 없다. 그것은 만물을 풀로 엮어 만든 개로 여기며 다 쓰고 나면 버린다. 성인 역시 백성을 이처럼 대하며, 어떤 사람에게 특별히 잘해주거나 어떤 사람을 특별히 나쁘게 대하는 일은 결코 없다. 하늘과 땅 사이는 풀무와 같다. 손잡이를 잡아당기면 속이 텅 비어 공기가 들어갔다가 손잡이를 밀면 속이 가득차서 공기를 배출한다. 사람이 천지 사이에 살 때는 동분서주하면서 좌충우돌해서는 안 되고 가능한 한 텅 빈 상태를 유지해야 한다. 귀에 들어오는 소리가 너무 많으면 머리는 너무 많은 것으로 가득 채워진다. 가득차면 다른 것이 더 이상 들어갈 수 없다.

【토론】

天地不仁 천지불인

아래 제81장에서 말한 "하늘의 도는 편애함이 없다天道無親"와 같다.

聖人不仁 성인불인

고대의 성인은 요임금이나 순임금과 같은 인물들이고, 사실 훌륭한 왕이며 성스러운 군주였다. 성인은 듣는 사람, 즉 이른바 정사를 듣는 사람聽治之人이다. 공자는 자기가 "예순이 되어서는 귀가 순해졌다"[1]고 말했다. 귀가 순해졌다는 것은 성인의 경지에 가까워졌다는

1 『논어』「위정」: 六十而耳順.

것이다. 천지는 만물을 진열품으로 여기며, 통치자도 백성을 진열품으로 여긴다.

芻狗 추구

풀을 묶어 만든 개, 농촌에서 장례를 지낼 때 사용하는 종이로 만든 사람과 종이로 만든 말과 같다. 장례가 끝나면 내버린다.[1]

橐籥 탁약

"탁橐"은 낭囊, 즉 주머니이고, "약籥"은 관管, 즉 대롱이며, 탁약은 일종의 바람이 들어 있는 가죽 주머니다. 이것은 고대의 송풍 장치로서 풀무와 비슷하다. 하늘과 땅은 거대한 풀무와 비슷하다. 그 손잡이를 잡아당기면 속이 텅 비게 되어 외부의 공기가 속으로 들어갈 수 있고, 손잡이를 밀면 반대로 속에 든 공기가 밖으로 빠져나간다. 글쓴이의 생각은 조금 비워두는 것이 좋다는 것이다.

屈 굴

갈竭, 즉 다하다의 뜻이다.

多聞數窮, 不若守於中 다문삭궁, 불약수어중

"다문多聞"은 많은 것을 알아보는 것이고, "수어중守於中"은 텅 빈 상태를 견지하는 것이다. 글쓴이는 지식(지혜)을 끊고 욕심을 버리라고 주장하면서 너무 많이 배우고 너무 많이 알면 우리의 뇌가 다 받

1 顧頡剛, 「"芻狗"」(『史林雜識』, 北京: 中華書局, 1963, 174~175쪽) 참조.

아들이지 못하기 때문에 오히려 좀 무지한 것보다 못하다고 생각했다. 그것은 바로 배가 고파야 입맛이 좋은 것과 같다. "다문多聞"은 상본도 같다. 하본, 왕본, 부본에는 "다언多言"으로 되어 있다. 문聞은 듣는 것이고, 언言은 말하는 것으로 완전히 다르다. 옛 문자에 청聽은 성聲(소리), 성聖(성인) 등과 관련이 있고, 문聞(듣다)은 문問(묻다)과 관련이 있다. 청聽자와 문問자는 모두 진한秦漢 시기에 와서야 유행했고, 그보다 이른 시기에는 없었다. 청聽과 문問은 다르다. 청은 경청傾聽, 혹은 영청聆聽(공손히 들음)하는 것으로 흔히 높은 자리에서 아래를 내려다보면서 듣는 것이다. 예를 들어 "청정聽政" "청송聽訟"이라고 할 때의 "청聽"은 모두 이와 같은 것이다. 그러나 문聞은 그렇지 않다. 그것은 방문하는 것이고 물어보는 것으로서 적극적으로 앎을 추구하는 것이다. "다언多言"은 많이 가르치는 것으로서 안에서 밖으로 내보내는 것이다. "다문多聞"은 많이 배우는 것으로서 밖에서 안으로 들여보내는 것이다. 따라서 이 두 가지는 의미가 정반대다. 제20장의 "배움을 끊으면 근심이 없다"[1]라는 것이 이와 비슷한 말이다. 『설원說苑』「경신敬愼」에는 『금인명金人銘』[2]을 인용하고 있다. 그 가운데 "말을 많이 하지 마라. 말을 많이 하면 손해가 많다"[3] 등의 말이 있다.[4] 이는 바로 말이 많은 것을 경계하는 것이다.[5]

1 제20장: 絕學無憂.

2 서주西周 이전의 잠언집의 일종으로 황제黃帝의 작품으로 알려져 있지만 현재는 전하지 않는다. 『한서』「예문지」에 『황제명黃帝銘』 6편이 있다는 기록이 있지만, 역시 지금은 전하지 않는다. 학자들의 고증에 따르면 『금인명金人銘』은 이 『황제명』 6편의 하나일 것이다.—옮긴이

3 『설원說苑』「경신敬愼」: 無多言, 多言多敗.

4 이 말은 또 『공자가어』「관주觀周」에도 보인다.

5 鄭良樹, 『諸子著作年代考』「金人銘與老子」, 北京: 北京圖書館出版社, 2001, 12~20쪽.

『노자』에서는 이전 사람을 인용할 때는 대개 "성인"을 끌어들이지만, 어떤 사람의 말에 근거하고 있는지, 책이 있는지 아닌지 알 수 없다. 참고할 만한 것은 그저 『금인명』뿐이다. 이와 같은 우연의 일치는 이 장 외에 제28장, 제42장, 제66장, 제79장 등이 있다. 『금인명』과 『일주서逸周書』, 『대대례大戴禮』 「무왕천조武王踐阼」에서 인용한 『석명席銘』 『영명楹銘』 『태공太公』 등의 일문佚文(잃어버린 문장이나 책)과 관련이 있으며, 『주서음모周書陰謀』와 같은 종류의 옛날 말에 속한다. 『한서』 「예문지·제자략」의 "도가" 류에는 『이윤伊尹』 『태공太公』 『신갑辛甲』 『죽자鬻子』 『관자筦子』 등과 같은 책을 『노자』 앞에 배치하고 있다. "정치음모"에 관한 이런 종류의 책을 도가의 저작으로 본 것이다.

제6장

골짜기의 신은 죽지 않는데, 이를 현빈玄牝(깜깜한 암컷)이라고 부른다. 암컷의 깜깜한 문을 천지의 뿌리라고 한다. 끊임없이 계속 이어지면서 없는 듯 존재하며 아무리 써도 끝나지 않는다.

谷神不死, 是謂玄牝. 玄牝之門, 是謂天地之根. 綿綿兮若存, 用之不勤.

【대의】

도는 거대한 자궁이다.

여기서는 도의 별명 두 가지를 들고 있다. 하나는 "골짜기의 신谷神"이고, 다른 하나는 "암컷의 깜깜한 문玄牝之門"이다. "골짜기의 신"은 도가 허虛를 중심體으로 삼고 있다는 것을 강조하는 것이고, "암컷의 깜깜한 문"은 도가 낳는 것生을 작용用으로 삼고 있다는 점을 강조한 것이다. 『노자』는 천지는 바로 이 동굴처럼 텅 빈 거대한 생식기에서 나온 것이라고 말한다.

【토론】

谷神 곡신

『노자』는 도를 골짜기에 비유하는 것을 좋아한다. 제15장의 "넓은 포용력은 마치 골짜기와 같다"[1], 제28장의 "천하의 물이 모여드는 계곡이 된다"[2] "천하의 골짜기가 된다"[3], 제32장의 "예를 들면, 도道가 천하에 있는 것은 마치 작은 골짜기가 강이나 바다와 함께 있는 것과 같다"[4], 제39장의 "골짜기는 하나를 얻어서 채워졌고"[5], 제40장의 "가장 좋은 덕은 골짜기처럼 텅 비어 있다"[6], 제66장의 "강과 바다가 온갖 골짜기의 제왕이 될 수 있는 것은 스스로 아래쪽에 처하기 때

1 제15장: 曠兮其若谷.

2 제28장: 爲天下溪.

3 제28장: 爲天下谷.

4 제32장: 譬道之在天下也, 猶小谷之與江海也.

5 제39장: 谷得一以盈.

6 제40장: 上德如谷.

문이다. 이 때문에 온갖 골짜기의 제왕이 될 수 있는 것이다"[1] 등이 그 예다. 산등성이는 양이고 계곡은 음으로서 이들은 빈모牝牡(암수)와 비슷하다. 곡谷은 두 산 사이의 하천이 흐르는 골짜기河谷이고, 그것은 다음에 나오는 "현빈玄牝"과 비슷하며, 아래로 움푹 파여 있고 또 텅 비었다는 특징을 가지고 있다. 물은 골짜기로부터 나와 강과 바다로 모인다. 이는 "현빈玄牝"이 천지 만물을 낳는 것과 비슷하다.

玄牝 현빈

역시 도의 별명이다. 『노자』는 도를 천지 만물의 어머니로 보았다. "현빈玄牝"은 바로 천지 만물을 낳은 어머니의 생식기다. 이 점과 관련하여 제61장의 "대국은 강물의 하류와 같고, 세상의 암컷이다. 세상의 모든 관계에서 암컷은 항상 고요함으로써 수컷을 이긴다. 암컷은 고요해야 하기 때문에 아래쪽에 있는 것이 좋다"[2]를 참고할 것. 『노자』는 "현玄"자로 어둡고 깊은 의미를 표현하기를 좋아한다. "빈牝"은 옛날 사람들이 모든 동물 암컷의 생식기를 표현할 때 쓴 명칭이었다. 상대商代의 갑골문에는 말이나 소, 양, 개, 사슴 등 무슨 동물이든 상관없이 이들 동물의 상형자에 모두 비匕자나 토土자를 더하여 암수를 표시했다. 비匕자를 더한 것은 암컷이고, 토土자를 더한 것은 수컷이며, 소에만 한정된 것은 아니었다. 후세에 이르러 이런 글자들을 통일하여 일률적으로 우牛방부를 썼다. 그것이 바로 현재의 빈牝(암컷)과 모牡(수컷) 두 글자다. 사람의 생식기에 대해서도 옛날 사람들

1 제66장: 江海之所以能爲百谷王者, 以其善下之, 是以能爲百谷王.

2 제61장: 大邦者, 下流也, 天下之牝. 天下之交也, 牝恒以靜勝牡. 以靜爲也, 故宜大爲下.

은 그렇게 불렀다. 빈牝은 여자의 음부이고, 모牡는 남자의 음부다.[1] 빈牝은 비성匕聲에 속하고 비比자처럼 읽으며, 옛날 음은 지부脂部에 속하는 글자다. 사실 그것은 오늘날 이른바 비屄, 즉 보지다. 사람의 보지도 빈牝이라고 불렀다.[2] 당나라의 백행간白行簡이 지은 「천지음양교환대락부天地陰陽交歡大樂部」(둔황본敦煌本)에는 두 개의 괴상한 글자가 있다. "㞙"자는 여자의 음부이고, "屪"자는 남자의 음부다. 나는 "㞙"자가 바로 당대의 보지 비屄자가 아닐까 하는 의문이 든다.[3] 마왕두이 방중서房中書 가운데 『합음양合陰陽』에서는 "현문玄門"을 음문陰門, 즉 보지를 가리키는 말로 썼는데, 이는 『노자』의 술어를 차용한 것이다. "현빈玄牝"은 여자의 음부를 빌려 도道를 비유하는 말이고,[4] 비록 실제 사물을 가리키는 것은 아니지만 방중술의 개념을 빌려 도의 끝없이 생산하는 작용을 설명한 것이다. 이 개념은 방중술과 큰

1 郭沫若, 「甲骨文字硏究」(『郭沫若含集: 考古編1』, 北京: 科學出版社, 1982, 「釋祖妣」, 19~64쪽) 참조. 궈모뤄는 상대에는 사람의 남녀 조상을 "조비祖妣"라고 불렀다며 이것은 각각 차且와 빈牝 두 글자에서 온 것이라고 했다.

2 예를 들어 점잖지 못하게 들릴까봐 완독緩讀(멍청이를 '머엉청이'처럼 일부러 길게 늘여서 발음하는 것—옮긴이)할 수도 있었을 것이다. 앞의 것은 "우포의牛布衣"(우포의는 『유림외사』에 나오는 인물)이고, 뒤의 것은 "포의布衣"다.

3 민난어閩南話에서는 넓을 편扁자를 비아bia로 읽고, 네이멍구의 진베이 이민晉北移民은 여성의 음부를 반류banliu라고 부른다.

4 런지위任繼愈는 다음과 같이 설명한다. "'빈牝'은 모든 암컷 동물의 생식기관이다. '玄牝'은 아득히 깊어 보이지 않으면서 만물을 생산해내는 생식기관을 상징한다. 노자는 물질의 끊임없는 변화 작용을 만물 발생의 근원이라고 보았다. 『주자어류』 권125를 참조할 것."(『노자금역』 5쪽). 『주자어류』 권125에서는 "자웅雌雄을 빈모牝牡라고 한다"고 했다. 나무로 만든 물건에 구멍이 있어야 장부를 끼워 넣을 수 있고, 문에 빗장 구멍이 있어야 빗장을 끼울 수 있고, 자물쇠에 열쇠구멍이 있어야 열쇠를 넣을 수 있는 것과 같다. "현玄은 대단히 신비로운 밑바닥을 가진 암컷이지, 보통의 밑바닥을 가진 암컷은 아니다." 『老子繹讀』, 14쪽에서는 이전의 학설을 보존하면서 리옌李埏의 다음과 같은 말을 보충했다. 윈난성 젠촨劍川에 옛날 동굴이 있는데, 입구에 여성의 생식기를 새겨놓고 "암컷의 깜깜한 문玄牝之門"이라는 이름을 붙여놓았다고 한다.

관계가 있다. 고대 사상가는 오늘날 말하는 과학자가 아니었다. 그들은 어떤 정의로부터 출발한다든가 입을 열기만 하면 먼저 개념 정의부터 내린다든가 하는 것을 좋아하지 않았다. 그들은 비유를 드는 것을 더 좋아했다. 비유로 드는 것은 모두 생활 속에서 빌려온 것들이다. 이러한 언어는 매우 생동감이 넘친다. 한번 생각해보자. 어머니의 뱃속에서 기어나오지 않은 사람이 누가 있을까? 만물은 어디로부터 온 것이며, 천지는 어디로부터 온 것인가. 이것들은 모두 매우 자연적인 연상이다. 현빈玄牝은 무엇일까? 바로 도모道母, 즉 대도大道라는 어머니의 보지이고 씹이다. 그 속의 질膣, 산문産門 등은 매우 깊어서 마치 바닥이 없는 동굴 같으며, 앞쪽은 자궁에 연결되어 있다. 자궁은 태어날 아기가 기다리는 곳이다. 이 말을 오늘날 우리가 쓰는 구어로 그대로 옮겨놓으면 당연히 저질스러운 비속어가 되기 때문에 역대의 주석가들은 그것이 무슨 뜻인지 누구나 다 알고 있었지만, 낯뜨거워서 아무도 직접 말하지 않고 모두들 빙빙 돌려서 얘기했다. 이런 이야기는 오늘날에 옮겨놓으면 어떤 사람은 과감하게 말하기도 하겠지만, 어떤 사람은 감히 말하지 못할 것이다. 체면을 중시하는 사람이나 지식인은 감히 말하지 못할 것이다. 보통사람들은 그런 것에 개의치 않기 때문에 그들은 모두 입만 열면 이런 말들이 술술 튀어 나온다.[1] 노자의 말하는 스타일은 매우 솔직하고, 매우 대담하며, 보통사람들과 같이 직설적이다. 도에 대한 『노자』의 논의는 천지의 도와 사람의 몸을 기초로 삼고 있다. 그가 말하는 도는 수술數

1 최근에 「보지의 독백陰道獨白」이라는 연극이 있었다. 거기서 이렇게 말했다. "여성 동포 여러분 우리는 사람들이 다들 입을 열기 꺼려하는 말에 대해 과감하게 얘기를 꺼내보려 합니다."

術과 방기方技 등과 불가분의 관계에 있다. 나는 『노자』를 읽는 데는 두 가지 열쇠가 있다고 주장한다. 하나는 수술이고, 다른 하나는 방기다. 바로 여기에 방법이 있다.

玄牝之門 현빈지문

도는 우주의 생식기다. 도는 천지 만물을 낳았으니 그것들이 나온 출구가 있어야 한다. 그것은 바로 여성이 아이를 낳을 때 아이가 산문産門(보지, 씹)으로 나와야 하는 것과 같다. 이 출구를 "암컷의 깜깜한 문玄牝之門"이라고 부른다.

天地之根 천지지근

도가 천지를 낳았기 때문에 천지의 본원이라는 것을 가리키는 말이다. 『상이주』에서는 이렇게 설명하고 있다. "암컷牝은 땅地이고, 여자는 그것을 본떴다. 음부의 구멍은 문이고 삶과 죽음을 맡은 기관으로 가장 중요하다. 그래서 뿌리根라고 부른다. 남차男茶 역시 뿌리根라고 부른다."[1] "이 도를 얻을 수만 있다면 선수仙壽를 누릴 수 있다. 그러므로 남녀 간의 일에 힘쓰지 않을 수 없다."[2] 이 책에서는 근根자로써 여성의 음부를 표시했고, 아울러 "남차男茶 역시 뿌리根라고 부른다"라고 설명했다.[3] 이는 물론 장도릉張道陵의 잘못된 설명이

1 牝, 地也, 女像之. 陰孔爲門, 死生之官也, 最要, 故名根. 男茶亦名根.

2 能得此道, 應得仙壽. 男女之事, 不可不勤也.

3 남차南茶가 무슨 뜻인지 연구가 필요하다. 나는 이것을 베이징대 동양어과東語系 천밍陳明 선생에게 문의했다. 그는 두 가지로 추측했다. 하나는 "반다가般茶迦, pandaka(환관, 형벌로 남근이 잘린 사람)"와 관련이 있을 것이라는 것이고, 다른 하나는 "근根, indriya"과 관련이 있을 것이라는 것이다.

다. 남근男根, 여근女根, 명근命根 등은 불경에 자주 보인다. 그러나 한대의 책에는 이런 말이 거의 없다. 이런 말은 아마도 불교와 관련이 있을 것으로, 연구해볼 만한 가치가 있다.

綿綿兮若存 면면혜약존

을본에는 "혜兮"자 아래 "기其"자가 많지만, 통행본에는 없다.

用之不勤 용지불근

"근勤"자에는 완전히 다한다는 뜻이 있다. 옛 음도 "진盡"자와 비슷하다. "근勤"자는 군모문부群母文部에 속하는 글자이고, "진盡"자는 종모진부從母眞部에 속하는 글자다. 런지위任繼愈는 『회남자』 「주술主術」의 "역근재궤力勤才匱(힘과 능력을 다하다)"의 "근勤"자가 바로 이와 같은 용법으로 쓴 것이라고 지적했다.[1]

옛날 사람들은 하늘과 땅의 교접으로 우주만물을 설명하는 것이 전통이었다. 예를 들어 백거이白居易의 동생 백행간白行簡은 「천지음양교환대락부天地陰陽交歡大樂賦」(둔황본)라는 글을 남겼다. 그 내용은 다음과 같다.

신비로운 변화의 힘으로 개벽이 시작될 때
거대한 용광로가 신비로운 빛을 뿜어냈다.
굳센 것을 녹여 양성陽性을 만들고,
부드러운 것을 녹여 자성雌性을 만들었다.

1 任繼愈, 『老子繹讀』, 15쪽.

남성과 여성이라는 두 몸을 만들고
음과 양이라는 두 가지 형식을 만들어냈다.[1]

이것은 바로 하늘과 땅의 섹스로 남녀의 섹스를 설명하는 것이다. 천지는 거대한 용광로이고, 아이를 낳는 것은 동이나 철을 제련하는 것과 같다고 말한다. 이것은 중국의 매우 전통적인 설명 방식이다. 마왕두이 백서 「태산서胎産書」에서는 야금술의 용어로 아이 낳는 것을 설명하고 있다. 단가丹家[2]에서도 여자를 정로鼎爐[3]라고 부른다.

명대의 소설 『육포단肉蒲團』은 「만정방滿庭芳」이라는 한 수의 사詞로 시작한다.

검은 머리는 그대로 멈추어 있기 어렵고,
고운 얼굴은 늙기 쉽다.
인생은 늘 푸른 소나무와 같지 않다.
명성도 사라지고 재물도 없어지나니,
한바탕 바람에 떨어지는 꽃과 같다.
젊은 시절 즐겁게 놀지 못한 것을 후회하면서
늦게나마 풍류를 즐겨보려 해도
늙고 힘 없으면 쫓겨나기 일쑤다.
왕손들은 노랫소리에 취해 금박 입힌 옷을 입고,

1 白行簡, 「天地陰陽交歡大樂賦」: 玄化初辟, 洪爐耀奇. 鑠勁成建, 鎔柔制雌. 鑄男女之兩體, 范陰陽之二儀.

2 연단술을 일삼는 방사方士.—옮긴이

3 연단술에 쓰는 솥과 화로.—옮긴이

일찌감치 무성하게 핀 꽃밭에서 놀고 있다.
세상에서 진정으로 즐거운 것은
이리저리 생각해봐도 섹스만한 것이 없다.
기쁨으로 시작해서 시름으로 끝나는
부귀영화 따위와는 비교할 수 없다.
날마다 신혼 같은 쾌락을 즐기고
밤마다 잠자리의 달콤함을 즐기노라면
아침을 알리는 종소리가 들릴까 두려워진다.
눈을 떠 세상을 보라.
하늘이 위에서 감싸고 땅이 아래서 받치고 있는 모습은
한 폭의 거대한 춘궁春宮이 아닌가.[1]

천지는 거대한 춘궁春宮, 즉 봄의 궁전이고, 도는 거대한 자궁子宮이다. 옛날 사람들은 원래부터 이렇게 이야기했다.

1 『肉蒲團』「滿庭芳」: 黑髮難留, 朱顔易變, 人生不比青松. 名消利息, 一派落花風. 悔殺少年不樂, 風流院, 放逐衰翁. 王孫輩, 聽歌金縷, 及早戀芳叢. 世間眞樂地, 算來算去, 還數房中. 不比榮華境, 歡始愁終. 得趣朝朝燕爾, 暮暮酣眠處, 怕響晨鐘. 睜眼看, 乾坤覆載, 一幅大春宮.

제7장

통행본 제7장

하늘과 땅은 영원하다. 하늘과 땅이 영원할 수 있는 것은 그 자신들에 의해서 태어난 것이 아니기 때문이다. 그 때문에 영원할 수 있는 것이다. 성인은 자신을 뒤로 밀어놓기 때문에 오히려 그 자신이 앞서고, 자신을 제외시켜놓기 때문에 그 자신이 살아남는 것이다.

天長地久. 天地之所以能長且久者, 以其不自生也, 故能長生. 是以聖人退其身而身先, 外其身而身存. 不以其無私歟, 故能成其私.

【대의】

자기를 의식하지 마라.

앞의 장에서는 도가 천지를 낳는다는 점을 이야기했고, 여기서는 천지 자체에 대해 얘기하고 있다. 글쓴이는 하늘과 땅이 영원한 까닭은 하늘과 땅은 자신을 창조하지 않기 때문이라고 설명한다. 성인이 자기를 보전하고 자기를 완성할 수 있는 까닭은 그가 스스로 물러날 줄 알고, 스스로를 제외할 줄 알고, 자기를 초월할 줄 알기 때문이며, 이것은 천지를 모방한 것이다.

【토론】

天長地久. 天地之所以能長且久者, 以其不自生也, 故能長生.
천장지구. 천지지소이능장차구자, 이기불자생야, 고능장생.

도는 천지를 낳고, 천지는 천지를 낳는 것이 아니라 그저 만물을 낳을 뿐이다. 그 때문에 오랫동안 살 수 있다. 만물은 서로 낳기도 하고 서로 죽이기도 하기 때문에 영원할 수 없다.

退其身而身先, 外其身而身存. 퇴기신이신선, 외기신이신존.

"신身"은 『노자』에서 중요한 개념이다. 이 장 외에 제9장, 제13장, 제26장, 제44장, 제52장, 제66장 등에도 보인다. "퇴退"자는 통행본에는 "후後"자로 되어 있다. 고문자에서 "퇴退"자와 "후後"자는 글자 모양이 비슷해서 서로 자주 혼용했다.

不以其無私歟, 故能成其私. 불이기무사여, 고능성기사.

상본에서는 "사私"자를 "시尸"자로 고쳐 (장생의 도를 모르는 사람의 삶을—옮긴이) 죽은 송장의 행위로 설명했다. 새로운 풀이를 생각해 낸 것이다.

제8장

최고의 경지는 물과 같다. 물은 만물을 매우 이롭게 해주면서 고요하다. 많은 사람이 싫어하는 곳에 머물고, 그 때문에 도道에 가깝다. 머무는 곳은 물처럼 낮은 곳이고, 마음가짐은 물처럼 깊고 고요하며, 어울리는 사람은 물처럼 선한 사람이고, 말하는 것은 물처럼 진실되며, 정사는 물처럼 질서가 있고, 일 처리는 물처럼 원만하고 능숙하며, 행동은 물처럼 시의적절하다. 결코 다투지 않기 때문에 아무 잘못이 없다.

上善似水. 水善利萬物而有靜. 居衆人之所惡, 故幾於道矣. 居善地, 心善淵, 予善人, 言善信, 政善治, 事善能, 動善時. 夫唯不爭, 故無尤.

【대의】

사람은 낮은 곳으로 나아간다.

이 글의 글쓴이는 도덕의 최고 경지는 물과 같다고 생각한다. 물은 글쓴이가 자주 사용하는 비유의 한 가지다. 이 책은 도는 부드럽고 약한 것을 중시하고 낮은 쪽과 아래쪽을 중시하는데, 그것은 마치 물이 만물을 이롭게 하고 만물과 다투지 않으면서 대단히 편안하고 고요한 것과 같다고 강조한다. 속담에 사람은 높은 곳으로 올라가고, 물은 아래쪽으로 흘러간다는 말이 있다. 그러나 이 책의 글쓴이는 오히려 많은 사람이 싫어하는 곳에 머물 수 있어야 한다고 말한다. 마치 물이 하류에 머물러 있으면 빗물이 다 그쪽으로 모이는 것과 같다. 이는 도의 경지에 가깝다는 것이다. 이러한 경지에 도달하면 일곱 가지 장점을 갖게 되며, 다른 사람에게든 자신에게든 혹은 그 무엇에 대해서든 모두 매우 좋다. 사람이 오직 세상과 다투지 않을 때만 비로소 여러 가지 불리함을 피할 수 있다.

【토론】

上善似水 상선사수

"사似"는 원래 "시始"로 되어 있었다. 가차하여 사似로 읽을 수 있다. 을본에는 "여如"로 되어 있고, 통행본에는 "약若"으로 되어 있으며, 모두 "사似"와 같은 뜻이다.

水善利萬物而有靜 수선리만물이유정

"유정有靜"은 을본에는 "유쟁有爭"으로 되어 있다. 통행본에는 "부쟁不爭"으로 되어 있다. 이는 "쟁爭"으로 읽으면 뜻이 통하지 않기 때문에 결국 "유有"자를 "불不"자로 바꾼 것이다. 여기서는 "유정有靜"으로 한다.

居衆人之所惡 거중인지소오

속담에 사람은 높은 곳으로 올라가고, 물은 낮은 곳으로 흘러간다는 말이 있다. 거꾸로 말할 수는 없을까? 자공子貢은 다음과 같이 말했다. "군자는 하류에 있는 것을 싫어한다. 세상의 모든 악명이 다 그곳으로 모여들기 때문이다."[1] "하류下流"는 바로 물의 아래쪽이다. 일반 사람들은 대개 많은 사람이 가기 싫어하는 곳은 마치 냄새 나는 물구덩이와 같을 것이고, 더러운 물이 모두 자기 쪽으로 흘러든다면 그것은 정말 몹시 재수 없는 일이라고 생각한다. 그렇지만 이 글을 쓴 사람은 오히려 그것은 도의 경지에 가까이 다가가는 것이라고 말한다.

予善人, 言善信 여선인, 언선신

"선인善人"은 좋은 사람, 똑똑한 사람이다. 이 말은 제27장, 제62장, 제81장에도 보인다. 옛날 책에서 말하는 "선인善人"이라는 말은 일반적 의미의 좋은 사람일 수도 있고, 매우 높은 평가일 수도 있다. 예를 들어 공자는 "선인善人"이라는 말을 대단히 훌륭한 사람으로 간주했다. 즉 공자는 이 말을 "성인聖人"에 조금 못 미치고 "인인仁人"과 다름없다는 말로 썼다. 공자는 "선인善人"은 모두 죽은 사람이기 때문에 그

1 『논어』「자장」: 子貢曰, (…) 君子惡居下流, 天下之惡皆歸焉.

는 전혀 보지 못했다.[1] 이 두 구절은 갑본에는 "여선, 신予善, 信"으로 빠진 글자가 있고, 을본에는 "여선천, 언선신予善天, 言善信"으로 되어 있다. 또 하본, 상본, 왕본 등에는 "여선인, 언선신予善仁, 言善信"으로 되어 있고, 부본에는 "여선인, 언선신予善人, 言善信"으로 되어 있다. 가오밍高明은 갑본은 을본을 근거로 보충하여 "여선천, 언선신予善天, 言善信"이 되어야 한다고 말했다.[2] 나는 갑본도 "여선인, 언선신予善人, 言善信"으로 되었을 수도 있으며, 천天자는 인人자를 잘못 쓴 것이라고 생각한다.

1 李零, 『喪家狗』, 山西人民出版社, 2007, 154~156쪽. 우리말 번역본: 리링 지음, 김갑수 옮김, 『집 잃은 개1』, 글항아리, 2012, 396쪽.

2 가오밍高明, 『백서노자교주帛書老子校注』, 中華書局, 1996, 256~257쪽.

제9장

통행본 제9장

돈을 벌어 쌓아두느니 차라리 그만두는 것이 좋다. 돈은 가지고 있으면 날카로운 무기가 될 터이니 오래 가지고 있어서는 안 된다. 금이나 옥과 같은 재물이 집안 가득 있어도 그것들을 지켜낼 수 없다. 부귀를 믿고 교만하면 그것은 스스로 재앙을 불러들이는 것이다. 할 일이 끝나면 스스로 물러나는 것, 그것이 하늘의 이치道다.

揗而盈之, 不若其已. 揣而銳之, 不可長保也. 金玉盈室, 莫之守也. 貴富而驕, 自遺其咎也. 功遂身退, 天之道也.

【대의】

좋을 때 그만둔다.

돈이나 재물은 수중에 쥐고만 있으면 만족스럽지 않다. 돈이 돈을 벌어들이게 하고 재물이 재물을 낳게 하여 시간이 갈수록 더 많이 쌓이게 해야 한다. 이러한 생각은 진짜 따분하다. 그러느니 차라리 일찌감치 그만두는 게 더 낫다. 끝없이 끌어 모아봐야 결국 그것을 다 지키지 못한다. 금과 옥이 집안에 가득 있다고 한들 또 어쩔 것인가? 그 역시 자기 품속에 영원히 끌어안고 있지는 못한다. 사람이 부귀해지면 오만에 빠진다. 사람은 부유해지자마자 얼굴색이 바뀌는데, 그것은 스스로 불운을 불러들이는 짓이다. 일을 완수하고 나서는 스스로 물러나는 것이 바로 자연의 질서에 부합하는 행동이다.

【토론】

이 장은 죽간본에 있다.

㨁 지

죽간본에는 "지来"로 되어 있다. 백서를 정리한 사람들은 지持자로 읽었고, 죽간본을 정리한 사람들은 식殖자로 읽었으며, 통행본에는 "지持"로 되어 있다. 돈 버는 것을 옛날 사람들은 "화식貨殖"이라고 불렀다. 『사기』에는 「화식열전貨殖列傳」이 있다. 지금 볼 때 식殖자로 읽는 것이 더 좋다.

揣而鋭之 췌이예지

"췌揣"는 "지持"자로 해석할 수 있고, "예鋭"는 무기를 뜻하는 "윤鈗"

의 잘못이다. 죽간본에는 "군群"으로 되어 있다. 아마도 "군群"자나 "군捃"자로 읽어야 할 것 같다. 이는 끌어 모은다는 뜻이다.[1] "췌揣"는 갑본에는 빠져 있고, 을본에는 "揻"로 되어 있다. 하본, 상본, 왕본 등에는 "췌揣"로 되어 있고, 부본에는 "취敾"로 되어 있다. 여기서는 "췌揣"로 읽는다.

金玉盈室 금옥영실

죽간본과 엄본주(남아 있지 않음)와 부본은 같고, 하본과 왕본에는 "금옥만당金玉滿堂"으로 되어 있으며, 상본에는 "금옥만실金玉滿室"로 되어 있다. "만滿"은 혜제의 이름을 피휘하여 글자를 고친 것이다.[2]

莫之守也 막지수야

을본에는 "막지능수야莫之能守也"로 되어 있고, 죽간본에는 "막능수야莫能守也"로 되어 있으며, 통행본에는 "막지능수莫之能守"로 되어 있다.

貴富 귀부

통행본에는 "부귀富貴"로 되어 있고, 죽간본, 백서본에는 "귀부貴富"로 되어 있다.

---

1 李零, 『郭店楚簡校讀(增訂本)』, 北京: 北京大學出版社, 2002, 7~8쪽.

2 전한 혜제惠帝의 이름이 유영劉盈이었기 때문에 영盈자를 쓰지 못하고 비슷한 의미를 나타내는 만滿자로 고친 것을 가리킨다.—옮긴이

功遂身退 공수신퇴

하본에는 "공성명수신퇴功成名遂身退"로 되어 있고, 상본에는 "명성공수신퇴名成功遂身退"로 되어 있으며, 부본에는 "성명공수신퇴成名功遂身退"로 되어 있다. 모두 "성成"과 "명名" 두 글자가 많이 나온다.[1] 『문자文子』「상덕上德」과 『회남자』「도응」에 "공을 이루고 이름이 났으면 몸은 물러나는 것이다功成名遂身退"라는 말이 있다. 이것들이 바로 앞에서 말한 통행본 구절들의 원본일 것이다.

1 실제로는 "공功"과 "수遂" 두 글자는 어느 판본에서나 다 나온다. 즉 "명名"과 "성成"보다 "공功"과 "수遂"가 훨씬 많이 나온다.—옮긴이

제10장

통행본 제10장

음을 짊어지고 하나(도)를 끌어안고서 그것들과 떨어지지 않을 수 있겠는가? 몸의 기를 조화하여 부드럽게 함으로써 갓난아이처럼 할 수 있겠는가? 마음의 거울을 깨끗이 닦아 아무런 티끌도 없게 할 수 있겠는가? 백성을 사랑하고 나라를 다스리는 데 지혜의 도움을 받지 않을 수 있겠는가? 하늘의 문을 여는 데 암컷 없이 할 수 있겠는가? 사방을 훤히 꿰뚫으면서 지혜의 도움을 받지 않을 수 있겠는가? 도는 만물을 낳아주고 길러주지만, 낳고서도 가지지 않고 기르면서도 주재하지 않는다. 이것을 현덕玄德이라고 한다.

載營魄抱一, 能無離乎. 摶氣致柔, 能嬰兒乎. 滌除玄鑒, 能毋疵乎. 愛民治國, 能毋以知乎. 天門啓闔, 能爲雌乎. 明白四達, 能毋以知乎. 生之畜之, 生而弗有, 長而弗宰也, 是謂玄德.

【대의】

갓난아이를 기르는 것처럼 자신의 삶을 가꾼다.

응애응애 하고 울음소리를 내면서 세상에 태어난 갓난아이는 가장 생명력이 강하다. 『노자』에서는 갓난아이를 비유로 쓰는 것을 좋아한다. 『노자』의 도덕철학은 생명철학, 목숨을 살리는 철학이다. 『노자』에서 갓난아이를 가지고 비유를 드는 것은 이런 생각을 가장 잘 전달할 수 있기 때문이다.

『노자』에서 갓난아이를 미화하는 것은 아직 발달하지 않은 점을 높이 사기 때문이다. 갓난아이가 막 태어날 때는 모두 분홍색의 작은 살덩어리로서 가장 귀엽다. 이 작은 살덩어리는 무지하고 무식하며 정精과 기氣와 신神을 고스란히 잘 간직하고 있기 때문에 몸이 굉장히 유연하다.

『노자』는 우리에게 묻는다. 우리가 음陰을 업고 양陽을 안으며 부모가 물려준 영혼을 단단히 품고 있을 수만 있다면, 금방 태어난 어린아이처럼 뼈와 살과 힘줄이 부드럽고 호흡이 고르며 영원히 최초의 생명력을 유지하게 될 텐데, 그렇게 할 수 있겠는가? 우리는 마음을 거울처럼 밝게 유지하면서 티끌 하나도 묻지 않게 하고서 백성을 자식처럼 사랑하고 나라를 적절하게 잘 다스리되 지혜에 의존하지 않을 수 있겠는가? 우리의 마음이 도와 통하여 훤하게 트이고 밝아져서 수컷을 알고 암컷을 지키되 총명을 버릴 수 있겠는가?

그는 사람에게 있어 최고의 도덕은 "현덕玄德"이라고 말한다. 현덕이란 어린아이를 낳고 어린아이를 기르는 것과 같이 자연스러움에 따라야 하고 인위적인 규제를 필요로 하지 않는 것이다.

【토론】

載營魄抱一, 能無離乎 재영백포일, 능무리호

"재載"는 "부負", 즉 등에 짊어지는 것으로 사물을 싣는다는 뜻이다. "영백營魄"은 음백陰魄으로서 자성雌性 혹은 여성을 대표한다. "하나一"는 도의 별명이다. "재영백포일載營魄抱一"은 바로 음을 등에 지고 양을 끌어안는 것이다. "능무리호能無離乎"는 "영백營魄"과 "하나一"에서 떨어지지 않을 수 있겠는가라는 것이다. 옛날 사람들은 사람의 영혼은 음양으로 구분이 된다고 생각하여 양에 속하는 것을 혼魂이라고 불렀고, 음에 속하는 것을 백魄이라고 불렀다.[1] 도는 "무無의 상태에서 유有를 낳는" "무無"다. 그것의 또 다른 한 가지 표현은 "대大" 혹은 "일一"이며, 이 두 가지를 합하여 부르는 것이 이른바 "대일大一"(혹은 "태일太一")이다. "도道"는 "무의 상태에서 유를 낳는" "무"이고, "일一"은 "무의 상태에서 유를 낳는" "유"다. 이 두 가지는 서로 표리 관계를 이루고 있으며, 동일한 개념의 두 가지 표현이다. 『노자』는 하나一라는 말로써 도道를 지칭했다. 이 장 외에 제14장, 제23장, 제39장, 제42장 등에서도 이런 예가 보인다. 도는 가장 커서 그 바깥이 없기 때문에 대大라고 불렀고, 가장 깊어서 밑바닥이 없기 때문에 현玄이라고 불렀다. 또 만물의 근원이기 때문에 빈牝이라고 불렀고 유일무이한 존재이기 때문에 하나一라고 불렀다. 이처럼 도는 매우 많은 별명을 가지고 있다.

---

1 혼魂은 죽은 뒤에 하늘로 올라간다. 백魄은 죽은 뒤에 땅으로 돌아간다. 혼은 몸에 붙어 있을 수 있지만, 죽은 뒤에는 몸에서 떨어진다. 세속에서는 "혼이 나갔다"는 말이 있는데, 백은 항상 몸에 붙어 있다. 그 때문에 체백體魄이라는 말이 있는 것이다. 달빛도 백魄이라고 부른다.

摶氣致柔, 能嬰兒乎 단기치유, 능영아호

이것은 갓난아이가 출생 이후의 상태를 묘사한 것이다. "단摶"은 혼합하는 것이다. 을본에는 "부榑"로 되어 있고, 통행본에는 "전專"으로 되어 있다. "전專"자도 "단摶"자로 읽을 수 있다. 『설문』「여부女部」에서는 전일專一하다라는 말의 "전專"자를 "전嫥"으로 쓰고 있다. "영아嬰兒"는 바로 "적자赤子", 즉 갓난아이이다. "영아嬰兒"는 제20장, 제28장에도 보이고, "적자赤子"는 제55장에 보인다. 어린아이가 갓 태어나면 오직 울 줄만 알고 웃을 줄은 모른다. 대개 수 주 뒤에나 비로소 웃을 줄 안다. 오직 울 줄만 아는 갓난아이를 "영아"라고 부르고, 웃을 줄 아는 어린아이를 비로소 "해孩"라고 부른다. 어린아이가 갓 태어나면 모두 분홍색의 작은 살덩어리이기 때문에 "적자赤子"라고 부르는 것이다. 『노자』에서 좋아하는 어린아이는 갓 태어난 어린아이다. 영아는 출생은 했지만 아직 발달이 덜 된 생명으로서 아직 가공과정을 거치지 않은 박옥璞玉과 같다. 이는 양생의 최고 경지다. 이 단락의 내용은 그 밖의 두 단락의 내용과 매우 비슷하다. 한 단락은 제28장으로 "자신의 강한 점을 알고 자신의 약한 점을 지키면 (…) 천하의 물이 모여드는 계곡이 되면 영원한 덕이 떠나지 않는다. 영원한 덕이 떠나지 않으면 갓난아이로 되돌아간다"[1]라는 것이다. 또 다른 한 단락은 제42장으로 "만물은 음陰을 지고 양陽을 안고 있으며, 충기沖氣로써 조화를 이룬다"[2]라는 것이다. "재영백포일載營魄抱一"은 바로 음을 등에 지고 양을 끌어안는 것이고, 수컷을 알고 암컷을 지키는 것이다. "능무리호能無離乎"는 항덕恒德에서 떨어지지 않는 것이

1 제28장: 知其雄, 守其雌 (…) 爲天下溪, 恒德不離. 恒德不離, 復歸于嬰兒.

2 제42장: 萬物負陰而抱陽, 沖氣以爲和.

고, "단기치유摶氣致柔"는 충기沖氣가 조화를 이루는 것이다. 『노자』에서 기를 언급하고 있는 것은 이 장 외에 또 제42장과 제55장이 있다.

滌除玄鑒, 能毋疵乎 척제현감, 능무자호

"현감玄鑒"의 "현玄"은 어둡고 검다는 뜻이고, "감鑒"은 거울이다. 여기서는 마음을 가리킨다. "능무자호能毋疵乎"는 오점이 없을 수 있겠느냐는 뜻이다. 여기의 "무毋"자는 "무無"자와 같다. 흔히 마음은 밝은 거울과 비슷하다고 말한다. 그것은 바로 마음 쓰는 것을 거울에 비유하는 것이다. 한대 동경銅鏡의 명문에 이런 글귀가 있다.

納清質以照明 바탕이 맑아서 밝게 비추니
光輝象夫日月 해와 달처럼 찬란히 빛납니다
心忽揚而願忠 마음이 갑자기 들떠 그리운 생각 간절하지만
然雍塞而不泄 깊이깊이 감춰두고 내색하지 않습니다
絜精白而事君 깨끗하고 순수한 마음으로 임을 섬기면서
患汚穢之弇明 더러운 것들이 그 밝음을 가릴까 근심했습니다
被玄錫之流澤 현석玄錫 같은 은택을 입었지만
恐疏遠而日忘 이렇게 멀리 떨어져 있다가 날로 잊혀질까 두렵습니다
懷媚美之窮竭 아름다운 모습 끝까지 간직한 채
外承歡之可悅 기쁨도 즐거움도 다 멀리합니다
慕窈窕之靈影 저승에 계실지언정 그 모습을 사모하면서
願永思而毋絕 영원히 잊지 않고 그리렵니다

여기서도 마음과 거울의 관계에 대해 쓰고 있다. 중국 고대의 거

울은 이른바 "현석玄錫"과 청동을 합성하여 만들었다. 모두 검게 빛나는 거울로서 오늘날의 수은 거울과는 다르다. 감鑑은 물동이다. 동이에 물을 담아놓고, 그 물에다 얼굴을 비추어보았는데, 이것이 감鑑자의 본래 뜻이다. 백서에서 "감鑑"자는 통가자로 썼고, 갑본에는 "남藍"으로 되어 있으며, 을본에는 "감監"으로 되어 있고, 통행본에는 "남覽"으로 되어 있다. 모두 "감鑑"자로 읽어야 한다.

愛民治國, 能毋以知(智)乎 애민치국, 능무이지(지)호

"치국治國"을 "치방治邦"으로 쓰지 않고 있다는 점에 주의해야 한다. "능무이지호能毋以知乎"는 지혜에 의존하지 않을 수 있겠는가라는 의미다. 『노자』에서 "무이毋以"는 이 밖에 다른 용법이 하나 더 있다. 그것은 부정적인 결과를 표시한다. 예를 들어 제30장의 "용병을 잘해서 전쟁을 승리로 이끄는 것이지, 억지로 빼앗아서는 안 된다"[1]는 것이나 제39장의 "그것이 가져다준 결과였다. 하늘이 만약 그로 말미암지 않는다면 맑음은 아마도 부서질 것이고, 땅이 만약 그로 말미암지 않는다면 안정은 깨지고 말 것이며, 귀신이 만약 그로 말미암지 않는다면 영험함은 사라지고 말 것이고, 골짜기가 만약 그로 말미암지 않는다면 채워진 것이 말라버릴 것이며, 제왕이 만약 그로 말미암지 않는다면 고귀함은 사라지고 말 것이다"[2] 등은 여기서의 용법과는 그다지 같지 않다. 아래 구는 하본에는 "능무위能無爲"로 되어 있고, 상본에는 "이무위而無爲"로 되어 있으며, 왕본에는 "능무지호能無知乎"로 되

1 제30장: 善者果而已, 毋以取強焉.

2 제39장: 其致之也, 謂天毋以淸將恐裂, 謂地毋以寧將恐廢, 謂神毋以靈將恐歇, 謂谷毋以盈將恐竭, 謂侯王毋以貴以高將恐蹶.

어 있고, 부본에는 "능무이지호能無以知乎"로 되어 있다. 부본이 백서본에 가장 가깝다.

天門啓闔, 能爲雌乎 천문계합, 능위자호

"천문天門"이란 무엇일까? "천문天門"은 여러 가지 서로 다른 뜻을 가지고 있다.

첫째는 하늘이 시간과 날짜를 관장한다는 등의 개념으로, 예를 들어 식법서式法書[1]와 일서日書[2]에 보이는 천문은 천문성天門星을 가리키는 것과는 상관없이 천궁天宮의 문, 하늘과 통하는 통천通天의 문 등을 가리키며, 이는 지호地戶[3]와 상대 되는 문으로 모두 하늘과 관계가 있는 문이다.

두 번째는 의가醫家, 양생가養生家에서 말하는 천문으로서 양 미간 사이의 천정天庭을 가리킨다. 세 번째는 도교에서 말하는 천문으로서 심장 혹은 코를 가리킨다. 이들 용법은 모두 여기서 말하는 천문이 아니다. 『장자』에서는 이 말을 두 번 사용했는데, 아마도 『노자』의 용법에 가장 근접한 것 같다. 하나는 다음과 같이 말하고 있다. "그러므로 '바로잡는다는 것正은 자기를 바로잡는 것이다'라고 하는 말이 있다. 마음속으로 그렇지 않다고 생각한다면 하늘의 문天門은 열리지

1 점치는 법을 기록한 책.—옮긴이

2 고대에 혼인, 출산, 장례, 여행 등을 앞두고 길흉을 점쳐 택일하는 데 사용하는 책.—옮긴이

3 땅의 문. 고대의 전설에 따르면 하늘에는 문이 있었고 땅에는 지게문戶이 있었다. 하늘의 문은 서북쪽에 있고, 땅의 지게문은 동남쪽에 있다고 생각했다. 그 때문에 동남쪽을 지호地戶, 즉 땅의 지게문이라고 불렀다.—옮긴이

않을 것이다."[1] 여기서 마음을 바르게 쓰지 않으면 천문이 열리지 않고 심령은 도에 도달할 수 없다는 것을 말하고 있다. 다른 하나는 다음과 같이 말하고 있다. "하늘의 문天門은 없음無이다. 만물은 그 없음無에서 나온다."[2] 여기서 천문은 도문道門, 즉 "현빈지문玄牝之門(암컷의 깜깜한 문)" "중묘지문衆妙之門(모든 신비로운 것이 나오는 문)"이다. "천문계합天門啓闔"은 바로 천문이라는 문을 여는 것, 마음의 문을 열어 신명神明과 통하고 도에 도달하는 것이다. "계합啓闔"은 통행본에는 "천합天闔"으로 되어 있다. "개開"는 한 경제景帝의 이름을 피휘하여 글자를 고친 것이다. "합闔"은 닫는다는 뜻이 아니라 문을 가리킨다.

『손자』「구지九地」에 "적인개합敵人開闔(적군이 열렸다)"이라는 말이 있고, 인췌산 한나라 죽간본에는 "적인개궤敵人開闠(적군이 열렸다)"로 되어 있다. 궤闠 역시 문이다. "능위자호能爲雌乎"는 암컷을 지킨다는 뜻이다. 앞 장의 "재영백포일載營魄抱一"에서 "영백營魄"이 바로 자성雌性의 영혼이다. 상본에서는 "천문天門"을 "천지天地"로 바꾸어 새로운 주장을 만들어냈다.

明白四達, 能毋以知乎 명백사달, 능무이지호

"명백사달明白四達"은 사람의 정신세계가 막힘없이 훤하게 트여 있는 것을 형용한 말이다. "능무이지호能毋以知乎" 역시 지혜를 버리라고 강조한 것이다. 다음에 나오는 "능무이지호能毋以知乎"는 확실히 옛날 책의 원래 모습이다. 『회남자』「도응」, 『문자』「도원道原」 등에서도 모

1 『장자』「천운」: 故曰, 正者, 正也. 其心以爲不然者, 天門弗開矣. 우리말 번역본은 김갑수 옮김, 『장자』(글항아리, 2019, 개정증보판, 268쪽)를 참조했다.

2 『장자』「경상초」: 天門者, 無有也, 萬物出乎無有. 우리말 번역본은 김갑수 옮김, 『장자』(글항아리, 2019, 개정증보판, 419쪽)를 참조했다.

두 이렇게 쓰고 있다. 통행본에서는 일부러 두 가지를 다르게 했다. 하본에는 윗 구가 "능무위能無爲"로 되어 있고, 아래 구가 "능무지能無知"로 되어 있다. 왕본에는 위의 구가 "능무지호能無知乎"로 되어 있고 아래 구가 "능무위호能無爲乎"로 되어 있으며, 부본에는 위의 구가 "능무이지호能無以知乎"로 되어 있고 아래 구가 "능무이위호能無以爲乎"로 되어 있다.

위의 12구는 연환구連環句(연주시)의 일종이다. 앞의 네 구가 한 조組(묶음)이고 중간의 네 구가 한 조이며, 마지막의 네 구가 한 조다. 앞의 네 구는 "음을 짊어지고 양을 끌어안다載營魄抱一"와 "기를 조화하여 부드럽게 하다摶氣致柔"가 의미상 연결되어 있다. 중간의 네 구는 "마음의 거울을 깨끗이 닦아 아무런 티끌도 없다滌除玄鑒"와 "백성을 사랑하고 나라를 다스리다愛民治國"가 의미상 연결되어 있다. 마지막의 네 구는 "하늘의 문을 열다天門啓闔"와 "사방을 훤히 꿰뚫다明白四達"가 의미상 연결되어 있다.

生而弗有, 長而弗宰 생이불유, 장이불재

통행본에는 "불弗"자가 "불不"자로 되어 있다. 이 구절 다음에 "위이불시爲而不恃"라는 구절이 자주 나온다. "위이불시爲而不恃"는 제2장에 나온다("爲而不恃也"라고 쓰고 있음). 『장자』「달생」 편에 "어떤 것을 하더라도 자랑하지 않고, 누군가를 돕더라도 지배하지 않는다"[1]라는 말이 있다. 이것이 바로 통행본 구절의 원본일 것이다.

---

1 『장자』「달생」: 爲而不恃, 長而不宰. 우리말 번역본은 김갑수 옮김, 『장자』(글항아리, 2019, 개정증보판, 100~101쪽)를 참조했다.

是謂玄德 시위현덕

"현덕玄德"은 가장 깊고 넉넉한 덕으로 제51장과 제65장에도 보인다. 그와 비슷한 말로 "공덕孔德"(제21장), "항덕恒德"(제28장), "광덕廣德"(제40장), "건덕建德"(제40장) 등이 있다.

제11장

통행본 제11장

30개의 바퀴살은 모두 하나의 바퀴통에 들어가지만, 바퀴통에 빈 곳이 있기 때문에 수레가 쓸모 있다. 진흙을 이겨 그릇을 만드는데 그릇에 빈 곳이 있기 때문에 그릇이 쓸모 있다. 창문을 뚫어 집을 짓지만, 그 집에 빈 공간이 있기 때문에 집이 쓸모 있다. 이처럼 있음有이 이로운 것은 없음無을 쓰기 때문이다.

卅輻同一轂, 當其無, 有車之用也. 埏埴爲器, 當其無, 有器之用也. 鑿戶牖, 當其無, 有室之用也. 故有之以爲利, 無之以爲用.

【대의】

무는 무의 용도가 있다.

『노자』에서는 허虛와 실實이 각각 나름의 용도가 있다고 생각했다. 實의 용도는 비교적 직접적이고 대개는 무엇인가를 지탱하고 있다. 따라서 우리는 그것이 없으면 전체의 구조가 지탱될 수 없다고 생각한다. 그러나 허虛 역시 매우 중요하다. 사실 허虛가 더 중요하다. 수레바퀴를 예로 들면 수레바퀴살車輻을 끼워 넣을 수레바퀴통車轂이 없다면 수레는 쓸 수 없다. 그릇에서 물건을 담을 빈 부분이 없다면 그릇은 쓸 수 없다. 방에서 지붕과 벽만 있고 문이나 창이 없다면 역시 그곳에서는 사람이 살 수 없다.

『노자』는 "유有"는 "이로울" 뿐이고, "무無"야말로 "쓸모"가 있으며, "유"는 쓸 수 있는 것이고, "무"야말로 용도 그 자체인 것이라고 말한다.

【토론】

卅輻同一轂 삽복동일곡

"삽卅"은 원래는 삼십三十을 하나로 합한 글자였는데, 나중에 합친 글자를 뜻하는 부호를 생략해버리고 독립적인 글자가 되었다. "복輻"은 수레바퀴의 바퀴살이다. "동同"은 통행본에는 "공共"으로 되어 있다. 예전 학설로는 이 글자를 "공拱"의 뜻으로 읽었다. 그런데 이런 식의 표현은 『문자』「상덕」, 『사기』「태사공자서」 등에도 보인다. 이들 책이 바로 통행본이 참조한 원본일 것이다. "곡轂"은 수레바퀴를 구성하는 부품으로 바깥쪽을 깎아 바퀴살을 끼워 넣고 안쪽에는 구멍을 내서 바퀴 축을 박아 넣는다. 마차는 중앙아시아 초원지구의 위대한 발명품으로 나중에 이집트, 서아시아 및 기타 지방으로 전파되었다.

중국의 마차는 연대가 좀 늦다. 발견된 것 중 가장 이른 것으로는 상대商代 말기의 것이다. 이집트와 서아시아의 마차는 곡轂이 찻간의 뒤쪽에 있고, 폭이 비교적 성글다. 초기에는 4개나 6개의 폭을 가지고 있었고, 말기에는 8개, 12개, 16개의 폭을 가지고 있었다. 중국의 마차는 형식이 그다지 통일되지 않았다. 곡轂은 찻간의 중간에 있었고, 폭은 비교적 빽빽하여 보통 수십 개를 가지고 있었다. 30폭의 수레는 전국시대 말기에서 진한 시기에 이르기까지 비교적 자주 보인다. 예를 들어 진시황릉의 부장갱에서 출토된 두 량의 청동제 거마車馬가 바로 30폭을 가지고 있다. 이는 『노자』에서 설명하고 있는 것과 같다.

埏埴 연식(연치)

진흙을 반죽한다는 뜻이다. 연埏은 주무르는 것이고, 식埴은 고운 점토다.

鑿戶牖 착호유

"착鑿"은 "뚫을 천穿"으로도 읽는다. "호戶"는 문이고, "유牖"는 창문을 뜻한다. 통행본에는 이 구 뒤에 "이위실以爲室"이라는 세 글자가 사족으로 덧붙여져 있다. 다음에 이어지는 "그 빈 곳이 있기 때문에 집이 쓸모 있는 것이 된다當其無, 有室之用也"와 서로 호응이 되게 하려는 목적에서 그렇게 한 것이다.

有之以爲利, 無之以爲用 유지이위리, 무지이위용

"유有"는 그릇 자체이고, 쓸 수 있는 것을 "이利"라고 한다. "무無"는 그릇의 쓰임이며, 쓰이는 부분을 "용用"이라고 한다. 예를 하나 들어보면 컵은 물을 담는 것이다. 컵이 없다면 물은 쏟아져버린다. 이것은 불변의 사실이다. 그러나 우리가 마시는 것은 물이지 컵이 아니다. 이것은 가변적인 것이다. 물을 어디에 담을 것인가? 컵의 빈 곳이지 무엇인가로 차 있는 곳이 아니라는 것은 분명하다. 여기서 "무無"는 가변적인 것과 더 큰 관계가 있다는 것을 알 수 있다.

차의 바퀴통(휠 허브)에 빈 공간이 없다면 바깥쪽으로는 바퀴살을 끼워 넣을 수 없고, 안쪽으로는 축을 넣을 수도 없다. 수레에 바퀴축이 없다면 굴러가지 못한다. 질그릇에서 비어 있는 부분이 없다면 내용물을 담을 방법이 없다. 집을 지어놓고 문이나 창을 뚫어놓지 않았다면 사람이 드나들 수 없으며, 그 안에 살 수도 없고, 또 빛이 들게 하거나 공기가 통하게 할 수도 없다. 이것은 모두 무, 즉 없음의 용도를 설명한 것들이다.

무無는 무無의 용도가 있다. 자전거 도로를 오직 널찍한 바퀴 한 개가 다 차지하고 있어서는 안 되고, 화가는 모두 여백의 의미를 알고 있다.

제12장

통행본 제12장

오색五色은 사람의 눈을 멀게 한다. 말을 달려 사냥하는 것은 사람의 마음을 미치게 한다. 얻기 어려운 재화는 사람의 행동을 방해한다. 오미五味는 사람의 입맛을 상하게 하고, 오음五音은 사람의 귀를 먹게 한다. 이 때문에 성인의 다스림은 배를 위하되 눈을 위하지 않는다. 그러므로 저것(눈을 위하는 것)을 버리고 이것(배를 위하는 것)을 택한다.

五色, 使人目盲. 馳騁田獵, 使人心發狂. 難得之貨, 使人之行妨. 五味, 使人之口爽, 五音使人之耳聾. 是以聖人之治也, 爲腹不爲目. 故去彼取此.

【대의】

먹는 것이 보는 것보다 더 중요하다.

『노자』는 지혜를 끊고 욕심을 버릴 것과 사치와 욕망 충족 등 감각적인 향락을 버릴 것을 주장한다. 『노자』는 성인이 세상을 다스림에 있어서 핵심적인 것은 백성의 먹는 문제를 해결하는 것이지 그들을 눈부시고 어지럽게 하여 그런 사치와 향락을 추구하도록 하는 것이 아니라고 말한다.

【토론】

五色, 使人目盲 오색, 사인목맹

"오색五色"은 청색, 적색, 황색, 백색, 흑색이다. 시각적 향락이 지나치면 사람의 눈을 상하게 할 수 있다는 것이지만, 이것은 과장된 말이다.

馳騁田獵, 使人心發狂 치빙전렵, 사인심발광

수레를 몰아 사냥하면서 말을 제멋대로 미친 듯이 달리게 하면 사람의 마음이 발광한다. 사치와 향락의 충족을 뜻하는 "견마성색犬馬聲色"이라는 말에서 "견마犬馬"는 바로 이런 종류의 향락에 해당한다.

難得之貨, 使人之行妨 난득지화, 사인지행방

일반적인 이해는 보물이 사람의 행위를 해롭게 한다고 보는 것이다. 그러나 보다 더 합리적인 해석은 아마도 여기서 말하는 "행行"은 길을 가는 것을 가리키며, 그 의미는 몸에 보물을 지니고 있으면 강도를 만나기 쉽고, 길을 걸어갈 때 매우 불편하다는 것이다.

五味, 使人之口爽 오미, 사인지구상

“오미五味”는 신맛, 쓴맛, 단맛, 매운맛, 짠맛 등이다. 미각적 향락이 지나치면 미각이 상실되어 아무리 맛있는 것을 먹어도 전혀 맛을 못 느낀다. 예를 들어 『장자』「천지」의 “오미五味가 입을 탁하게 함으로써 입의 미각이 병들고 상하게 하는 것이다”[1]이나 『회남자』「정신」의 “오미五味는 입맛을 교란하여 미각을 상하게 만든다”[2] 등에서 상하게 한다는 뜻의 “상爽”자는 모두 이런 의미다. “상爽”자에 대하여 가오밍高明은 “상喪”자로 읽었고, 상傷 혹은 패敗의 뜻으로 풀이했다.[3] 사실 “상爽”자 자체에 상실의 의미가 있다. 예를 들어 “상약爽約”은 약속을 어기는 것이고, “상법爽法”은 법을 어기는 것이며, 상덕爽德은 덕을 잃는 것이다. 보다 정확하게 말하면 상爽의 의미는 잃는 것이지 해치는 傷 것은 아니다.

五音使人之耳聾 오음사인지이롱

“오음五音”은 궁, 상, 각, 치, 우 등이다. 청각적 향락이 지나치면 사람의 귀를 상하게 할 수 있다는 것이다. 이 역시 과장된 말이다.

위의 다섯 가지는 모두 감각기관의 사치스러운 향락에 대해 말한 것이다(촉각과 후각에 대해서는 언급하지 않았다). 통행본에서는 “오색” “오음” “오미”를 앞쪽에 배치하고, “말을 달려 사냥하는 것馳騁田獵”과 “얻기 어려운 재화難得之貨”를 뒤쪽에 배치했다. 문맥은 그렇게 하는

---

1 『장자』「천지」: 五味濁口, 使口厲爽. 우리말 번역본은 김갑수 옮김, 『장자』(글항아리, 2019, 개정증보판, 233쪽)를 참조했다.

2 『회남자』「정신」: 亂口, 使口爽傷.

3 高書, 앞의 책, 274쪽.

것이 더 순조롭다.

是以聖人之治也 시이성인지치야

통행본에서는 "지치야之治也" 세 글자를 없애고 뒤쪽에 붙여 읽는다.

爲腹不爲目 위복불위목

이 앞에 "성인의 다스림은聖人之治也"이라는 말이 있는 것을 보면 이것은 보통 사람들에 대해 이야기하는 것임을 알 수 있다. 성인은 모두 훌륭한 지도자이고, 매우 총명한 통치자라는 것을 앞에서 설명한 적이 있다. 그들은 어떤 분야에서 총명했을까? 그것은 바로 백성의 기본적이고 필수적인 것을 충족시킬 수 있었고, 그들의 먹고사는 문제를 해결할 수 있었다. 이것을 "위복爲腹"이라고 불렀다. "위목爲目"은 그렇지 않고, 사치스러움을 추구하는 것이다. 그것은 생존을 위해 필수적인 것이 아니라 감각기관의 향락을 위한 것이고 그냥 시각적인 향락만이 아니라 기타의 향락까지도 포함한다. 배가 터지도록 먹고 코가 비뚤어지도록 마시며, 위로 토하고 아래로 설사가 날 때까지 먹어대다가 몸을 망치고 나면 그때서야 그친다. 이러한 향락에서는 자기 자랑과 허영이 필요하고, 겉으로는 무척 재미있어 보인다. 속담에 배불리 먹고 나서 노를 젓는다[1]는 말이 있다. 그것들(오색, 오미, 오성 등) 역시 모두 배불리 먹고 나서야 추구해야 하는 것들이다.

---

1 원문은 "吃飽了撐的"이다. 이 말은 주로 쓸데없는 데 힘쓴다는 의미의 속담으로 쓰인다.—옮긴이

故去彼取此 고거피취차

"피彼"는 "위목爲目"을 가리키고, "차此"는 "위복爲腹"을 가리킨다. 동주시대에 상류사회의 음탕하고 사치스러운 풍조는 커다란 문제였고, 제자諸子들은 모두 그에 반대했다. 그러나 반대하는 방식은 각기 달랐다. 공자는 예를 강조하고 검소함을 중시했으며, 묵자는 절용과 절장을 강조했고, 『노자』 역시 소박한 생활을 제창했다. 글쓴이는 사람이 배불리 먹고 충분히 마시면 그것으로 충분한데, 왜 꼭 사치스러운 것을 추구하려고 하는 것일까라고 생각했다. 그 때문에 "저것을 버리고 이것을 택한다故去彼取此"라고 말했다. 이 말은 『노자』의 입버릇이 되었다. 다음의 제38장과 제74장에도 보인다.

동물의 생존에 필수적인 것은 먹는 것과 번식하는 데 그친다. 사람에게도 이 두 가지 거대한 필수적 요소가 있다. 통치자는 인민의 이 두 가지 거대한 필수적 요소를 만족시켜야 한다. 이것이 최소한도다. 그러나 이 두 가지로만 만족한다면 개돼지나 다를 게 없다. 고대의 통치자들은 백성을 개돼지로 취급했다. 지식인들이 계책을 짜낼 때도 이러한 생각에서 벗어나지 못했다.

제13장

통행본 제13장

영광이나 치욕을 놀란 듯이 받아들이고, 큰 우환(영광이나 치욕)을 제 몸처럼 귀하게 여긴다. 영광은 하찮은 것이기 때문에 그것을 얻어도 놀란 듯 하고 잃어도 놀란 듯 하는 것, 이것을 영광이나 치욕을 놀란 듯이 받아들이는 것이라고 한다. 큰 우환을 제 몸처럼 귀하게 여긴다는 것은 무슨 뜻인가? 나에게 큰 우환이 있는 까닭은 내가 몸을 가지고 있기 때문이다. 나에게 몸이 없다면 무슨 우환이 있겠는가? 그러므로 천하보다 제 몸을 더 귀하게 여긴다면 그 사람에게 천하를 맡길 수 있을 것이다. 자기 몸을 바쳐 천하를 다스리기를 좋아한다면 그런 사람에게 어떻게 천하를 맡길 수 있겠는가?

寵辱若驚, 貴大患若身. 何謂寵辱若驚. 寵之爲下, 得之若驚, 失之若驚, 是謂寵辱若驚. 何謂貴大患若身. 吾所以有大患者, 爲吾有身. 及吾無身, 有何患. 故貴爲身於天下, 若可以托天下矣. 愛以身爲天下, 如何寄矣.

【대의】

몸은 천하보다도 더 중요하다.

『노자』는 몸을 중시한다. 즉 몸이 가장 중요하며, 천하보다도 더 중요하다고 생각한다. 영광이나 치욕, 얻는 것과 잃는 것 등은 모두 몸 밖의 것이기 때문에 크든 작든 놀랄 만한 가치가 없다고 보았다.

【토론】

이 장은 죽간본에 있다.

이 단락에서는 "약若"자를 반복해서 사용하고 있다. 이 글자는 옛날 책에서는 동同, 이지以至, 내乃, 즉則 등의 뜻을 가지고 있으며 문맥에 따라 달리 쓰인다.

寵辱若驚, 貴大患若身. 총욕약경, 귀대환약신.

간본에는 앞쪽에 "인人"자가 있고, 의미는 일반사람은 대개 "영광과 치욕을 놀란 듯이 받아들이고, 큰 우환을 제 몸처럼 귀하게 여긴다"는 것이다. "총寵"은 영광스럽다는 뜻이고, "욕辱"은 치욕스럽다는 뜻이다. 영광스러운 것이나 치욕스러운 것은 외부에서 나를 평가하는 것이기 때문에 신경 쓰지 말고 내버려두어야 한다. 다른 사람으로부터 칭찬을 받은 것도 뜻밖의 것이고, 다른 사람으로부터 욕을 듣는 것도 뜻밖의 것이다. 그런 것들을 마음속에 받아들이지 말아야 한다. 그러나 일반 사람들은 그렇지 못하다. 사람들은 항상 영광寵을 깜짝 놀라는 듯 받아들이고, 치욕辱을 깜짝 놀라는 듯이 받아들이며, 그것을 잃거나 얻을까봐 근심한다. 그들은 영광을 얻고 싶어하고 치욕 당할까 두려워한다. 그것은 우리 몸 밖에 있는 그런 것들을 지나치게 중시하는 것이다. 그들은 그런 것들을 내 몸과 똑같이 중시한다. 여기서 "약若"은 동同, 즉 같다는 뜻이다.

何謂寵辱若驚. 寵之爲下, 得之若驚, 失之若驚, 是謂寵辱若驚

하위총욕약경. 총지위하, 득지약경, 실지약경, 시위총욕약경

이것은 "영광이나 치욕을 놀란 듯이 받아들이는 것寵辱若驚"을 풀이한 것이다. 영광寵과 치욕辱은 상반된다. 영광寵이든 치욕辱이든 모두 우리 몸 밖에 있는 것이다. 그러나 글쓴이는 먼저 영광에 대해 간파해야 한다고 말한다. 보통사람들은 항상 영광을 얻고 싶어하고 그 영광을 잃을까봐 두려워한다. 그렇지만 영광이야말로 가장 하찮은 것이다. 그것은 "하下"에 속한다. "총지위하寵之爲下"는 하본에는 "하위총욕, 총위하何謂寵辱, 寵爲下"로 되어 있다. 상본에는 "하위총욕위하何謂寵辱爲下"로 되어 있다.[1] "시위총욕약경是謂寵辱若驚"은 죽간본에는 "약若"자가 없다.

何謂貴大患若身. 吾所以有大患者, 爲吾有身. 及吾無身, 有何患.

하위귀대환약신. 오소이유대환자, 위오유신. 급오무신, 유하환.

이것은 "큰 우환을 제 몸처럼 귀하게 여기는 것貴大患若身"을 풀이한 것이다. 글쓴이는 인생은 근심걱정과 함께 하는 것이라고 지적한다. 큰 우환大患은 항상 우리 몸과 같이 있다. 몸이 있으면 바로 생로병사 등 사대 번뇌와 기타 불쾌한 것들이 동시에 존재한다는 사실을 분명하게 생각해보아야 한다. 인류의 역사는 줄곧 고난의 역사였다.

---

1 하본과 상본은 같은 계통의 책으로 이 둘은 서로 비슷하다. 王卡點校, 『老子道德經河上公章句』(北京: 中華書局, 1993)에서는 "辱爲下" 앞에 "寵爲上"을 보충했다.

내가 이렇게 얘기한다고 해서 지나치게 비관할 필요는 없다. 사실 인생은 대단히 완전하기도 하고 또 몹시 아쉽기도 하다.

故貴爲身於天下, 若可以托天下矣. 愛以身爲天下, 如何寄矣.

고귀위신어천하, 약가이탁천하의. 애이신위천하, 여하기의.

이 구절의 의미는 "위신爲身", 즉 제 몸을 돌보는 것을 "위천하爲天下", 즉 천하를 돌보는 것보다 중요하다고 생각하기만 한다면, 혹은 제 몸을 기꺼이 천하와 같이 대접하기만 한다면 그에게 천하를 줄 수 있다는 것이다. 위 문장과 아래 문장이 서로 호응하고 있으며, 서로가 대등하게 병렬되어 있다. "약若"과 "여如"는 옛날 책에서 자주 바꿔 썼으며 죽간본과 왕필본에는 위쪽과 아래쪽 두 곳 모두 "약若"으로 되어 있다. "탁托"과 "기寄"는 죽간본에는 "탁托"과 "거去"(원래는 辵부가 있었다)로 되어 있다. 만약 "거去"가 제거한다는 뜻이라면 이 두 구절의 의미는 크게 달라져, 제 몸을 천하보다 중요하게 생각한다면 천하를 맡길 수 있고, 제 몸을 천하와 똑같은 것으로 본다면 천하를 버리는 것이 무방하다라고 말하는 것이 되어버린다. 그러나 "거去" 역시 서로 바꿔 쓸 수 있는 통가자를 가지고 있었을 것이다.[1] 이 두 글자는 통행본에는 순서가 다르게 되어 있다. 어떤 것은 "기寄"자가 앞에 있고 "탁托"자가 뒤에 있으며, 어떤 것은 "탁托"자가 앞에 있고 "기寄"자가 뒤에 있다. 옛날 책에 인용된 글에도 이와 같은 경우가 자주 있다. 이곳의 "약若"은 내乃, 즉則 등의 뜻이다.

1 거去는 계모어부溪母魚部의 글자이고, 기寄는 견모가부見母歌部의 글자로서 옛날 음이 서로 비슷하다.

이 장의 중점은 제 몸을 중시할 것을 강조하는 데 있다. 『장자』 「양왕讓王」에서는 다음과 같이 말하고 있다. "도의 진수로 몸을 다스리고, 그 나머지로 국가를 다스리고, 그 찌꺼기로 천하를 다스린다. 이런 점에서 볼 때 제왕이 하는 일은 성인聖人의 여사餘事이지 몸을 온전히 하고 생명을 잘 돌보기 위한 방법은 아니니다."[1] 『여씨춘추』 「귀생貴生」에도 이 구절이 있는데, "치신治身"이 "지신持身"으로 되어 있다. 이것은 가장 전형적인 도가 사상이다. 그것은 몸을 중시하는 것이지만, 수신修身을 중시하는 것이 아니라 양생養生을 중시하는 것이며, 치국治國은 양생의 연속선상에 있고, 치천하治天下는 양생가養生家가 즐기고 남은 쓰레기라고 생각한다.

사람은 자신들이 지나치게 익숙한 것을 자주 잊어버린다. 몸은 사람에게 있어 가장 중요하다. 그러나 사람들이 가장 쉽게 잊어버리는 것이 바로 몸이다. 몸의 한 부속품이 망가지고 나서야 비로소 그것이 우리에게 얼마나 소중한지를 갑작스럽게 생각하게 된다. 그때서야 우리는 먹고 마시고 싸고 자면서 그저 정상적으로 살아갈 수 있다면 그것이 바로 가장 큰 행복이라는 것을 깨닫는다.

1 『장자』 「양왕讓王」: 道之眞, 以治身, 其緖餘, 以爲國家. 其土苴, 以治天下. 由此觀之, 帝王之功, 聖人之餘事也, 非所以完身養生也. 우리말 번역문은 김갑수 옮김, 『장자』(글항아리, 2019, 개정증보판, 512쪽)를 참조했다.

제14장

통행본 제14장

보아도 보이지 않는 것을 미微라고 부른다. 들어도 들리지 않는 것을 희希라고 부른다. 만져보아도 만져지지 않는 것을 이夷라고 부른다. 이 세 가지는 깊이 탐구할 수가 없다. 그래서 그것들은 뒤섞여 하나一가 된다. 하나라는 것은 위로는 밝지 않고 아래로는 어둡지 않다. 끊임없이 면면히 이어져 내려오지만 뭐라고 이름 붙일 수 없고, 무물無物의 상태로 되돌아간다. 이것을 모양이 없는 모양無狀之狀이라 하고 물체가 없는 형상無物之象이라 하며, 이것을 또 흐리터분한 것忽恍이라고 한다. 뒤따라가 보아도 그 뒷모습을 볼 수 없고 맞이하러 나가봐도 그 앞모습을 볼 수 없다. 오늘날의 도를 붙잡고서 오늘날의 여러 가지 영역을 제어해야 태초의 기원古始을 알 수 있다. 이것을 도기道紀(도의 실마리)라고 한다.

視之而弗見, 名之曰微. 聽之而弗聞, 名之曰希. 捪之而不得, 名之曰夷. 三者不可致詰, 故混而爲一. 一者, 其上不皦, 其下不忽. 尋尋兮不可名也, 復歸於無物. 是謂無狀之狀, 無物之象, 是謂忽恍. 隨而不見其後, 迎而不見其首. 執今之道, 以御今之有, 以知古始, 是謂道紀.

【대의】

도는 고금을 관통하는 하나의 실마리다.

이 장 역시 도에 대해 설명하고 있다. 글쓴이는 도는 신비롭고 헤아릴 수 없는 존재로서 볼 수도 없고, 들을 수도 없고, 만질 수도 없다고 말한다. 볼 수 없는 것을 "미微"라고 부르고, 들을 수 없는 것을 "희希"라고 부르고, 만질 수 없는 것을 "이夷"라고 부른다. 이 세 가지가 하나로 섞여 있는 것을 "일一"이라고 부른다. 그것의 특징은 밝다고 말하려니 밝지 않고, 어둡다고 말하려니 어둡지 않고 면면히 이어져 끊어지지 않으니 무엇이라고 불러야 좋을지 알 수 없다는 것이다. 그것은 실은 분명히 설명할 수 없고 또 말할 수 없는 일종의 "무물無物"이다. 그것은 형체가 없고 모양이 없이 그냥 어렴풋해서 뭐라고 이름붙일 수 없다. 우리는 뒤따라가 보아도 그 꼬리를 볼 수 없고, 그 앞으로 달려가 그것을 맞이해 보아도 역시 그 머리를 볼 수 없다. 그것은 하나의 단서(실마리)다. 우리는 오늘날의 도道로써 오늘날의 세계를 관찰해야 비로소 고대의 사정을 알 수 있다. 이것이 이른바 "도기道紀"다.

【토론】

微 미

은隱, 즉 숨는다는 뜻으로 읽는다. 겉으로 드러난다는 뜻을 가진 현顯자와 상반되며, 보기 쉽지 않음을 뜻한다. 통행본에는 "이夷"로 되어 있다. 아래 구절에 있는 "이夷"자가 여기에 잘못 놓인 것이다.

希 희

듣기 쉽지 않음을 뜻한다. 이 책 제40장에 "거대한 소리는 아무 소리도 들리지 않는다大音希聲"는 말이 있다.

捪 민

만진다는 뜻이다. 통행본에는 잡는다는 뜻의 "박搏"(혹은 다시 "단摶"으로 와전됨)으로 되어 있다. 이는 박취搏取(포획하다, 붙잡다)의 뜻으로서 민捪자보다는 통속적이지만, 의미상으로는 뉘앙스가 이미 변해 버렸다. 『장자』「지북유」에 "붙잡으려고 해도 잡을 수 없다"[1]라는 말이 있다. 이것이 바로 통행본이 참조한 원본일 것이다.

夷 이

평平, 즉 평평하다는 뜻이고, 완전히 텅 비어 아무것도 만져지지 않는다는 뜻이다. 통행본에는 "미微"로 되어 있다. 이는 윗글의 "미微"자가 여기에 잘못 놓인 것이다.

『노자』에서는 미, 희, 이 세 글자로써 도를 형용한다. 중국의 북벌명장北伐名將인 예팅葉挺(1896~1946)은 자字가 희이希夷인데, 바로 여기서 따온 것이다.

不可致詰 불가치힐

깊이 탐구해서는 안 된다. "힐詰"은 원래 "계計"자로 되어 있었다. 두 글자는 서로 바꿔 쓸 수 있는 글자였다. 계計자는 견모질부見母質部에

1 『장자』「지북유」: 搏之而不得也. 우리말 번역문은 김갑수 옮김, 『장자』(글항아리, 2019, 개정증보판, 398쪽)를 참조했다.

속하는 글자이고, 힐詰자는 계모질부溪母質部에 속하는 글자로서 옛 음이 서로 비슷했다.

一 일

도의 별명이다.

皦 교

밝다는 뜻으로 원래 "교膠"[1]자로 되어 있었다. 두 글자는 서로 바꿔 쓸 수 있는 글자였다. 교皦자는 견모소부見母宵部에 속하는 글자이고, 교膠자는 견모유부見母幽部에 속하는 글자로서 옛 음이 서로 비슷하다.

忽 홀

어둡고 깜깜하다는 뜻이다. 홀忽에는 매昧, 즉 어둡다는 뜻이 있다. 통행본에는 홀忽자가 "매昧"로 되어 있다. 같은 뜻이라서 바꿔 읽은 것이다.

尋尋 심심

아마도 통가자通假字, 즉 서로 바꿔 쓸 수 있는 글자였던 것 같다. 통행본에는 "승승繩繩"(상본에서만 "蠅蠅")으로 되어 있다. 이는 끊어지지 않고 면면히 이어진다는 뜻이다. 심尋자는 아모침부邪母侵部에 속

1 원문에는 그릇될 유謬자로 되어 있으나 다음에 이어지는 설명에서는 아교 교膠자로 쓰고 있다. 견모유부見母幽部에 속하는 글자는 교膠자이지 유謬자가 아니기 때문에 이곳을 바로잡는다.—옮긴이

하는 글자이고, 승繩자는 선모증부船母蒸部에 속하는 글자다.

隨而不見其後, 迎而不見其首. 수이불견기후, 영이불견기수.

통행본에는 두 구의 위치가 뒤바뀌어 먼저 앞首에 대해 이야기하고 나서 뒤後에 대해 이야기한다.

執今之道, 以御今之有, 以知古始, 是謂道紀.

집금지도, 이어금지유, 이지고시, 시위도기.

이 단락은 백서본과 통행본이 다르다. 백서본에서는 도道라는 것은 어차피 "뒤따라가 보아도 그 뒷모습을 볼 수 없고 맞이하러 나가봐도 그 앞모습을 볼 수 없으며" 과거와 미래 등 두 가지 모두 매우 알기 어렵기 때문에 반드시 오늘부터 착수해야 한다는 것을 말하고 있다. 오로지 오늘날의 이치로써 오늘날의 사정을 이해할 수 있을 뿐이고, 그런 다음에야 비로소 고대에는 어떠했는지, 원래는 어떤 것이었는지를 알 수 있다는 것이다. 통행본은 "집금지도執今之道"를 "집고지도執古之道"로 고쳤는데, 실은 멋대로 바꾼 것이다. 이것은 옛것을 가지고 오늘날의 것을 제어해야만 비로소 오늘날의 것을 이해할 수 있다고 말하는 것과 같다. 내가 보기에는 백서본 쪽이 더 좋다.

제15장

통행본 제15장

옛날에 도를 잘 실천한 사람은 미묘하고 신비로운 경지에 이르렀다. 그 심오한 경지는 헤아릴 수 없다. 정말로 헤아릴 수 없기 때문에 그것을 억지로라도 묘사해보면 다음과 같다. 주저하듯 신중한 모습은 마치 겨울에 물을 건너는 것 같고, 머뭇거리며 경계하는 모습은 마치 이웃나라가 쳐들어올까봐 두려워하는 것 같다. 의젓하고 공경하는 모습은 마치 손님 같고, 소탈하게 기뻐하는 모습은 마치 빙하가 녹는 듯하다. 어리석은 모습은 마치 다듬지 않은 통나무 같고, 흐리터분한 모습은 마치 흐린 물과 같으며, 넓은 포용력은 마치 골짜기와 같다. 흐렸다가도 고요해지면 서서히 맑아지고, 안정되어 있다가도 움직이면 서서히 살아난다. 이 도를 간직하고 있으면 가득 채우려고 하지 않는다. 가득 채우려고 하지 않는 바로 그 점 때문에 망가지더라도 그대로 두고 다시 완성하려고 하지 않을 수 있는 것이다.

古之善爲道者, 微妙玄達, 深不可識. 夫唯不可識, 故強爲之容. 曰, 豫兮其若冬涉水, 猶兮若畏四鄰, 儼兮其若客, 渙兮其若淩釋, 沌兮其若朴, 混兮其若濁, 曠兮其若谷. 濁而靜之, 徐淸, 安以動之, 徐生. 保此道, 不欲盈, 夫唯不欲盈, 是以能敝而不成.

【대의】

자포자기

이 장에서는 "위도爲道"와 "보도保道", 즉 도를 추구하는 것과 도를 지키는 것에 대해 설명하고 있다. 『노자』는 고대에 위도爲道를 잘한 사람은 정말로 신비로워서 말할 수 없고 심오하여 헤아릴 수 없다고 말한다. 말할 수도 없고 헤아릴 수도 없다면 어떻게 해야 할까? 그저 비유를 들어 설명하는 데 힘쓸 수밖에 없다. 『노자』는 연거푸 일곱 개의 비유를 들고 있다. 앞의 세 구절은 그들이 갖가지 일을 대할 때 항상 조심한다는 것을 말하고 있다. 뒤의 네 구절은 그들의 정신 상태는 느릿느릿하고 느긋하며, 흐리멍덩하고 몽롱하며, 휑뎅그렁하게 넓고 텅 비어 있음을 말하고 있다.

글쓴이는 사물이 탁한 상태에서 맑아지고, 고요한 상태에서 움직임에 이르는 것 등은 모두 천천히 진행된다고 말한다. 도道는 발전을 꺼리기 때문에 발전하자마자 도는 흩어져버린다. 그래서 그것은 "영盈", 즉 가득 차는 것을 반대하고 "성成", 즉 완성되는 것을 반대한다. 그리고 절대로 완전무결한 것을 추구하지 않는다. 따라서 어떤 것이 망가지면 망가지게 내버려둔다.

【토론】

이 장은 죽간본에 있다.

古之善爲道者 고지선위도자

부본은 이것과 같고, 죽간본, 하본, 상본, 왕본 등에는 "고지선위사자古之善爲士者"로 되어 있다.

微妙玄達 미묘현달

"현玄"은 심오하다는 뜻이 있고, "달達"은 통한다는 뜻이 있으며, 통행본에는 "통通"으로 되어 있다. 다음에 이어지는 "깊어서 헤아릴 수 없다深不可識"라는 글에 바로 심오하다는 뜻의 "심深"자가 있다.

深不可識 심불가식

다른 책들도 이와 같다. 그런데 오직 『노자』만 이렇게 말한다. 옛날 책 중에서 가장 자주 보이는 표현은 "심불가측深不可測"이다. 측測자는 초모직부初母職部에 속하는 글자이고, 식識자는 장모직부章母職部에 속하는 글자다. 이 두 글자 역시 통가자, 즉 서로 바꿔 쓸 수 있는 글자였을 것이다.

強爲之容 강위지용

억지로 그것을 묘사한다.

豫兮其若冬涉水 예혜기약동섭수

머뭇머뭇거리는 모습이 마치 겨울에 물을 건너는 것 같다. 즉 살얼음판 위를 걷는 것처럼 벌벌 떨면서 두려워하는 것이다. "수水"는 통행본에는 "천川"으로 되어 있고, 『문자』「상인上仁」에는 "머뭇머뭇거리는 모습이 마치 겨울에 물을 건너는 것 같다"[1]라는 말이 있다. 이것이 바로 통행본이 참조한 원본일 것이다.

1 『문자』「상인上仁」: 豫兮其若冬涉川.

猶兮若畏四鄰 유혜약외사린

머뭇머뭇거리는 모습이 마치 이웃나라가 쳐들어올까봐 두려워하는 것과 같다.

儼兮其若客 엄혜기약객

공경하고 또 공경하는 모습이 마치 남의 집에 손님으로 간 것과 같다. "객客"은 왕본에는 "용容"으로 잘못 되어 있다.

渙兮其若凌釋 환혜기약능석

소탈하게 기뻐하는 모습은 마치 빙하가 녹는 듯하다. "능석凌釋"은 상본에는 "빙장작氷將汋"으로 되어 있다.

沌兮其若朴 돈혜기약박

흐리멍덩하고 몽롱하여 마치 다듬지 않은 목재와 같다.

混兮其若濁 혼혜기약탁

흐리멍덩하고 몽롱하여 마치 흐린 물이 가득한 연못과 같다.

曠兮其若谷 광혜기약곡

휑뎅그렁하게 넓고 텅 비어 있어 마치 깊고 고요한 산골짜기 같다.

濁而靜之, 徐淸 탁이정지, 서청

탁한 물은 가만히 멈추어 있게 하면 맑게 바뀌는데, 천천히 바뀌게 해야 한다.

安以動之, 徐生 안이동지, 서생

안정되어 있는 것을 움직이게 하면 살아나는데,[1] 역시 천천히 살아나게 해야 한다.

敝而不成 폐이불성

부본도 이와 같다. "폐敝"는 망가진 것이고, "성成"은 온전한 것으로서 두 가지가 의미하는 것은 완전히 상반된다. "폐敝"가 동사로 쓰이면 역시 온전하게 된다는 뜻을 가진다.[2] 예를 들면 공자의 이른바 "성인成人"(『논어』「헌문」 14.12)은 바로 완벽한 사람을 가리킨다. "군자는 다른 사람의 장점을 이루도록 도와줄지언정, 다른 사람의 단점이 더욱더 커지도록 부채질하지는 않는다"[3]는 말은 바로 다른 사람의 장점을 온전하게 이루어주고 다른 사람의 나쁜 점은 이루어지지 않게 하는 것이다. 이 구절의 의미는 사물이 망가지면 망가지게 놓아두어야지 굳이 그것의 온전함 혹은 완벽함을 추구해서는 안 된다는 것이다. 이 구절은 하본과 왕본에는 "폐불신성蔽不新成"으로 되어 있고, 상본에는 "능폐부성能敝復成"으로 되어 있다. 그 의미는 망가지면 다시

---

1 저자의 이 문장은 "安以動之, 徐生"에 대한 설명이다. "安以動之, 徐生"은 바로 앞의 "濁而靜之, 徐淸"과 대구를 이루고 있다. 따라서 설명 역시 그에 맞추어야 하는데, 저자의 설명에는 약간 빠진 부분이 있는 것 같다. 저자의 설명을 그대로 번역하면 "안정되어 있는 것은 움직이게 해야 하는데"가 될 것이다. 이는 앞의 구절에 대한 설명과 균형이 맞지 않는다. 아무래도 "살아난다"는 말이 들어가야 하지만, 저자가 깜빡 잊은 것 같다. 번역문에서는 보충하여 번역한다.—옮긴이

2 폐敝자가 동사로 쓰일 때 "온전하게 된다는 뜻成全之義"을 가지고 있다는 주장은 설득력이 없다. 『漢語大詞典』(上海辭書出版社, 1986~1994(총13책))에도 망가진다는 뜻 외에 끝나다終, 다하다盡의 뜻으로는 쓰인다고 설명하지만 온전하게 된다는 것과 비슷한 뜻으로 풀이한 경우는 없다. 저자가 다음에 들고 있는 예 또한 이 주장과 아무 상관이 없어 보인다.—옮긴이

3 『논어』「안연」: 君子成人之美, 不成人之惡.

새롭게 할 필요가 없다는 것으로서 의미가 변했다. 『회남자』 「도응」에는 "그러므로 망가져도 새로 이루어지지 않게 할 수 있다"[1]라는 말이 있고, 『문자』 「구수九守」에는 "이 때문에 망가지면 새로 이루어지지 않는다"[2]라는 말이 있다. 이들 책이 바로 통행본이 참조한 원본일 것이다. 『후한서』 「맹민전孟敏傳」에 "시루가 떨어지는 것을 보지 않았다"[3]라는 전고典故가 있다. 항아리가 깨지면 깨진 것이라고 내버려둔 채 거들떠보려고도 하지 않았다는 말이다. 속담에 "기왕 깨진 항아리 박살을 내버린다破罐子破摔"는 말이 있다. '될 대로 되라지'라는 말은 바로 그런 뜻이다.

1 『회남자』 「도응」: 故能敝而不新成.

2 『문자』 「구수九守」: 是以敝不新成.

3 『후한서』 「맹민전孟敏傳」: 不視墮甑.

제16장

통행본 제16장

비움虛에 도달하는 데 온 힘을 다한다. 고요함靜을 지키는 데 굳건해야 한다. 만물이 모두 한꺼번에 일어나지만, 나는 그것을 통해 만물이 원래의 상태로 되돌아가는 것을 본다. 사물들이 무럭무럭 자라나지만 각기 원래의 뿌리로 돌아간다. 뿌리로 돌아가는 것을 고요함靜이라고 하고, 고요함을 천명天命으로 돌아가는 것이라고 한다. 천명으로 돌아가는 것은 불변의 진리이고, 불변의 진리를 아는 것이 현명함明이다. 불변의 진리를 알지 못하는 것이 실없는 것妄이다. 실없이 행동하면 재앙이 따른다. 불변의 진리를 알면 다른 것들을 포용하고, 포용하면 공평해지며, 공평하면 왕王이 되고, 왕이 되면 자연스러워지며, 자연스러우면 도道를 터득하고, 도를 터득하면 영원하며, 죽을 때까지 위험하지 않다.

致虛, 極也. 守靜, 篤也. 萬物幷作, 吾以觀其復也. 夫物云云, 各復歸其根. 歸根曰靜, 靜, 是謂復命. 復命, 常也, 知常, 明也. 不知常, 妄. 妄作, 凶. 知常, 容, 容乃公, 公乃王, 王乃天, 天乃道, 道乃久, 沒身不殆.

【대의】

하늘이 크고 땅이 크지만, 도보다 크지 않다.

이 장은 청정무위清靜無爲, 앉아서 만물의 변화를 보기, 본원으로 돌아가기 등에 대해 말하고 있다. 본원은 도다. 본문 가운에 네 개의 "복復"자가 나온다. 관복觀復, 복근復根, 복명復命 등은 모두 도道로 되돌아갈 것을 강조한 것이다.

【토론】

"비움虛에 도달하는 데致虛"에서 "각기 원래의 뿌리로 돌아간다各復歸其根"까지는 죽간본에 있다.

致虛, 極也 치허, 극야

"치致"는 도달하게 하는 것이고, "극極"은 온 힘을 다하는 것을 가리킨다.

守靜, 篤也 수정, 독야

고요함을 지키면서 움직이지 않고, 그 상태를 단단히 고수하는 것이다. "수정守靜"은 죽간본에는 "수중守中"으로 되어 있다. 앞의 제5장에 "들어서 아는 것이 많으면 자주 궁지에 몰리니 차라리 가슴 속에 간직하고 있을지어다"[1]라는 말이 있었다.

---

1 제5장: 多聞數窮, 不若守于中.

吾以觀其復也 오이관기복야

간본에는 "거이수복야居以須復也"로 되어 있고, 통행본에는 "오이관기복吾以觀其復"으로 되어 있다. "거居"와 "수須"는 모두 잘못된 글자다. 거居자와 오吾자, 수須자와 관觀자 등은 글자의 모양이 비슷해서 잘못 쓰기 쉽다.

容 용

용容, 즉 포용하거나 받아들이는 것이 바로 큰 것이다. 이 글자는 매우 중요하다. 뒤에 나오는 임금公, 천자王, 하늘天, 도道 등은 하나가 다른 하나보다 크며, 뒤의 것이 앞의 것을 포용할 수 있다. 큰 것은 작은 것을 포용할 수 있지만, 작은 것은 큰 것을 포용할 수 없다. 『묵자』에서는 "왕공대인王公大人"이라는 말을 자주 쓴다. 천자王나 임금公은 사람들 중에서 가장 크다. 그렇지만 그들은 하늘보다는 크지 않다. 하늘은 크고 땅도 크지만 그것들 역시 도보다는 크지 않다.

公乃王, 王乃天 공내왕, 왕내천

상본에서는 "왕王"자를 "생生"자로 고쳐 왜곡된 주장을 만들어냈고, 그 주에서 이렇게 말했다. "도를 실행하면서 공평한 정치를 펼치기 때문에 항상 살 수 있는 것이다."[1]

沒身不殆 몰신불태

죽을 때까지 위험이 없다.

1 『노자상이주』: 能行道公政, 故能常生.

제17장

통행본 제17장

가장 좋은 통치자는 있는지 없는지 백성이 모르는 것이다. 그다음은 백성이 통치자를 사랑하고 칭송하는 것이다. 그다음은 백성이 통치자를 두려워하는 것이다. 그다음은 백성이 통치자를 깔보는 것이다. 통치자에 대한 믿음이 부족하기 때문에 불신이 생기는 것이니 말할 때는 머뭇거리면서 말을 아껴야 한다. 여러 가지 일이 완성되더라도 백성은 자기 자신들이 그렇게 했다고 말할 것이다.

太上, 不知有之. 其次, 親譽之. 其次, 畏之. 其下, 侮之. 信不足, 焉有不信, 猶兮其貴言也. 功成遂事, 而百姓謂我自然.

【대의】

자연과 합일하는 통치.

이 구절은 백성으로부터 신뢰를 얻는 것에 대해 말하고 있다. 보통 백성은 통치자를 신임하고 관계는 비교적 평범하다. 통치자를 신뢰하지 않을 때 비로소 그들을 공격하고, 그들을 두려워하거나 혹은 놀린다. 글쓴이는 오직 말을 적게 해야만 백성으로부터 신뢰를 받을 수 있다고 생각했다. 그러면 일을 잘 처리할 뿐만 아니라 보통사람들은 저절로 그렇게 된다고 생각한다는 것이다.

【토론】

이 장은 죽간본에 있다.

太上, 不知有之. 其次, 親譽之. 其次, 畏之. 其下, 侮之.
태상, 부지유지. 기차, 친예지. 기차, 외지. 기하, 모지.

이것은 임금에 대한 백성의 네 가지 태도를 말한 것이다. 가장 좋은 것은 아랫사람들이 임금이 있다는 것은 알지만 관계가 비교적 소원한 것이다. 그다음은 임금에게 친근함을 느끼고 그들을 찬미하는 것이다. 그다음은 임금에 대해 두려워하고 그로부터 도망가려고 하는 것이다. 그다음은 임금을 놀리는 것이고 임금에게 강요하는 것이다. "친예지親譽之"는 죽간본에는 똑같이 되어 있고, 하본과 상본에는 "친지예지親之譽之"로 되어 있다. 왕본에는 "친이예지親而譽之"로 되어 있다. 부본에는 다섯 가지 항목으로 되어 있다. 즉 "친지親之" 아래 또 "기차其次"라는 말이 추가되어 "기차, 예지其次, 譽之"로 되어 있다. 그러나 그것은 다 된 밥에 코 빠뜨리듯 오히려 일을 망치는 것이다.

信不足, 焉有不信 신부족, 언유불신

임금의 신용이 부족하기 때문에 백성은 그를 신뢰하지 않는다는 뜻이다. "언焉"은 "내乃"자, 즉 '바로' 혹은 '곧'의 뜻이다. 위 구절에 붙여 읽어서는 안 된다.

猶兮其貴言也 유혜기귀언야

간본에는 "유호기귀언야猶乎其貴言也"로 되어 있다. "유猶"는 머뭇거린다는 뜻이다. 신信은 말한 것에 대해 책임을 지는 것이다. 여기서는 군주의 자리에 있는 사람은 신중하게 말하고 적게 말해야 한다는 것을 지적하고 있다.

功成遂事 공성수사

간본에는 "성사수공成事遂功"으로 되어 있고, 하본, 왕본, 부본 등에는 "공성사수功成事遂"로 되어 있으며, 상본에는 "성공사수成功事遂"로 되어 있다. 의미는 다 같다.

而百姓謂我自然 이백성위아자연

『노자』는 적게 듣고 적게 말하는 것을 주장한다. 위에서 "말할 때는 머뭇거리면서 말을 아껴야 한다猶兮其貴言也"라고 말했다. 이는 바로 신중하게 말하고 적게 말해야 비로소 타고난 자연스러움을 체득할 수 있음을 강조한 것이다. 다음의 제24장에 "말을 적게 하는 것이 자연스럽다"[1]라는 말이 있는데, 바로 이런 뜻이다. 죽간본에는 "이백

1 제24장: 希言自然.

성왈아자연야而百姓曰我自然也"로 되어 있고, 통행본에는 "백성개위아자연百姓皆謂我自然"으로 되어 있다. 『노자』는 "자연"이라는 말을 즐겨 사용한다. 자연은 자연이연自然而然, 즉 저절로 그러한 것으로서 무엇이든 본래 상태 그대로 내버려두는 것이다.

제18장

통행본 제18장

그러므로 대도大道가 없어지자 바로 인의仁義가 나타났다. 지혜가 출현하자 바로 큰 거짓이 나타났다. 육친이 화목하지 못하자 바로 효도와 자애慈愛가 나타났다. 국가가 혼란해지자 바로 지조 있는 신하貞臣가 나타났다.

故大道廢, 焉有仁義. 智慧出, 焉有大僞. 六親不和, 焉有孝慈. 邦家昏亂, 焉有貞臣.

【대의】

대도가 버려지자 인의가 강조되었다.

선진 제자들은 자신들이 혼란한 시대에 살고 있다고 생각했다. 세상은 왜 혼란하게 되었을까? 그들은 각자 다른 해석을 내놓았다. 공자는 사람들이 인의仁義와 도덕道德을 중시하지 않기 때문이라고 생각했지만, 『노자』는 그렇게 보지 않았다. 『노자』는 세상이 이렇게 망가진 주요 원인은 대도大道를 버리고 모두가 자연의 이치를 따르지 않기 때문이라고 생각했다. 대도가 버려지자 비로소 인의가 강조되기 시작했다. 지혜가 나타나자 비로소 거대한 허위가 나타났다. 인의와 지혜는 모두 인위적인 것이고 거짓된 것이다. 집안이 화목하지 못하면 그때서야 효도와 자애로움을 강조한다. 나라가 편안하지 못하면 그때서야 충신을 대대적으로 강조한다. 모두 같은 이치다. 요약하면 도덕이 없기 때문에 사회가 혼란에 빠진 것이 아니라 사회가 혼란에 빠졌기 때문에 그 결과 도덕이 없어진 것이다.

【토론】

이 장은 죽간본에 있다(다만 제3구와 제4구가 빠져 있음).

大道 대도

자연의 이치를 말한다.

焉 언

역시 "내乃", 즉 '바로' 혹은 '곧'의 의미다. 죽간본과 백서본에서는 모두 언焉자 대신 안安자를 썼다. 부본의 앞 두 구절에는 올바르게

"언焉"으로 되어 있다. "언焉"자의 이런 용례는 후세에 이르러 좀 낯설어서 하본, 상본, 왕본 등에서는 모두 그 글자를 빼버렸다.

智慧出, 焉有大僞 지혜출, 언유대위

간본에는 이 두 구절이 없다.

邦家 방가

바로 후세의 "국가"다. 방가邦家를 국가로 바꾼 것은 한대에 고조의 이름을 피휘하기 위해 글자를 바꾼 것이지 그 밖의 다른 깊은 뜻은 전혀 없다.

貞臣 정신

부본은 같다. 죽간본에는 "정신正臣"으로 되어 있는데 글자가 서로 통한다. 하본, 상본, 왕본 등에는 "충신忠臣"으로 되어 있다. "충신忠臣"이 보다 통속적이다. 『신자愼子』의 일문(『의림意林』에 인용)과 『회남자』「도응」 등에는 "국가가 혼란해지자 충신이 나왔다"라는 말이 있다. 이 말이 바로 통행본이 참조한 원본일 것이다.

여기 나오는 "인의仁義" "효자孝慈" "정신貞臣" 등은 "대위大僞"와 병렬되는 것으로 모두 난세의 산물이며, 분명하게 부정적인 뜻을 가지고 있다. 『노자』의 이런 얘기는 생활 속에서 겪은 우리의 경험과 완전히 일치한다. 도덕의 수요공급 법칙은 결핍이 클수록 수요의 목소리는 더 커지는 법이다. 예를 들면 영욕榮辱을 대대적으로 강조한다면 그것은 영욕을 강조하지 않음으로써 발생하는 사건이 너무 많았기 때문이라는 것이 분명하다. 문인들이 그려낸 협객과 기녀자奇女子(재색을 겸비한 뛰어난 여성)는 바로 이렇게 생각해낸 것들이다. 서양에서는 공상과학이 성행했고, 중국에서는 인문 환상人文幻想이 성행했다. 나는 이런 종류의 환상을 인문 환상이라고 부른다.

제19장

통행본 제19장

총명함을 끊고 지혜를 버리면 백성의 이익이 백배가 될 것이다. 인仁을 끊고 의義를 버리면 백성은 다시 효도하고 자애로워질 것이다. 기교를 끊고 이익을 버리면 도적이 없어질 것이다. 이 세 마디 말은 예악 제도文로는 불충분하다고 생각하는 것이다. 그러므로 다음 말들을 행위의 준칙으로 삼도록 해야 한다. 타고난 순수함을 발견하고 타고난 소박함을 간직하며, 사사로움을 줄이고 욕심을 줄여라.

絕聖棄智, 民利百倍. 絕仁棄義, 民復孝慈. 絕巧棄利, 盜賊無有. 此三言也, 以爲文未足, 故令之有所屬. 見素抱樸, 少私寡欲.

【대의】

소박하고 참된 상태로 되돌아가 마음은 맑고 욕심은 적게 한다.

글쓴이는 총명과 지혜를 끊어버리면 백성은 백배의 이익을 얻을 것이라고 말한다. 인애仁愛와 정의正義를 끊어버리면 보통사람들은 노인을 공경하고 어린이를 사랑할 것이다. 새로운 기술과 과도한 기교를 끊어버리면 도적은 그때부터 흔적을 감출 것이다. 이 세 가지로는 나의 생각을 전부 다 표현하기에 부족하다. 그래서 나는 다음과 같이 귀납해본다. 나의 생각을 한 가지에 집중한다. 겉모습은 아무 꾸밈없이 소박하게 해야 하며, 속마음은 한결같이 천진해야 하며, 안으로 아무 사심이 없고 밖으로 아무 추구하는 것이 없어야 한다.

【토론】

이 장은 죽간본에 있다.

絶聖棄智 절성기지

간본에는 "절지기변絶智棄辯"으로 되어 있다. "성聖"은 총명한 것이고, 지智는 지혜다.

絶仁棄義 절인기의

간본에는 "절위기사絶僞棄詐"로 되어 있다. "사詐"는 원래 "심心"부에 속하고 음은 차虘(cuo)였다. 추시구이裘錫圭는 속일 사詐라고 풀이하여 처음에는 매우 정확했다. 그러나 나중에 생각할 여慮라고 고쳐 오히려 잘못되고 말았다.[1]

民復孝慈 민부효자

간본에는 "민부계자民復季子"로 되어 있다. 어떤 사람은 "계자季子"가 본래의 모습으로서 갓난아이에 해당한다고 하지만 믿을 수 없다. 계자는 막내아들이고 작은아들이며 소년이기 때문에 갓난아이와는 다르며, 계자로 돌아간다는 것은 아예 말도 안 되는 소리다. 나는 계季는 효孝자의 잘못이고, 자子는 자慈자와 서로 바꿔 쓸 수 있는 글자였을 것이라고 생각한다.

絕巧棄利, 盜賊無有 절교기리, 도적무유

간본에는 이 구절이 "총명함을 끊고 지혜를 버리면 백성의 이익이 백배가 될 것이다絕聖棄智, 民利百倍" 뒤에 있어 순서가 이것과 다르다.

此三言也, 以爲文未足, 故令之有所屬.

차삼언야, 이위문미족, 고령지유소속.

옛날 사람들이 말한 "언言"은 하나의 글자를 가리킬 수도 있고 또한 구절을 가리킬 수도 있다. 여기서 말하는 "삼언三言"은 세 구절을 말한다. 이 단락의 내용은 죽간본과 차이가 비교적 크다. 죽간본에는 "삼언위리부족, 혹명지혹호두三言爲吏不足, 或命之或乎豆"라고 되어 있다. 앞 구에 나오는 "리吏"는 두 가지 가능성이 있다. 하나는 잘못된 글자일 수 있고, 다른 하나는 사事자로 읽어야 한다는 것이다. 그래서 원래는 "삼언위문부족, 혹령지유호속三言爲文不足, 或令之有乎屬(이 세 마디 말은 문으로 삼기에는 부족하니 다음 말들을 행위의 준칙으로 삼도록

1 李零, 『郭店楚簡校讀記』(增訂本), 15쪽; 李零, 「上博楚簡三德篇的釋文和注釋」, 馬承源 主編, 『上海博物館藏上海楚竹書』, 上海: 上海古籍出版社, 2005, 289쪽.

해야 한다)"으로 되어 있었거나 혹은 "삼언위사부족, 혹령지유호속三言爲事不足, 或令之有乎屬(이 세 마디 말은 일삼아 추구하기에는 부족하니 다음 말들을 행위의 준칙으로 삼도록 해야 한다)"으로 되어 있었을 것이다. 여기서 말하는 "삼절三絕", 즉 절絕자가 들어가 있는 세 개의 문장은 모두 부정적인 면에서 말한 것이고, 다음에 이어지는 "타고난 순수함을 발견하고 타고난 소박함을 간직하며, 사사로움을 줄이고 욕심을 줄여라見素抱朴, 少私寡欲"는 말에 이르러서야 비로소 긍정적인 쪽에서 말한 것이다.

見素抱樸, 少私寡欲 견소포박, 소사과욕

"견見"은 죽간본에는 "시視"로 되어 있다. "소素"는 물들이지 않은 실이고, "박樸"은 다듬지 않은 통나무다.

궈뎬郭店에서 초나라 죽간이 출토된 다음 학자들은 통행본의 "절인기의絕仁棄義(인과 의를 끊어버려라)"가 죽간본에는 "절위기사絕僞棄詐(거짓과 속임수를 끊어버려라)"로 되어 있는 것을 발견하고 모두들 유가와 도가는 원래 하나의 학파였다고 말했다. 이런 주장에 대해 나는 동의하지 않는다.

고대 사상을 어떻게 분류할 것인가는 큰 문제다. 단순화와 복잡화, 이 두 가지는 항상 모순을 일으킨다. 단순화는 열개 학파十家, 여섯 개 학파六家, 두세 학파兩三家 혹은 아예 아무 학파도 없는 데까지 단순화할 수 있다. 복잡화는 어떤가 하면 백 개 학파百家라고 부르거나 혹은 한 사람이 바로 하나의 학파인 것이다. 이 두 가지 주장은 각기 한쪽 극단으로 치닫는다.

백마비마白馬非馬(흰 말은 말이 아니다)라는 주장에 대해 웃기다고 생각해서는 안 된다. 미국의 몇몇 한학자나 몇몇 유학생은 이런 명제에 대해 그저 장난스럽게 대하기만 한다. 그가 만약 우리와 함께 국제주의에 대해 토론하려고 한다면, 그는 그저 공통성만 강조하고 특수성에 대해서는 언급하지 않을 것이다.

그렇다면 동양이니 서양이니 외국인이니 중국인이니 하는 것들도 결국 모두 다 같은 사람이 아닌가? 그런데 유독 중국에 대해 얘기할 때는 곧바로 예리한 칼을 집어들어 종횡무진으로 난도질하면서 어느 것과 어느 것은 다르기 때문에 중국인은 아예 없다고 말한다. 왕조와 왕조가 서로 달라 일관성이 없다고 하거나 지역과 지역이 서로 달라 통일성이 없다고 하며, 혹은 아예 중국어漢語로 말하는 사람만 중국인이라고 정의해버린다.

나는 유가와 도가는 분명하게 구별된다고 생각한다. 다들 『노자』에서는 인의仁義를 폄하하지 않았다고 말하지만, 이것은 눈뜨고 뻔히 보면서 하는 거짓말이다.

예를 들어 "절인기의絕仁棄義"에 대해 다들 이것은 분명히 나중 사람들이 제멋대로 고친 것이라고 말하지만, 꼭 그렇지 않다. 실제로는 오히려 반대일 것이다. 궈뎬 초나라 죽간의 주인이 어차피 유가와 도가를 모두 공부했기 때문에 만약 제멋대로 고쳤다면 아마 오히려 그 사람이 그랬을 것이다. 그런데 하물며 설령 이것이 원래의 모습이라 하더라도 죽간본에는 오히려 반유가적 언사가 적지 않지만, 모두 제멋대로 고친 것일 수는 없다.

예를 들면 앞의 1장에서 글쓴이는 "인의仁義" "효자孝慈" "충신忠臣" 등과 "대위大僞"를 나란히 열거하면서 그것들을 혼란한 세상의 산물이라고 간주한 걸 보면 부정적인 의미로 말했다는 것이 매우 분명하다. 학자들은 유가에 반대하는 이런 말들을 몽땅 장자와 기타 후학들이 개조한 것으로 해석하려고 하지만, 그것은 근본적으로 불가능하다.

제20장

통행본 제20장

배움을 끊으면 근심이 없다. "네"와 "입 닥쳐"는 의미상의 거리가 얼마나 먼가? 아름다움과 추악함은 그 차이가 얼마나 큰가? 사람들이 두려워하는 임금 역시 백성을 두려워하지 않을 수 없다. 내 생각은 흐리멍덩하여 끝날 줄 모른다. 그러나 뭇사람은 큰 제사 음식을 맘껏 먹고 봄날 산행하듯 기뻐하는구나. 나는 무덤덤하고 아무 표정도 없다. 마치 아직 웃을 줄도 모르는 갓난아이 같다. 지쳐서 축 늘어진 모습은 마치 돌아갈 곳이 없는 사람 같다. 뭇사람은 다들 여유가 있는데, 나 혼자 부족하구나. 나는 마음이 어리석어 흐리멍덩하고 아무것도 분간이 안 되는구나. 세상 사람들은 똑똑하지만 나 혼자 멍청하구나. 세상 사람들은 영리하지만 나 혼자 어리석구나. 아득하고 어두운 바다처럼 흐리멍덩하고, 한도 끝도 없이 넓은 바다처럼 몽롱하다. 뭇사람은 다들 세상일을 심각하게 생각하지만, 나 홀로 장난스럽고 천박스럽구나. 나는 사람들과는 달라지고자 하여 어머니(도)의 젖(덕)을 먹는 것을 중시한다.

絶學無憂. 唯與訶, 其相去幾何. 美與惡, 其相去何若. 人之所畏, 亦不可以不畏人. 恍兮其未央哉. 衆人熙熙, 若饗於大牢, 而春登臺. 我泊焉未兆, 若嬰兒未咳. 累兮如無所歸. 衆人皆有餘, 我獨匱. 我愚人之心也, 惷惷兮. 俗人昭昭, 我獨若昏昏兮. 俗人察察, 我獨悶悶兮. 忽兮其若海, 恍兮其若無所止. 衆人皆有以, 我獨頑以俚. 我欲獨異於人, 而貴食母.

【대의】

구제불능의 멍청이.

배우지 않으면 괴로움도 없다. 다른 사람의 고함소리를 듣는 것은 실은 다른 사람에게 고함치는 것과 다름없다. 아름다운 것과 추악한 것은 그 차이가 멀지 않다. 사람들이 나를 무서워한다면 나라고 다른 사람이 무섭지 않을까? 나는 늘 흐리멍덩하고 몽롱해서 아무리 잘 보려고 해도 분명하게 보이지 않는다. 사람들은 모두 먹고 마시고 놀면서 늘 즐거워한다. 그런데 나는 멍청하여 마치 아무 욕심도 없고 아무 바라는 것도 없는 것 같다. 나는 그저 울 줄이나 알고 웃을 줄도 모르며, 오로지 젖 먹을 줄만 알고 철은 모르는 어린아이와 같다. 나는 의기소침해져 고개를 떨구고 있다. 어디로 가야할지 모르겠다. 사람들은 다들 적지 않은 재산을 가지고 있지만, 나는 알거지다. 나는 그저 어리석은 마음 하나 가지고 있을 뿐이다. 나는 아무하고도 비교할 수 없을 정도로 어리석다. 세상 사람들은 모두 무엇이든 분명히 알고 있지만, 나는 제일 멍청하다. 내 주변의 모든 것은 마치 거대한 바다처럼 망망하다. 넓고 넓어 끝이 없어 어디가 해안인지 알지 못하겠다. 사람들은 다들 이 세계를 심각하게 생각하지만, 나는 조금도 진지하지 못하고 세상을 오로지 장난거리로만 생각한다. 나는 다른 사람들과는 다르다. 나는 그저 젖이나 빨고 있는 어린아이일 뿐이다. 나는 그저 대도라는 어머니의 젖을 빨아먹고 있을 뿐이다.

이 단락의 내용은 한 편의 '독립선언'이다. 누구로부터의 독립인가? 군중으로부터의 독립이다. 중국의 나라 정세 가운데 연줄은 나쁘다. 무슨 연줄이든 다 나쁘다. 연줄이란 무엇인가? 그것은 바로 위로는 지도자가 있고 아래로는 군중이 있다. 군중은 건드릴 수 없다. "천 명의 사람에게 손가락질 당하면, 그 사람은 아무 병이 없어도 죽는다"[1](『한서漢書』에서 인용한 속담). 옛날 사람들은 백성은 배가 앞으로 나아가게 할 수도 있고 또 배를 뒤집을 수도 있다고 말했다. 군중이란 무엇인가? 내가 체험한 문화대혁명의 경험에 의하면, 조건만 성숙되면 곧바로 홍수나 맹수로 변할 수 있다. 굴원은 자기는 통찰력이 있는데, 군중은 왜 그렇게 어리석은지 알지 못했다. 여기서는 그것과는 반대된다. "나"는 "군중衆人"이나 "세속인俗人"과 사사건건 반대된다. 군중이 알지 못하는 것이 아니라 자기 혼자 너무 멍청하다. 멍청하기 짝이 없다. 공자는 은둔자들을 깨끗하고 고상하다고 생각하여 좋아하기는 했지만 그 자신은 절대로 그 대열에 끼지 않았다. 그 이유는 그는 끝내 동물과 함께 섞여 살 수 없었기 때문이다(『논어』「미자」18.6). 『노자』는 그와 다르다. 그는 군중으로부터 벗어나지 못할까봐 걱정했다.

【토론】

"배움을 끊으면 근심이 없다絶學無憂"에서 "역시 백성을 두려워하지 않을 수 없다亦不可以不畏人"까지는 죽간본에 있다.

이 단락은 두 가지 요점이 있다. 하나는 멍청하기 짝이 없으며 다른 사람에게 좀 멍청해지도록 권유하는 것이다. 또 하나는 군중으로부터 멀리 떨어져 속인들과 같은 식견을 갖지 말아야 한다는 것이다. 군중은 지나치게 똑똑하지만 자기는 오히려 좀 멍청한 것이 좋다는 것이다.

1 『漢書』「王嘉傳」: 千人所指, 無病而死.

絶學無憂 절학무우

멍청하기 짝이 없는 것을 강조한 말이다. 배우면 배울수록 더 괴롭지만, 배우지 않으면 괴로움도 없다는 것이다.

唯與訶 유여가

이 두 글자는 의미가 서로 반대된다. "유唯"는 유유낙낙唯唯諾諾(명령하는 대로 고분고분 순종하는 것)이고, 다른 사람의 꾸짖음을 듣는 것이며, 승낙의 뜻을 나타내는 "네"로서 사喳, 시是, 준명遵命, 예스Yes, 합의哈依, 베이징어로 팅허聽喝(분부를 따르다) 등에 해당된다. "가訶" 혹은 "가呵"는 꾸짖는다는 뜻을 나타내는 글자로서 예를 들어 상급자가 하급자에게 "입 닥쳐住嘴"라거나 "썩 꺼져滾蛋" "Shut up" "Get out here" 등의 말을 하는 것과 같다. 을본에는 "유여가唯與訶"로 되어 있다. "가呵"와 "가訶"는 의미가 같다. 하본과 왕본과 부본 등에는 "유지여아唯之與阿"라고 되어 있다. "지之"자는 쓸데없이 덧붙인 것이며, "아阿"는 아첨한다는 뜻으로 의미가 다르다. 상본에는 또 "하何"로 되어 있다.

幾何 기하

얼마나의 뜻이다.

美與惡 미여악

간본은 같고, 부본에는 "미지여악美之與惡"으로 되어 있다. "지之"자도 쓸데없는 군더더기다. 하본과 왕본에는 "선지여악善之與惡"으로 되어 있다. "선善"과 "미美"의 뜻은 서로 비슷하고, 글자의 모양도 서로 비슷하지만, 나중에 달라진 글자다.

何若 하약

여하如何, 즉 어떤가의 뜻이고, "기하幾何"와 비슷하다.

人之所畏, 亦不可以不畏人 인지소외, 역불가이불외인

"외畏"는 경외한다는 뜻이다. 죽간본도 같다. 그러나 두 번째 구의 "인人"자는 원래 잘못하여 아래 구에 붙여서 끊어 읽었다. "인지소외人之所畏"는 인민들이 임금을 경외하는 것이고, "역불가이불외인亦不可以不畏人"은 임금 역시 인민을 경외하지 않을 수 없다는 것이다. 통행본에서는 "인人"자를 빼버렸다. 그것은 이 두 구절의 원래의 뜻을 이해하지 못했기 때문이다.

위에서 말한 내용은 '네'라는 대답唯과 '입 닥쳐'라는 호통呵, 아름다움美과 추악함惡 등에 대해 말하고 있어 상반되는 것처럼 보이지만 사실은 별 차이가 없다. 임금과 백성 역시 서로 경외하는 사이인 것이다.

恍兮其未央哉 황혜기미앙재

"황恍"은 원래 "망望"으로 되어 있고, 아래 글에 나오는 "황恍" 역시 "망望"으로 되어 있다. 여기서는 황恍으로 읽어야 한다. "황恍"은 의식이 모호한 상태다. 통행본에는 "황荒"으로 되어 있는데, 이는 가차자다. "미앙未央"은 시간적으로 아직 끝나지 않았음을 나타낸다.

熙熙 희희

두 가지 해석이 있다. 한 가지는 시끌벅적하고 소란스러운 것(희희양양熙熙攘攘(시끌벅적하고 소란스럽다는 고사성어)의 희희熙熙)으로서 베이징 말로 "우양우양烏央烏央"이라고 한다. 다른 한 가지는 화기애애하고 즐거운 상태를 표현하는 말이다.

若饗於大牢 약향어대뢰

구정九鼎으로 식사하고 소와 양과 돼지를 모두 갖추는 것을 대뢰(혹은 태뢰)라고 부른다. 이것은 맘껏 먹고 마시면서 매우 기쁜 것과 같다.

而春登臺 이춘등대

봄날 높은 곳에 올라가 먼 곳을 바라보면서 바람을 쐬는 것은 대단히 큰 즐거움이다. 『논어』 「선진」 11.26에 긴 대화 한 편이 있다. 공자가 자신의 제자들에게 각각 포부를 말해보라고 했다. 증석이 말했다. "늦은 봄에 봄옷이 완성되면, 관을 쓴 어른 대여섯과 어린이 예닐곱을 데리고, 기수에서 목욕하고, 무우舞雩[1]에서 바람 쐬다가 노랫가락 읊조리면서 돌아오는 것입니다."[2] 이것이 바로 그런 즐거움을 이야기한 것이다. 이 구절은 하본과 왕본에는 "여등춘대如登春臺"라고 되어 있고, 상본과 부본에는 "약등춘대若登春臺"로 되어 있다.

泊焉未兆 박언미조

무덤덤하고 아무런 욕망도 일어나지 않는 모양으로 어리석고 멍청

---

1 기우제를 지내는 제단.—옮긴이

2 『논어』 「선진」: 莫春者, 春服旣成, 冠者五六人, 童子六七人, 浴乎沂, 風乎舞雩, 詠而歸.

해서 사람을 알아보지 못하는 모습이다.

若嬰兒未咳 약영아미해

"해咳"는 부본은 같지만, 하본, 상본, 왕본 등에는 "해孩"로 되어 있다. 『설문』「구부口部」에서는 해孩자를 해咳의 옛 글자라고 했다. 어린아이는 우는 것을 먼저 하고 난 다음에 웃으며, 그 뒤에 말을 한다. 몸 뒤집기를 먼저 하고 난 다음에 기어다니고 그다음에 걷는다. 여기서 말하는 "영아嬰兒"는 그저 울기만 하고 웃을 줄 모르며, 아직 엄마 품에서 젖을 빠는 애기다. "나我"는 어리석다. 바로 이런 어린아이와 같이 어리석다.

累兮如無所歸 누혜여무소귀

"누累"는 의기소침해서 머리를 떨군 채로 축 늘어져 고개를 들지 못하는 모양이다. "무소귀無所歸"는 갈 곳이 없는 것이다. 가오밍에 따르면 공자가 정나라에 갔을 때 정나라 사람이 공자의 관상을 보고서는 이렇게 말했다. "지치고 피곤한 모습이 마치 집을 잃은 개와 같다."[1] 바로 여기서 말한 "지쳐서 축 늘어진 모습은 마치 돌아갈 곳이 없는 사람 같다累兮如無所歸"는 것과 같다. 하본의 "승승乘乘"(괴괴乖乖의 잘못), 상본의 "괴魁"(원래 鬼부와 今부로 이루어진 글자), 왕본의 "내래儽儽", 부본의 "뇌뢰儡儡" 등은 모두 "누累"의 잘못된 글자 혹은 서로 바꿔 쓸 수 있는 글자였다. 보아하니 노자 역시 돌아갈 집이 없는 것을 무슨 잘못된 일인 것처럼 생각하지 않았던 것 같다.

1 『사기』「공자세가孔子世家」: 累累若喪家之狗.

匱 궤

원래 "유遺"로 되어 있다. 통행본에도 "유遺"로 되어 있지만, "궤匱"로 읽어야 한다.

蠢蠢 준준

을본에는 "춘춘湷湷"으로 되어 있고, 하본과 왕본과 부본 등에는 "돈돈沌沌"으로 되어 있으며, 상본에는 "순순純純"으로 되어 있는데, 이것들은 모두 서로 바꿔 쓸 수 있는 글자들이다.

俗人昭昭, 我獨若昏昏兮. 俗人察察, 我獨悶悶兮.
속인소소, 아독약혼혼혜. 속인찰찰, 아독민민혜.

"민민悶悶"은 멍청하여 똑똑치 못하다는 뜻이다. 굴원은 "온 세상 사람들은 다 더럽지만 나 홀로 깨끗하고, 온 세상 사람들은 다 취했어도 나 홀로 깨어 있구나"[1]라고 말했다. 굴원의 말은 이것과는 상반된다. 여기서는 세상 사람들은 모두 아주 똑똑하게 잘 알고 있지만 나는 오히려 흐리멍덩하고 몽롱하다.

忽兮其若海 홀혜기약해

"홀忽"은 흐리멍덩하고 몽롱하다는 뜻을 나타내는 "황홀恍惚"의 "홀惚"과 같고, 하늘과 바다가 아득하여茫茫 아무것도 분명하게 보이지 않는 것을 가리킨다. 옛날 사람들은 자주 그믐 혹은 어둡다는 뜻을

1 『초사楚辭』「어부漁父」: 擧世皆濁我獨淸, 擧世皆醉我獨醒.

나타내는 회晦자를 가지고 바다 해海자를 풀이했다(晦자는 음훈[1]에 속함). 초나라 백서에는 "사해四海"가 "사회四晦"로 되어 있다. "홀忽" 역시 회晦의 뜻이 있고, 이것은 바로 거대한 바다가 깜깜하게 어두워 아무것도 보이는 것이 없는 상태를 형용한 말이다. 하본에는 "홀忽"로 되어 있어 백서본과 같다. 그러나 부본에는 "담淡"으로 되어 있고, 왕본에는 "담澹"으로 되어 있어 변화가 비교적 크다. "담澹"은 파도가 넘실대는 모습을 형용한 것이다. 예를 들어 "파도가 넘실대어 물안개가 피어오른다"[2]의 용례와 같다. "해海"는 상본에는 "회晦"로 되어 있다.

恍兮其若無所止 황혜기약무소지

앞에서 나온 "황혜기미앙재恍兮其未央哉"와 비슷한 말이다. 그러나 "미앙未央"은 시간적으로 아직 끝나지 않은 것이고, 여기서 말하는 "무소지無所止"는 공간적으로 한도 끝도 없는 것으로서 거대한 바다가 아득하여 그 끝을 볼 수 없는 것을 가리킨다. "황恍"은 원래 "망望"으로 되어 있었지만, 이 구의 "황恍"은 윗 구의 "홀忽"과 상대되며 흐리멍덩하고 몽롱하다恍惚고 할 때의 몽롱하다恍는 말을 가리킨다. 다음 장의 "홀혜황혜惚兮恍兮"와 "황혜홀혜恍兮惚兮"의 "황恍" 역시 이런 의미로 쓴 것이다. 하본에는 "표漂"로 되어 있고, 부본에는 "표飄"

---

1 음훈音訓은 훈고학의 용어로 형훈形訓과 상대되는 말이며, 성훈聲訓이라고도 한다. 어떤 글자를 같은 음의 다른 글자 혹은 비슷한 음의 다른 글자로써 풀이하는 방법을 말한다.—옮긴이

2 이백, 「몽유천모음유별夢游天姥吟留別」: "水澹澹兮生煙."(천모산은 지금의 저장성 신창新昌 동쪽에 있는 산으로 요즘 발음으로는 톈무산이다. 서기 744년 이백은 산둥성에 머물다가 남쪽의 오월吳越 지역으로 여행을 떠나면서 자신이 꿈속에서 노닐던 내용을 시로 지어 이별의 선물로 남겼는데, 이 시가 그것이다. 당시에 산둥성은 옛날 노魯나라가 있던 곳이기 때문에 동로東魯라고도 불렀다. 그 때문에 이 시는 또 「별동로제공別東魯諸公(동로의 여러 분과 이별하면서)」라는 별명을 가지고 있기도 하다.—옮긴이)

로 되어 있으며, 왕본에는 "료飂"로 되어 있다. 각 전본에 따른 변화가 비교적 커서 결국 바람에 대한 이야기가 되어버렸다. 표漂는 표飄와 같고, 표飄는 회오리바람 혹은 폭풍이며, 료飂는 높이 부는 바람이다. 백서본에서는 그저 바다만 얘기하고 있지만, 바람과는 상관이 없다. 통행본에서는 글자를 고쳐버렸기 때문에 전혀 다른 의미로 바뀌었다. 한 구절은 바다처럼 깊은 것을 말하고 있고, 다른 한 구절은 바람이 이리저리 떠돌면서 아득하게 멀어져가고 멈추지 않는 것에 대해 말하고 있다.

衆人皆有以 중인개유이

뭇사람은 모두 주변의 일들을 매우 중시하며, 지나치게 진지해 한다. 여기의 "이以"는 『논어』의 "나는 너희보다 조금 더 나이를 먹었으나 나를 개의치 말아라"[1]에서 "나를 개의치 말아라"의 원문에 해당하는 "무오이毋吾以"의 "이以"와 비슷하다.

我獨頑以俚 아독완이리

나는 장난치고 소란을 피우며 매우 천박스럽다. "완頑"은 완피頑皮, 즉 장난친다거나 혹은 말썽부린다는 뜻이다. "이以"는 접속사 이而의 뜻이고, "리俚"는 비속하다는 뜻이다. "리俚"는 을본과 통행본에는 "비鄙"로 되어 있는데, 의미는 같다.

1 『논어』「선진」: 以吾一日長乎爾, 毋吾以也.

貴食母 귀식모

어머니 젖 먹는 것을 중시한다. 옛날 책에서 말하는 식食자는 두 가지 의미가 있다. 자기 밥을 먹거나 다른 사람으로부터 얻어먹는 것을 식食이라고 불렀다. 먹을 것을 다른 사람에게 먹여주거나 먹여주고 길러주는 것 역시 식食이라고 불렀다. 두 번째 경우를 먹일 사飤 혹은 먹일 사飼라고 썼다. 『노자』는 어머니로써 도를 비유했고, 갓난아이로써 덕을 비유했다. 덕이 있는 사람은 갓난아이처럼 어머니의 젖을 먹는다. 젖 역시 밥食이라고 부른다. 여기서 말하는 "식모食母"는 어머니의 젖을 먹는 것이다.

제21장

큰 덕의 움직임은 오로지 도만 따른다. 도에 의해 발생된 사물은 흐리멍덩하고 몽롱할 뿐이다. 흐리멍덩하고 몽롱하지만, 그 속에 형체가 있다. 몽롱하고 흐리멍덩하지만, 그 가운데 사물이 있다. 고요하고 깜깜하지만, 그 가운데 실상實狀이 있다. 그 실상은 매우 진실되고 그 속에는 믿을 만한 것이 있다. 지금부터 옛날에 이르기까지 그 이름은 없어지지 않기 때문에 그것으로써 만물의 시원을 탐색한다. 만물의 시원이 그렇다는 것을 내가 어떻게 알았겠는가? 이것 때문이다.

孔德之容, 唯道是從. 道之物, 唯恍唯惚. 惚兮恍兮, 中有象兮. 恍兮惚兮, 中有物兮. 窈兮冥兮, 中有情兮. 其情甚眞, 其中有信. 自今及古, 其名不去, 以順衆父. 吾何以知衆父之然也. 以此.

【대의】

도를 따르는 것이 바로 덕이다.

이 장은 덕을 풀이하고 있다. 『노자』는 가장 큰 덕은 도를 따른다고 말한다. 그 밖에 다른 말은 없고 모두 도에 대해 설명한다. 도는 만물을 낳지만, 흐리멍덩하고 몽롱하며 어둡고 깜깜하며, 분명하게 볼 수 없다. 그러나 그것을 볼 수 있는 형상이 있고, 그것을 관찰할 수 있는 사물이 있고, 그것을 탐구할 수 있는 정황이 있어서 실제로 그것이 존재한다는 사실은 확실하게 믿을 수 있다. 지금부터 옛날로 거슬러 올라가면서 추적해보면 다들 그것의 이름을 알 수 있고, 그것들의 이름의 총화가 바로 도道다. 만물은 형체가 있다. 만물이 어떻게 해서 발생한 것인지 우리는 어떻게 알 수 있을까? 그것은 "중부衆父(만물의 시원)"가 그것들에게 지어준 이름을 통해서다. "중부 만물의 시원" 역시 도의 별명이다.

【토론】

孔德之容 공덕지용

"공덕孔德"은 "대덕大德"이고, "현덕玄德"(제10장, 제51장, 제65장), "항덕恒德"(제28장), "광덕廣德"(제40장), "건덕建德"(제40장) 등과 비슷하다. 덕이란 얻는 것이다. 무엇으로부터 얻는가? 도로부터 얻는다. "용容"에는 두 가지 해석이 있다. 하나는 형용한다고 할 때의 용容으로서 모양을 뜻한다. 다른 하나는 동용動容, 즉 동작과 표정이라고 할 때의 용容으로서 움직임을 뜻한다. 동작과 표정動容이라고 할 때의 용容은 본래 용搈이라고 썼다. 이 구절에 대한 상이주의 곡해는 매우 재미있다. 상이주에서는 "공덕孔德"을 공자의 덕으로 풀이했다. 그 주의 설명은 다음과 같다. "도는 매우 위대해서 공구(공자의 이름)로 하여금 지혜롭게 되도록 가르쳤다. 후세 사람들은 도교의 글을 믿지 않았지만, 공자가 남긴 글은 숭상하여 그것이 최고라고 생각했다. 그 때문에 옛날 일을 소상하게 밝혀 후세의 현자들에게 알려주었다."[1]

道之物 도지물

도에서 발생한 만물. 통행본에는 "도지위물道之爲物"로 되어 있기 때문에 과거에는 도가 만물을 창조한다는 의미라고 생각했지만, 오늘날 보면 그런 풀이는 틀렸다. "위爲"자는 덧붙인 글자다.

中有象兮 중유상혜

"상象"은 사물의 표상을 가리키며 형체와 비슷한 의미다. 제40장에서는 "대상은 형체가 없다大象無形"라고 말한다.

中有物兮 유중물혜

사물의 실체를 가리킨다.

窈兮冥兮 요혜명혜

"요窈"는 유幽자와 통하는 글자다. 부본에는 "유幽"로 되어 있다. 심원하다는 뜻으로 현玄자와 비슷하다. "명冥"은 어둡고 깜깜한 것이다.

1 『노자상이주』: 道甚大, 教孔丘爲知, 後世不信道文, 但上孔書, 以爲無上, 道故明之, 告後賢.

窈兮冥兮, 中有情兮. 其情甚眞, 其中有信.

요혜명혜, 중유정혜. 기정심진, 기중유신.

두 번 나오는 "정情"자는 원래 "청請"자로 되어 있었다. 옛날 책에서는 흔히 청請자로써 정情자를 대신했다(죽간과 백서 등의 고서에 그런 예가 매우 많음). 정情은 진眞이나 실實의 의미로 읽을 수 있으며, 정실情實, 즉 실정 혹은 실제 상황의 뜻이다. 통행본에는 "정精"으로 되어 있는데, 이는 서로 바꿔 쓸 수 있는 글자였다. 『회남자』 「도응」에 "기중유정其中有精(그 속에 정기가 있다)"이라는 말이 보인다. 이것이 바로 통행본이 참조한 원본일 것이다.

其中有信 기중유신

그것의 실제 정황은 믿을 만하다는 것을 가리킨다.

自今及古, 其名不去 자금급고, 기명불거

앞의 구절은 부본은 같다. 하본과 상본과 왕본에는 "자고급금自古及今"으로 되어 있다. 뒤 구의 "기명其名"은 만물의 이름으로서 하나의 형체가 있으면 곧 하나의 이름이 있는 것이다. 이는 형명形名이라고 할 때의 명名에 속하며, 제1장에서 말한 "항명恒名"이 아니다. 백서에는 "자금급고自今及古(지금부터 옛날까지)"로 되어 있다. "고古"와 "거去"가 압운이 되기 때문이다. "자고급금自古及今"으로 바꿔 쓰면 앞에 나온 구절의 "정精" "진眞" "신信" 등과 압운을 이룬다.[1]

1 형形과 명名은 각각 사물의 내용과 명칭 혹은 실체와 개념을 가리킨다. — 옮긴이

以順衆父 이순중부

"중부衆父"는 바로 제1장에서 말한 "만물의 시작萬物之始"이다. "순順"은 그 이름을 따라서 그것의 시원을 살피는 것이다. 통행본에는 "이열중보以閱衆甫"라고 되어 있다. 열閱은 하나하나 검사한다는 뜻이고, 보甫는 부父와 같이 시始로 읽을 수 있다. 제1장에서 "이름 없는 것은 만물의 시작이다"라고 말했다. 만물의 시작은 아직 이름이 없다. 그것은 마치 아빠가 있고 정자만 있거나 혹은 아이가 엄마 배 속에 있어서 아직 이름이 없는 것과 같다. 이름을 가지려면 엄마의 배 속에서 떨어져 나와야 한다. 그래서 "이름 있는 것은 만물의 어머니다"라고 말한 것이다.

옛날 사람들은 이름이 있고 또 자字가 있었다. 이름은 아명兒名[1]이고 태어나면 곧 지어지며, 아버지가 짓는다. 자字는 별명으로 성년이 된 뒤에 지으며, 관례冠禮나 계례笄禮를 거친 뒤에 아버지의 친구가 짓는다. 이름을 비록 아버지가 짓지만, "그것(이름)으로써 만물의 시원을 탐색한다以順衆父." 각각의 이름 뒤에는 모두 아버지의 이름이 들어 있지만, 어머니는 오직 한 명, 그(혹은 그녀)의 이름은 어머니로부터 그(혹은 그녀)가 태어나야만 비로소 갖게 되며 그 이전에는 아무 이름도 없다.

도부道父와 도모道母는 모두 도이고, 모두 만물의 근원이다. 이 둘은 이름은 다르지만 같은 것을 말한다. 제25장에서 도는 "하늘과 땅의 어머니天地母"이며, 만물에는 이름이 있지만 도는 이름이 없다고 말한다. "나는 그것의 이름을 모르고 자字를 도道라고 붙여주었고,

1 鄭良樹, 『老子新校』, 臺北: 學生書局, 1997, 104쪽.

억지로 이름 붙여 대大라고 부른다."[1] 이 역시 고대의 명명 제도를 빌려 비유로 삼고 있다. 그것의 이름은 "대大"이고 자字는 "도道"이며, 그 둘을 하나로 합한 것이 "대도大道"다.

1 어린아이에게 지어주는 임시 이름. 소명小名 혹은 유명乳名이라고도 한다.—옮긴이

제22장

통행본 제24장

기지개를 켜면서 하품을 하는 사람은 똑바로 서 있을 수 없다. 자기 생각으로만 세상을 보는 사람은 밝지 못하고, 자기 견해에 집착하는 사람은 현명하지 못하다. 자기 자신을 자랑하는 사람은 하는 일에서 성공을 거둘 수 없고, 스스로 자만하는 사람은 우두머리가 되지 못한다. 도의 관점에서 볼 때 그들의 이런 품행은 쓸모없는 군더더기로서 누구에게나 혐오감을 준다. 그러므로 도에 통한 사람은 그런 행동을 취하지 않는다.

欠者不立. 自視者不章, 自見者不明, 自伐者無功, 自矜者不長. 其在道, 曰餘食贅行, 物或惡之, 故有裕者不居.

【대의】

인위적으로 자기 자신을 높일 필요가 없다.

『노자』는 발끝을 딛고 일어나 용을 쓰면서 몸을 앞으로 내밀고 있으면 안정적으로 서 있을 수 없다고 말한다. 인위적으로 자기 자신을 높이고, 스스로 대단한 것처럼 생각하고, 스스로 잘난 체하고, 스스로 옳다고 여기고, 스스로 과장하는 것 등은 모두 자신을 아는 지혜가 없고 무슨 일이든 성공하지 못하며 또 오래 하지 못한다. 도에 통한 사람의 입장에서 보면 그런 것들은 모두 쓸데없는 군더더기이고 또 다른 사람의 미움을 사는 것들이다. 도에 통한 사람은 그렇게 하지 않는다.

【토론】

欠者不立 흠자불립

"흠欠"은 원래 "취炊"로 되어 있지만, 아마도 흠欠자로 읽어야 할 것이다. 흠欠은 기지개를 켜면서 하품한다는 뜻이다. 하본에는 "기跂"로 되어 있고, 왕본과 부본에는 "기企"로 되어 있다. "기跂"와 "기企"는 모두 발끝을 땅에 딛고 발뒤꿈치를 들어올리는 것이다. 상본에는 "천자불립喘者不立"으로 되어 있는데,[1] 그에 대한 주注에서 다음과 같이 설명했다. "기를 운행하면서 헐떡거리며 숨을 쉬는 것은 청정淸靜함을 유지하는 데 맞지 않기 때문에 오래가지 못한다."[2] 이것은 행기行氣, 즉 기의 운행으로써 설명한 것이다. "천喘"은 아마도 "취吹"에서 온 것이 아닐까 싶다. 통행본에는 이 구절 아래 "보폭을 너무 크게 벌리면

1 쑤이닝遂寧(옛 명칭 수주遂州)에 있는 도덕경비道德經碑도 상본과 같다.

2 『노자상이주』: 用氣喘息, 不合淸靜, 不可久也.

걸어갈 수 없다跨者不行"라는 구절이 있다. 대칭을 이루기 위해 그렇게 한 것이다.

自視 자시

통행본에는 "자시自是"로 되어 있다. 고문자에서 시視는 시示나 시是와 서로 자주 바뀌 썼다. 여기서 "자自"자가 들어 있는 네 구는 모두 두 개씩 서로 대응된다. "자시自視"와 "자견自見"이 대응되고, "자벌自伐"과 "자긍自矜"이 대응되고, "불창不彰"과 "불명不明"이 대응되고, "무공無功"과 "부장不長"이 대응된다. 문장의 의미에서 볼 때 "시視"로 쓰는 것이 옳다.

自見 자견

보일 시視와 볼 견見은 고문자에서 쓰는 모양이 매우 비슷하다. 앞의 것은 눈 목目자에 꿇어앉은 사람을 더한 글자이고, 뒤의 것은 눈 목目자에 서 있는 사람을 더한 것이다. 하나는 앉아서 보는 것이고, 하나는 서서 보는 것이다. 이 두 글자는 헷갈리기 몹시 쉬웠기 때문에 과거에는 시視자를 견見자로 쓰는 일이 자주 있었다. 시視와 견見이 구별되는 중요한 점은 시視는 보는 것이고, 견見은 보이는 것이다. 이 두 구절은 통행본에는 순서가 뒤바뀌어 있다.

自伐 자벌

자기 자랑하다. 상본에는 "자요自饒"로 되어 있다.

自矜 자긍

긍지를 갖다, 잘난 체하다. 베이징 사투리에서 말하는 나탕拿糖, 두안푸端譜, 바이자즈擺架子, 진얼진얼더勁儿勁儿的[1] 등이 그 의미에 가장 가깝다.

이상의 네 구절과 비슷한 구가 여러 번 나타난다. 아래의 제23장과 제30장을 참조할 것.

餘食贅行 여식췌행

어떤 사람은 여식췌형餘食贅形으로 읽는다. 아마도 쓸데없는 군더더기를 가리키는 말 같다. 상본에서는 "여식체행餘食餟行"으로 쓰면서 새로운 해석을 만들어내 금제체도사禁祭餟禱祠, 즉 신에게 제사 지내는 것과 기도하고 주문 외우는 것을 금지하는 것이라고 설명했다. 그에 대하여 이렇게 주석을 달고 있다. "도를 실천하는 자는 살고 도를 잃은 자는 죽는다. 하늘의 정법은 신에게 제사 지내거나 기도하고 주문 외우는 데 있지 않다. 옛날 일을 예로 들어보면 신에게 제사 지내거나 기도하고 주문 외우는 것을 금지했고 그런 자에게는 무거운 벌을 내렸다. 신에게 제사 지내는 것은 사악한 무리들과 한 패가 되는 것이다. 그러므로 그들이 남겨둔 식기가 있더라도 도인은 먹고 마실 때 결코 그것을 사용하지 않았다."[2]

1 모두 거드름 피운다는 뜻을 나타내는 말이다.—옮긴이

2 『노자상이주』: 行道者生, 失道者死. 天之正法, 不在祭餟禱詞也. 道故禁祭餟禱詞, 與之重罰. 祭餟與邪通同, 故有餘食器物, 道人終不欲食用之也.

物或惡之 물혹오지

제31장을 볼 것. "물物"은 밖에 있는 사람으로서 "아我"에 대응되는 말이다.

故有裕者不居 고유유자불거

"유裕"는 원래 "욕欲"으로 되어 있었다. 가오밍은 고대의 훈고에서 유裕는 도에 통했다는 의미라고 지적했다. 통행본에는 "도道"로 되어 있다. 이는 같은 의미로 바꿔 읽은 것이다.[1]

1 高明, 앞의 책, 338쪽.

제23장

통행본 제22장

구부리면 온전해지고, 굽히면 바르게 된다. 움푹 꺼지면 가득 차고, 망가지면 새로워진다. 줄어들면 얻고, 많아지면 혼란스럽다. 이 때문에 성인은 하나(도)를 붙들고 그것으로써 천하를 지배하는 핵심으로 삼는다. 자기 견해에 집착하지 않기 때문에 뚜렷하게 드러나고, 자기 생각으로만 세상을 보지 않기 때문에 명확하게 안다. 자기 자신을 자랑하지 않기 때문에 일마다 성공을 거두고, 스스로 자만하지 않기 때문에 우두머리가 된다. 결코 다투지 않기 때문에 그와 다툴 수 있는 사람이 없다. 옛말에 구부리면 온전해진다고 하는 말이 있는데, 어찌 말로만 그러는 것이겠는가? 그것은 진정으로 모든 것에 해당되는 이치인 것이다.

曲則全, 枉則正. 洼則盈, 敝則新. 少則得, 多則惑. 是以聖人執一, 以爲天下牧. 不自見, 故彰. 不自見, 故明. 不自伐, 故有功. 弗矜, 故能長. 夫唯不爭, 故莫能與之爭. 古之所謂曲全者, 豈語哉. 誠全歸之.

【대의】

비뚤어진 데서 온전함을 추구한다1

이 장은 앞의 22장과 관련이 있다. 그러나 거꾸로 말하고 있다. 일반인들은 모두 구부러져 있는 것이 곧바로 펴져 있는 것보다 못하다고 생각하고, 비어 있는 것이 가득 차 있는 것보다 못하다고 생각하고, 오래된 것이 새로운 것보다 못하다고 생각하고, 줄어드는 것이 많아지는 것보다 못하다고 생각한다. 그러나 『노자』는 그렇게 생각하지 않는다. 『노자』는 비뚤어져야 비로소 온전하게 보존할 수 있고, 구부러져야 비로소 곧바로 펼 수 있고, 푹 파여 들어가야 비로소 가득 찰 수 있고, 오래 되어야 비로소 다시 새로워질 수 있고, 줄어들어야 비로소 얻을 수 있다고 한다. 그러나 많기만 하면 뒤죽박죽되고 만다고 설명한다. 『노자』는 또 "성인은 하나를 붙들고 있다聖人執一"라고 말한다. 도에 따라 천하를 다스린다는 것이다. 스스로 잘난 체 하지 않기 때문에 그만큼 크게 될 수 있다. 다른 사람과 다투지 않기 때문에 누구도 그와 싸울 수 없다. 옛사람이 말한 "구부리면 온전해진다曲全"는 말이 어찌 빈말이겠는가? 겉으로는 억울한 일을 당하는 것 같지만 실제로는 그것이 절대적으로 안전한 방법이다.

【토론】

曲則全 곡즉전

곡曲은 구부러진 것으로 일반적으로 곧은 것과 반대말로 쓰는데 여기서는 자신을 구부리는 것을 가리킨다. 글쓴이는 자기를 구부려야 비로소 자기를 온전히 보전할 수 있다고 생각한다.

枉則正 왕즉정

"정正"은 원래 "정定"으로 되어 있었다. 을본에는 "정正"으로 되어 있고, 상본과 부본에도 역시 "정正"으로 되어 있다. 정定자는 정正의 음에 속하여 두 글자는 서로 통한다. 하본과 왕본에는 "직直"으로 되어 있다. 왕枉자와 직直자가 서로 대응되고, 정正자와 직直자가 서로 비슷하기 때문에 "직直"으로 쓴 것이다. 즉 같은 뜻의 글자로 바꿔 읽은 것이다. 『회남자』 「도응」에서 "구부리면 온전해지고, 굽히면 바르게 된다"[1]라고 했다. 이것이 바로 통행본이 참조한 원본일 것이다.

洼則盈 와즉영

와洼는 푹 꺼진 곳의 밑바닥 부분이고, 영盈은 가득 차는 것이다. 오늘날 사용하고 있는 요凹자 역시 이런 의미로 쓰는데, 당대唐代에 이미 이런 뜻이 나타났다.

敝則新 폐즉신

폐敝는 망가지는 것으로 신新과 반대된다.

少則得, 多則惑 소즉득, 다즉혹

린뱌오林彪[2]가 이 두 구절을 좋아했다. 그는 책을 많이 읽으면 멍

1 『회남자』 「도응」: 曲則全, 枉則直.

2 중국의 정치가. 주더朱德·마오쩌둥毛澤東과 함께 게릴라 활동을 전개했다. 1959년부터 군 내부에서 마오쩌둥 사상 학습 운동을 전개했으며, 1965년 마오쩌둥·장칭江青 등과 함께 군의 힘을 동원하여 권력을 탈취했다. 그 후 제2차 5개년 계획의 개시와 더불어 3면 홍기 운동을 폈고 문화대혁명을 일으켜 권력을 강화했다. 1971년 9월 돌연 실각했으며, 반反마오쩌둥 쿠데타를 음모했다가 사전에 발각되어 실패했다.—옮긴이

청해진다고 생각하여 병사들에게 오직 『마오주석어록毛主席語錄』과 노삼편老三篇[1]만 읽도록 했다. 오늘날 일류 제품은 양이 줄어서 일류가 되거나 크기가 작아져서 일류가 되는 것이 아니라 양이 많아져서 일류가 되고 크기가 커져서 일류가 된다.

執一 집일

통행본에는 "포일抱一"로 되어 있다. 그것은 제10장과 통일하기 위해서다. 하나一는 도를 가리킨다.

天下牧 천하목

목牧은 소를 방목하고 양을 방목하는 사람이고, 여기서는 군주를 가리킨다. 통행본에는 "천하식天下式"으로 되어 있다. 이는 제28장과 통일하기 위해서다.

아래의 몇 구절은 위의 장과 비교해 보기 바란다. 세 곳에서 "불不"자를 쓰고 있는데 모두 "자自"자 앞에다 붙인 것이다. 한 곳에서는 "불弗"자를 쓰는데, 그 다음에 "자自"자가 없다. 불不자와 불弗자가 다르다는 점에 대해서는 앞에서 이미 설명했다. 자기 분수를 모른다는 말을 부자량력不自量力이라고 쓰지만, 부자량력弗自量力이라고는 쓸 수 없다.

1 중국 문화대혁명 기간에 자주 인용되었던 마오쩌둥의 세 저작, 즉 「인민을 위해 봉사한다爲人民服務」 「노먼 베쑨을 기념한다紀念白求恩」 「우공이산愚公移山」 등을 말한다.—옮긴이

故莫能與之爭 고막능여지쟁

이 문장에는 주어가 없다. 상본에는 "고막능여쟁故莫能與爭"으로 되어 있다. 하본, 왕본, 부본 등에는 "고천하막능여지쟁故天下莫能與之爭"으로 되어 있다. "고故"자 아래 "천하天下"라는 두 글자를 추가했다. 『회남자』「도응」에 "그러므로 천하에 그와 겨룰 자가 없다"[1]라는 구절이 있는데, 이것이 바로 통행본들이 참조한 원본일 것이다.

古之所謂曲全者 고지소위곡즉전자

"곡전曲全"은 앞에서 말한 "곡즉전曲則全"이다. 이런 점에서 보면 맨 처음의 몇 구절은 모두 옛날부터 전해오던 말인 것 같다.

豈語哉 기어재

그냥 말로만 그렇다는 것이겠느냐의 뜻이다. 통행본에서는 "기허언재豈虛言哉"라고 하여 "허虛"자를 더했다.

誠全歸之 성전귀지

확실하게 온전함에 도달했다.

---

1 『회남자』「도응」: 故天下莫能與之爭.

제24장

통행본 제23장

말을 적게 하는 것이 자연스럽다. 표풍飄風은 아침 내내 불지 않고 폭우는 하루 종일 내리지 않는다. 누가 그렇게 하는 것일까? 하늘과 땅조차도 그것들을 영원하게 할 수 없는데, 하물며 인간이야 말할 나위가 있겠는가. 그러므로 도를 따르는 사람은 도와 하나가 되고, 덕을 따르는 사람은 덕과 하나가 되며, 잘못을 따르는 사람은 잘못된 길을 간다. 덕과 하나가 된 사람은 또 도까지 얻는다. 잘못된 길을 가는 사람은 또 도까지 잃어버린다.

希言自然. 飄風不終朝, 暴雨不終日. 孰爲此. 天地而弗能久, 又况於人乎. 故從事而道者同於道, 德者同於德, 失者同於失. 同於德者, 道亦德之. 同於失者, 道亦失之.

【대의】

말을 적게 하는 것이 좋다.

『노자』는 말을 적게 할 것을 강조한다. 『노자』는 회오리바람이 오래 가지 못하고, 폭우가 오랫동안 내리지 못하는 것과 같이 천지라 하더라도 그런 자연의 이치를 바꿀 수 없다, 그런데 사람이야 말할 나위가 있겠느냐고 묻는다. 어떤 일을 처리할 때 그 방법이 도에 부합해야만 비로소 도에 속하고, 덕에 부합해야만 비로소 덕에 속하며, 실패의 방법을 쓰면 결국 실패할 수밖에 없다. 덕을 가지고 있으면 도는 그에게 얻게 해주고, 덕을 잃어버리면 도는 그에게 잃어버리게 한다.

【토론】

希言自然 희언자연

말을 적게 해야 비로소 자연에 부합한다는 뜻이지 자연이라는 것에 대해 적게 말해야 한다는 것이 아니다. 위의 제17장에서 "통치자에 대한 믿음이 부족하기 때문에 불신이 생기는 것이니 말할 때는 머뭇거리면서 말을 아껴야 한다"[1]라고 했다. 여기서 말하는 귀언貴言, 즉 말을 아낀다는 것은 희언希言, 즉 말을 적게 해야 한다는 것을 강조한 것이다. 공자는 어눌한 것을 좋아하고 말 많은 것에 반대했다.[2]

飄風 표풍

이 말에 대해 두 가지 해석이 있다. 하나는 선풍旋風, 즉 회오리바람이고, 다른 하나는 질풍疾風, 즉 빠르고 세게 부는 사람이다. 회오

---

1 제17장: 信不足, 焉有不信, 猶兮其貴言也.

2 『논어』「이인」 4.24, 「자로」 13.27.

리바람 중에 큰 것은 토네이도이고, 폭풍 가운데 빠른 것은 태풍과 허리케인颶風이다. 태풍과 허리케인은 해상에서 발생한 열대성 회오리바람의 일종으로서 8~12급은 열대성 폭풍이라 부르고, 12급 이상은 태풍 혹은 허리케인이라고 부른다. 태풍, 즉 영어로 typhoon은 본래 광둥 사투리인 대풍大風에서 온 말이다. 동남아 쪽에서는 태풍颱風이라 부르고, 서인도제도와 대서양 주변에서는 허리케인이라고 부른다. 미국의 캔자스 주에는 장관을 이루는 바람이 있는데, 그것이 토네이도다. 『손자』 「화공火攻」에서는 이렇게 말한다. "낮에 부는 바람이 오래가면 밤에 부는 바람은 그친다."[1]

暴雨 폭우

통행본에는 "취우驟雨"라고 되어 있지만, 상본에는 "추우趍雨"로 되어 있다.

天地而弗能久 천지이불능구

통행본에서는 먼저 앞에서 제기한 문제에 대한 대답으로 "천지天地", 즉 하늘과 땅이라고 말한다. 그런 다음에 이 구절은 "하늘과 땅은 오히려 영원할 수 없다天地尙不能久"라고 바뀌어 이어진다. "하늘과 땅天地"은 나중에 덧붙여진 중복된 말이다. 이 구절에서는 천지조차도 회오리바람이나 폭우를 오래가도록 할 수 없다는 것을 말하는 것이지 천지 자체가 오래갈 수 없다는 것을 말하는 것이 아니다.

---

1 『손자』 「화공火攻」: 晝風久, 夜風止.

故從事而道者同於道 고종사이도자동어도

도에 따라 일을 처리하고 또 도에 부합한다는 것을 말하고 있다. 상본에서는 "고종사이도득지故從事而道得之"라고 하여 어느 정도 비슷하다. 통행본에서는 아마도 오해를 한 것 같다. 그래서 "고종사어도자, 도자동어도故從事於道者, 道者同於道(그러므로 도를 따르는 사람은, 도는 도와 같다)"라고 고쳤다. 『회남자』「도응」에는 "그러므로 도를 따르는 사람은 도와 같아진다"[1]라고 되어 있는데, 이것이 바로 통행본이 참조한 원본일 것이다.

德者同於德 덕자동어덕

덕德과 득得은 쌍관어雙關語[2]이고, 아래 나오는 두 개의 덕德자 역시 마찬가지다. 부본에는 "덕德"이 "득得"으로 되어 있으며 이 구절 앞에 "종사어득자從事於得者"라는 말을 덧붙였다.

失者同於失 실자동어실

부본에서는 이 구절 앞에 "종사어득자從事於得者"라는 말을 덧붙였다.

同於德者, 道亦德之. 同於失者, 道亦失之.

동어덕자, 도역덕지. 동어실자, 도역실지.

이 네 구는 통행본에서는 글자와 글귀를 추가해 넣어 몹시 혼란스럽게 되어버렸다. 하본과 왕본에는 "도와 하나가 된 사람은 도를 언

1 『회남자』「도응」: 故從事於道者同於道.

2 한 단어가 두 가지 뜻을 가진 말. 다의어, 동음이의어에 속한다.—옮긴이

는 것을 즐긴다. 덕과 하나가 된 사람은 덕을 얻는 것을 즐긴다. 잃음과 하나가 된 사람은 잃을 때도 잃는 것을 즐긴다. 믿음이 부족하기 때문에 불신이 생긴다同於道者, 道亦樂德之. 同於德者, 德亦樂德之. 同於失者, 失亦樂失之. 信不足焉, 有不信焉"로 되어 있다. 상본에는 "도와 하나가 된 사람은 도를 얻는 것을 즐긴다同於道者, 道亦樂德之"라는 구절이 없고 대신 "덕과 하나가 된 사람은 덕을 얻고, 잃음과 하나가 된 사람은 도를 잃으며, 믿음이 부족하기 때문에 불신이 생긴다同於德者德得之, 同於失者道失之, 信不足, 有不信"라고 되어 있다. 부본에는 세 개의 "동同"자가 없고 "도를 추구하는 사람은 도까지 얻는다. 덕을 추구하는 사람은 덕까지 얻는다. 잃음을 추구하는 사람은 잃음까지 얻는다. 믿음이 부족하기 때문에 불신이 생긴다於道者, 道亦得之. 於得者, 得亦得之. 於失者, 失亦得之. 信不足, 焉有不信"라고 되어 있다. "통치자에 대한 믿음이 부족하기 때문에 불신이 생긴다"[1]는 제17장에 보인다.

1 제17장: 信不足, 焉有不信.

제25장

통행본 제25장

어떤 것이 혼돈된 상태로 있었는데, 하늘과 땅보다 앞서서 생겨났다. 고요하고 텅 비어 있으며 홀로 존재하면서 바뀌지 않는다. 그래서 그것을 하늘과 땅의 어머니라고 할 수 있을 것이다. 나는 그것의 이름을 몰라 자字를 도道라고 붙여주었고, 크다는 뜻의 대大라는 이름을 억지로 붙여주었다. 크면 멀어져가고, 멀어져가면 끝에 이르고, 끝에 이르면 되돌아온다. 도는 크고, 하늘도 크고, 땅도 크고, 왕도 크다. 나라 안에 네 가지 큰 것이 있다. 왕은 그중 하나를 차지한다. 사람은 땅을 본받고, 땅은 하늘을 본받고, 하늘은 도를 본받고, 도는 자연을 본받는다.[1]

有物混成, 先天地生. 寂兮寥兮, 獨立而不改, 可以爲天地母. 吾未知

---

1 '自然'은 '저절로 그러하다'의 뜻이지만, 이 문장에서는 술어 '法'의 목적어로 쓰였다. 따라서 글자 그대로 보면 '저절로 그러함' 혹은 '저절로 그러한 것'으로 번역해야 하지만 의미상으로는 '자연의 저절로 그러한 질서'를 뜻한다. 즉 크게 보면 자연 그 자체의 가장 중요한 특성을 뜻하고 있다고 보아도 무방할 것이다. 저자는 이에 대해 특별히 언급하지 않았지만, 이 책에서는 '自然'을 '저절로 그러함'으로 번역하지 않고 모두 '자연'으로 번역하며, 이는 뜻을 보다 명확하게 하고자 한 것이지만, 그 책임은 전적으로 옮긴이에게 있다.—옮긴이

其名, 字之曰道, 吾強爲之名曰大. 大曰逝, 逝曰遠, 遠曰返. 道大, 天大, 地大, 王亦大. 國中有四大, 而王居一焉. 人法地, 地法天, 天法道, 道法自然.

【대의】

도는 자연을 본받는다.

이 장은 매우 중요하다. 역시 도에 대해 설명하고 있다. 도는 혼돈이고 천지에 앞서서 생겨났으며 텅 비어 있고 고요하며 모든 것을 초월하여 독립되어 있고, 영원히 변하지 않는다. 이는 천지의 어머니다. 도는 천지의 근원이다. 그러나 도 그 자체는 아버지도 없고 어머니도 없다. 당연히 이름도 없다. 만약 사람 이름 짓듯이 그렇게 지을 수 없다면 "대大"라든가 "도道"라고 억지로 부를 수밖에 없다. 사람이 막 태어나면 이름만 있고 자字는 없다. 커야만 비로소 자가 있다. "도"는 바로 그것의 이름이고, "대"는 바로 그것의 자다.[1] 도의 움직임은 가면 반드시 되돌아오고, 사물은 극에 이르면 반드시 되돌아온다. 그 때문에 상황이 어떤 단계에까지 발전했는가 하는 문제와는 상관없이 모두 도가 그 근본이라는 사실을 우리 모두는 잊지 말아야 한다. 네 가지 큰 것: 도가 크고, 하늘이 크고, 땅이 크고, 왕이 크다. 누구나 왕이 가장 크다고 생각한다. 그러나 왕은 도보다 크지 않다. 그 때문에 도를 대大라고 부른다. 왕이 아무리 크더라도 그 역시 사람이다. 사람은 땅을 본받고, 땅은 하늘을 본받고, 하늘은 도를 본받으며, 도는 자연을 본받는다.

【토론】

이 장은 죽간본에 있다.

---

1 위의 『노자』 원문에서는 도道라는 자字를 붙여주었고 대大라는 이름을 붙여주었다고 했다. 그런데 리링은 지금 이 구절에서 도를 이름이라 하고, 대를 자라고 한다. 아마 저자가 무심코 잘못 쓴 것 같다.—옮긴이

有物混成 유물혼성

간본에는 "유상혼성有狀混成"으로 되어 있다.

寂兮寥兮 적혜요혜

간본에는 "탈목敓穋"으로 되어 있다. 당연히 서로 바꿔 쓸 수 있는 글자일 것이다. 나는 탈敓은 축祝의 잘못된 글자가 아닐까 의심한다. 목穋은 옛날 책에는 흔히 무繆로 되어 있다.[1] 통행본에는 이 뒤쪽에 "주행이불태周行而不殆(두루 돌아다녀도 위태롭지 않다)"라는 구절이 더 있다.

天地母 천지모

통행본에는 "천하모天下母"로 되어 있는데 맞지 않다. 그것은 제52장과 통일적으로 보이기 위해 그렇게 한 것이다.

大曰逝 대왈서

"서逝"는 가는 것으로 되돌아온다는 의미의 "반返"과 상반된다. 이 글자는 원래 "서筮"로 되어 있었다. 죽간본에는 "澨"로 되어 있다. 글자 생김새가 좀 괴상하다. 이 글자는 궈뎬의 초나라 죽간과 상하이박물관의 초나라 죽간에도 보이며, 두 가지 해석이 있다. 하나는 씹는다는 뜻의 서噬이고 다른 하나는 간다는 뜻의 서逝다.

---

1 李零, 『郭店楚簡校讀記』(增訂本), 6쪽.

逝曰遠, 遠曰返 서왈원, 원왈반

"원遠"은 극極과 같다. 사물이 극에 이르면 반드시 되돌아오고, 너무 멀리 가면 곧 되돌아올 것이다.

道大, 天大, 地大, 王亦大. 도대, 천대, 지대, 왕역대.

통행본도 같다. 이 순서가 비교적 좋다. 죽간본에서는 "하늘이 크고, 땅이 크고, 도가 크고, 왕도 크다天大, 地大, 道大, 王亦大"라고 하여 도道자를 뒤쪽으로 옮겨 천지天地와 왕王 사이에 두어 순서가 좀 혼란스럽다. 도는 근원이고 가장 크다. 따라서 앞에 두어야 한다. 하늘天과 땅地과 왕王은 하늘天과 땅地과 사람人에 해당한다. 당연히 뒤쪽에 두어야 한다. 네 가지 큰 것들 가운데 "왕王"에 대하여 아래 문장에서는 "인人"으로 쓰고 있다. 왕王을 사람들 중의 큰 것으로 보았기 때문이다. 상본에서는 "왕王"을 "생生"으로 바꾸어 잘못된 주장을 펴고 있다. 그 문장의 주석에서 다음과 같이 설명한다. "삶은 도의 다른 몸이다."[1]

國中有四大 국중유사대

간본은 같고, 통행본에는 "역중유사대域中有四大"로 되어 있다. 진나라 이전까지의 책에서 썼던 방邦자는 한대에 이르러 국國자로 고쳤다. 그러나 "중국中國"은 고유명사이기 때문에 "중방中邦"이라고 고치지 않았다. 중국의 의미는 본래 어떤 정해진 공간의 가운데라는 뜻이다.

1 『노자상이주』: 生, 道之別體也.

人法地, 地法天, 天法道, 道法自然.

인법지, 지법천, 천법도, 도법자연.

"도道"의 뒤에 "자연自然"이 있다는 점에 주의해야 한다. 자연은 도의 본래 모습이지 결코 별개의 어떤 것이 아니다.

제26장

통행본 제26장

무거운 것은 가벼운 것의 뿌리이고, 느긋한 것은 조급함의 군주다. 이 때문에 군자는 종일 움직이더라도 수송용 수레輜重처럼 느리고 육중함을 벗어나지 못한다. 비록 많은 사람이 둘러싸고 구경한다 해도 한가롭게 지내면서 태연함을 유지한다. 예를 들어 만승의 국력을 자랑하는 대국의 왕이면서 몸이 천하보다 가볍다면 어떠하겠는가? 가벼우면 근본을 잃고 조급해 하면 군주를 잃는다.

重爲輕根, 靜爲躁君. 是以君子終日行, 不離其輜重. 雖有環觀, 燕處則超若. 若何萬乘之王, 而以身輕於天下. 輕則失本, 躁則失君.

【대의】

항상 신중함을 유지하고 떠들썩함 속에서 고요함을 유지한다.

도는 신중함과 고요함을 중시한다. "무거움重"은 항상 신중함을 유지한다는 뜻이고, "느긋함靜"은 떠들썩한 것들 속에서 고요함을 유지한다는 뜻이다.

【토론】

重爲輕根, 靜爲躁君 중위경근, 정위조군

중重과 경輕은 상반되고, 정靜과 조躁가 상반된다. 말을 많이 하는 것과 많이 움직이는 것이 조躁다. 근根은 근본이 되는 쪽이고, 군君은 지배하는 쪽이다.

輜重 치중

물자를 운송하는 장비를 갖춘 수레를 치거輜車 혹은 중거重車라고 한다. 군대가 출동할 때 전차는 앞에 있고 치거와 중거는 뒤에 있다. 전차는 마차로서 비교적 가볍고 빠르며, 치거와 중거는 우차로서 비교적 더디고 육중하다. 『손자』「군쟁軍爭」에 다음과 같은 기록이 있다. "이 때문에 군에 치거와 중거가 없으면 망하고……"[1]

環觀 환관

둘러싸고 구경하는 것이다. 통행본에는 "영관榮觀"으로 쓰고 있다. 영榮이라는 것은 맴도는 것縈繞으로서 환環과 같은 뜻이다.

1 『손자』「군쟁」: 是故軍無輜重則亡……

燕處則超若 연처초약

"연처燕處"는 안전한 곳이고, "초약超若"은 초연한 것이다. 부본에는 "연燕"자가 "연宴"으로 되어 있다. 제비 연燕자의 옛 글자는 "언匽"으로 썼고, 그 글자가 속하는 "안妟"자는 표면적으로는 여부女部에 속하지만 실제로는 안부安部에 속한다. "안安"자에서 아래 부분의 "여女"자는 흔히 오른쪽 아래쪽에 삐침撇[1] 하나를 추가한다. 그것은 일반적인 여자와 구별하기 위해서다. 그 때문에 안자晏子의 안晏으로 쓸 수 있다. 전국시대 초나라 죽간에서는 종종 갓머리宀부를 생략하고 식필飾筆[2]한 이런 여女자를 언焉자로 썼고, 갓머리宀부를 남겨둔 이 글자를 안安자로 썼다. 안妟 혹은 안晏은 두 가지 해석이 있다. 하나는 맑을 청淸으로 풀이하는 것으로 이는 바다는 맑고 강은 상쾌하다海淸河晏는 뜻의 안晏이고, 날이 맑고 공기가 상쾌하다는 뜻의 안晏이다. 다른 하나는 늦을 만晩이나 저물 모暮로 풀이하는 것으로 이는 날이 깜깜해져 쉬려고 한다는 뜻의 안晏이다.

若何萬乘之王 약하만승지왕

"약하若何"는 하본과 왕본에는 "내하奈何"로 되어 있고, 부본에는 "여지하如之何"로 되어 있다. 의미는 서로 비슷하다. "만승지왕萬乘之王"의 "왕王"은 통행본에는 "주主"로 되어 있다. 춘추전국 시대에 사람들은 전차의 수량으로써 국력을 표시했다. 춘추시기에 천승의 군주는 이미 대국의 군주에 속했다. 그러나 춘추 말기에 이르면 각국의 병거는 이미 이 한계를 넘어선다. 예를 들어 진晉나라와 초楚나라 등

1 글씨를 쓸 때 글자의 획을 왼쪽이나 오른쪽으로 비스듬히 내려쓰는 것.—옮긴이

2 문자의 장식 부호를 가리키는 말.—옮긴이

두 나라는 전차가 4000량 이상에 이르렀으며, 전국시기에는 "만승의 군주"라든가 "만승의 왕"이라는 말까지 있었다. 동주東周의 여러 나라 가운데 초나라가 맨 먼저 왕이라는 칭호를 썼고, 춘추시대부터 전국시대에 이르기까지 줄곧 왕이라는 칭호를 썼다. 『노자』는 초나라 책이고, "만승의 왕"이라는 칭호는 매우 적합하다.

而以身輕於天下 이이신경어천하

『노자』는 몸을 중시했다. 자신의 몸을 귀중한 것, 천하보다도 귀중한 것이라고 생각했다. 만약 제 몸을 천하보다 가볍게 여긴다면 그것은 당연히 근본을 잃어버리는 것이다.

輕則失本, 躁則失君 경즉실본, 조즉실군

"본本"은 『한비자』 「유로喩老」에서는 "신臣"으로 쓰고 있다.

제27장

통행본 제27장

뛰어난 실천가는 흔적을 남기지 않는다. 말을 잘하는 사람은 흠잡을 데가 없다. 셈을 잘하는 사람은 산가지를 쓰지 않는다. 단속을 잘 하는 사람은 자물쇠나 열쇠를 쓰지 않고도 열 수 없게 한다. 잘 묶는 사람은 끈이나 밧줄을 쓰지 않고도 풀 수 없게 한다. 이 때문에 성인은 언제나 사람을 구제하고, 사람을 버리는 일이 없으며, 사물에 대해서는 그것이 가지고 있는 기능을 버리지 않는데, 이것을 예부터 전해져 내려오는 예지라고 한다. 그러므로 선한 사람은 선한 사람의 스승이다. 선하지 못한 사람은 선한 사람의 보조자다. 스승을 중시하지 않고 보조자를 아끼지 않으면 비록 지혜가 아무리 위대하다 해도 미혹에 빠지는데, 이런 도리를 핵심 중의 핵심이라고 한다.

善行者, 無轍迹. 善言者, 無瑕謫. 善數者, 不以籌策. 善閉者, 無關籥而不可啓也. 善結者, 無纆約而不可解也. 是以聖人恒善救人, 而無棄人, 物無棄材, 是謂襲明. 故善人, 善人之師. 不善人, 善人之資也. 不貴其師, 不愛其資, 雖知大乎迷, 是謂妙要.

【대의】

사람은 사람을 버리지 않고 사물은 자원을 버리지 않는다.

도와 하나가 된 경지는 매우 신비롭다. 그것은 바로 여행을 잘하는 사람이 바퀴자국을 남기지 않는 것과 같고, 말을 잘하는 사람이 지적의 여지를 남기지 않는 것과 같고, 셈을 잘 하는 사람이 산가지를 쓰지 않는 것과 같고, 문을 잘 잠그는 사람이 자물쇠를 쓰지 않는 것과 같고, 매듭을 잘 묶는 사람이 묶지 않아도 풀 수 없게 하는 것과 같다. 성인은 인재를 잘 찾아내며, 사람이 자신의 재능을 완전히 다 발휘할 수 있게 하고 사물이 그 용도를 다할 수 있도록 한다. 이것을 줄곧 써오던 탁월한 지혜라고 부른다. "선한 사람善人"(능력이 있는 사람)은 "선한 사람"의 스승으로서 그에게 배울 수 있다. "선하지 못한 사람不善人"(주로 능력이 없는 사람)은 "선한 사람"이 이용할 수 있는 자원이다. 스승을 존중하지 않고 자원을 아끼지 않는다면 그런 사람은 아무리 똑똑하다 해도 바보 멍텅구리에 지나지 않는다. 이 말은 가장 심오하고, 이 말은 가장 중요하다.

【토론】

轍迹 철적

수레바퀴 자국과 말 발자국.

瑕謫 하적

하瑕는 잘못된 말을 가리킨다. 적謫은 명사로 쓰일 때는 잘못 혹은 착오라는 뜻이다.

數 수

하본에는 "계計"로 되어 있고, 뜻은 비슷하다.

籌策 주책

고대의 계산도구. 대나무나 나무로 만든 작은 막대기다.

關籥 관약

열쇠關鑰(혹은 管鑰)다. 관關 혹은 관管은 자물쇠이고, 월鑰은 열쇠다. 하본과 왕본에는 "관건關楗"으로 되어 있고, 상본에는 "관건關揵"으로 되어 있으며, 부본에는 "관건關鍵"으로 되어 있다. 『회남자』「설산說山」에 "잘 잠그는 사람은 자물쇠를 쓰지 않는다"[1]라는 말이 있다. 이것이 바로 통행본이 참조한 원본일 것이다. 건楗 혹은 건鍵도 열쇠다.

啓 계

통행본에는 "개開"로 되어 있다. 이는 한 경제景帝의 이름을 피휘한 것이다.

纆約 묵약

밧줄, 새끼. 묵纆은 원래 사糸부와 흑黑부로 이루어진 글자다. 통행본에는 "승약繩約"으로 되어 있다.

1 『회남자』「설산」: 善閉者不用關楗.

是以聖人恒善救人, 而無棄人, 物無棄材.

시이성인항선구인, 이무기인, 물무기재.

"구救"는 비둘기 구鳩 혹은 끌어모을 규糾로 읽어야 할 것 같다. 구鳩는 긁어모은다는 뜻이고, 여기서는 인재를 끌어모으는 것을 가리킨다. 원문은 간략한데 통행본에서는 구미에 맞게 이것저것 덧붙였다. 하본과 왕본에는 "시이성인상선구인, 고무기인. 상선구물, 고무기물是以聖人常善救人, 故無棄人. 常善救物, 故無棄物(이 때문에 성인은 사람을 구제하고 그래서 버려지는 사람이 없다. 항상 사물을 구제하고 그 때문에 버려지는 사물이 없다)"로 되어 있다. 상본에는 "시이성인상선구인, 이무기인. 상선구물, 이무기물是以聖人常善救人, 而無棄人. 常善救物, 而無棄物(이 때문에 성인은 사람을 구제하고 사람을 버리는 일이 없다. 항상 사물을 구제하고 사물을 버리는 일이 없다)"로 되어 있으며, 부본에는 "시이성인상선구인, 고인무기인. 상선구물, 고물무기물是以聖人常善救人, 故人無棄人. 常善救物, 故物無棄物(이 때문에 성인은 사람을 구제하고 그 때문에 버려지는 사람이 없다. 항상 사물을 구제하고 그 때문에 버려지는 사물이 없다)"로 되어 있다. 『회남자』「도응」에서는 "사람은 사람을 버리지 않고, 사물은 사물을 버리지 않는다"[1]라는 말이 있다. 이것이 바로 통행본이 참조한 원본일 것이다. 『문자』「자연自然」에서는 "그러므로 사람에 대해서는 사람 자체를 버리지 않고, 사물에 대해서는 그 사물의 기능을 버리지 않는다"[2]라고 되어 있다. 이는 백서본과 같다. 상하이박물관의 초나라 죽간 중 「용성씨容成氏」에서는 상고시대의 전성기에는 눈먼 사람에게 음악을 연주하게 하고 절름발이瘸子에게 정문을 지키도

1 『회남자』「도응」: 人無棄人, 物無棄物.

2 『문자』「자연」: 故人無棄人, 物無棄材.

록 하는 등 모든 장애인에게 일거리를 배당해주었다고 했다. 이 구절은 바로 이러한 생각을 구체적으로 드러낸 것이다.

襲明 습명

예부터 전해져 내려오는 예지. 습襲과 습習은 옛날 책에서 자주 바꿔 썼으며, '습관이 되었다' '계속하여 그대로 쓰다' 등의 뜻을 나타낸다. 제52장의 "습상襲常"을 참조할 것.

故善人, 善人之師 고선인, 선인지사

선한 사람善人은 선한 사람善人의 스승이 될 수 있다. 옛날 책에 나오는 "선인善人"은 두 가지 뜻이 있다. 하나는 좋은 사람, 도덕적으로 훌륭한 사람이라는 뜻이고, 다른 하나는 총명한 사람, 특기가 있고 능력이 있는 사람이라는 뜻이다. 여기서는 어떤 뜻으로 쓴 것일까? 다음 문장을 보아야 한다. 위에서 말한 "선행자善行者" "선언자善言者" "선수자善數者" "선폐자善閉者" "선결자善結者" 등은 모두 특기가 있고 능력이 있는 사람이다. 따라서 여기서 말하는 "선인善人"은 주로 그런 사람을 가리킨다. "선한 사람善人"은 제8장, 제62장, 제81장에도 나온다.

不善人, 善人之資也. 불선인, 선인지자야.

선한 사람은 선하지 못한 사람不善人을 버리지 않는다. 비록 선하지 않다 하더라도 쓸모 있는 곳이 있기 때문이다. "선하지 못한 사람不善人"은 제62장에도 또 나온다. 오늘날 말하는 "사자師資"[1]라는 말의 출전은 이 장이지만, 뜻은 바뀌었다.

雖知大乎迷 수지대호미

총명하기는 하지만 오히려 흐리멍덩하다.

妙要 묘요

위에서 말한 세 구절은 표현이 매우 탁월하고 또 대단히 핵심적이라는 것을 말한다. 통행본에는 "요묘要妙"라고 되어 있는데 뜻은 같다.

1 스승으로서의 자질 혹은 스승을 가리킨다.—옮긴이

제28장

통행본 제28장

자신의 강한 점을 알고 자신의 약한 점을 지키면 천하의 물이 모여드는 계곡이 된다. 천하의 물이 모여드는 계곡이 되면 영원한 덕이 떠나지 않는다. 영원한 덕이 떠나지 않으면 갓난아이로 되돌아간다. 흰 것을 알고 검은 것을 지키면 천하의 골짜기가 된다. 천하의 골짜기가 되면 영원한 덕이 충족되어 순박한 상태로 되돌아간다. 흰 것을 알고 검은 것을 지키면 천하의 모범이 된다. 천하의 모범이 되면 영원한 덕에서 어긋나지 않는다. 영원한 덕에서 어긋나지 않으면 무극無極으로 되돌아간다. 통나무가 파손되면 기물이 되지만, 성인이 사용하면 백관의 우두머리가 된다. 거대한 마름질은 나누지 않는다.

知其雄, 守其雌, 爲天下溪. 爲天下溪, 恒德不離. 恒德不離, 復歸於嬰兒. 知其日[白], 守其辱, 爲天下谷. 爲天下谷, 恒德乃足, 復歸於樸. 知其[白], 守其黑, 爲天下式. 爲天下式, 恒德不忒. 恒德不忒, 復歸於無極. 樸散則爲器, 聖人用則爲官長. 夫大制不割.

【대의】

갓난아이 상태로 되돌아간다.

여기서는 입덕立德에 대해 말하고 있다. 『노자』에서는 갓난아이 비유를 잘 드는데, 이것은 두 번째다. 『노자』에서는 "항덕恒德", 즉 가장 큰 덕은 바로 갓난아이 상태로 돌아가는 것이라고 말한다. 갓난아이 상태는 바로 무식하여 아는 것이 없고, 아무런 작위가 없다. 글쓴이는 고의故意는 "상식常識"과 반대된다고 말한다. 암컷雌과 수컷雄에서 그는 암컷을 선택했고, 산릉山陵과 계곡溪谷에서 그는 계곡을 선택했고, 청백淸白과 오점汚點에서 그는 오점을 선택했다. 글쓴이는 "항덕恒德"은 바로 소박하고 참된 상태로 되돌아가返朴歸眞 대도大道를 지키면서 그 상태에서 절대로 발전하지 않는 것이며, 만약 발전한다면 그 순간 도는 바로 파괴되어버린다고 생각한다. 파괴되어버리면 어떻게 해야 할까? 다시 도道, 즉 영원하고 무궁하며 끝나는 법도 없고 끝나지도 않는 도道로 돌아가야 한다. 성인은 관직을 설치하고 직무를 나누어준다. 그것은 마치 목재를 가지고 가구를 만들 때 가구가 다 만들어지면 목재는 남아 있지 않은 것과 같다. 그러나 성인은 일거리를 나누어주는 그 일을 도道의 공으로 돌리고 다른 사람에게는 나누어주면서 자신에게는 나누어주지 않는다. 그래서 최고의 권력은 분명하게 자신의 수중에 거머쥐고 있다. 그것은 마치 탁월한 재봉사는 자신이 직접 손을 대서 재단하는 것이 아니라 하인을 시켜 일을 처리하게 하는 것과 같다.

【토론】

知其雄, 守其雌

지기웅, 수기자

강한 것이 무엇인지를 분명히 알고 차분히 자신의 약함을 잃지 않고 지키는 것이다. 『설원』 「경신敬愼」에서는 『금인명』에 있는 "암컷을 붙들어 가지고 있다執雌持之"는 말을 인용하고 있는데,[1] 이곳의 글과 비슷하다.[2]

天下溪 천하계

암컷을 뜻한다. 그것은 현빈玄牝을 모방한 것이고 지덕至德을 비유한 말이다.

恒德 항덕

지덕至德을 뜻한다. "현덕玄德"(제10장, 제51장, 제65장), "공덕孔德"(제21장), "광덕廣德"(제40장), "건덕健德"(제40장) 등은 이와 비슷한 표현이다.

嬰兒 영아

이 역시 부드럽고 약한 것으로 지덕至德을 비유한 것이다.

知其日〔白〕, 守其辱 지기일〔백〕, 수기욕

세 번째 글자는 갑본에는 "일日"로 되어 있고, 을본에는 "백白"으로

1 『손자가어孫子家語』 「관주觀周」에도 보인다.

2 鄭良樹, 「金人銘與老子」, 『諸子著作年代考』에 수록됨, 12~20쪽.

되어 있다. "일日"은 "백白"의 잘못이다. "욕辱"은 욕黷과 같고 검은 때라는 뜻이지 영광과 반대되는 의미의 치욕을 뜻하는 말이 아니다. 제40장에서 "대백여욕大白如辱"이라고 했다. 백白과 욕辱이 상대적인 말로 쓰이고 있다. 이 장의 구절 역시 이렇게 읽고 있다. 모두 백白과 흑黑을 상대적으로 말한 것이다. 통행본에는 "영榮"으로 되어 있다. 이것은 영榮과 욕辱을 상대적으로 본 것이다. 『회남자』「도응」에 "영광스러움을 알고 치욕을 지키면 천하의 골짜기가 된다"[1]라는 말이 있다. 이것이 바로 통행본이 참조한 원본일 것이다.

天下谷 천하곡

"천하계天下溪"와 같다.

樸 박

이 역시 도를 비유한 것이다. 자르거나 가공하지 않은 목재를 박樸이라 하고, 자르거나 가공하지 않은 옥돌을 박璞이라고 한다.

知其〔白〕, 守其黑 지기〔백〕, 수기흑

위에서 말한 "지기일[백], 수기욕知其日[白], 守其辱"과는 다른 호응구지만, 뜻은 같다. 갑본에는 "백白"자가 빠져 있고, 을본에는 있다. 이 구절은 위의 "지기일[백], 수기욕知其日[白], 守其辱"과 어느 정도 중복된다. 그래서 통행본에는 위의 "지기일[백], 수기욕知其日[白], 守其辱"이 "지기영, 수기욕知其榮, 守其辱"으로 바뀌어 있다. 통행본은 순서도 다

---

1 『회남자』「도응」: 知其榮, 守其辱, 爲天下谷.

르다. 통행본에는 "지기일[백], 수기욕知其日[白], 守其辱" 구절이 "지기[백], 수기흑知其[白], 守其黑" 뒤에 놓여 있다.

天下式 천하식

천하의 기준과 모범. 고대에 말을 감정하는 모형模型을 마식馬式이라고 불렀고, 하늘에 점을 칠 때 쓰는 도구를 식반式盤이라고 불렀는데, 모두 이런 뜻이 있기 때문이다. 제65장의 다음 구절을 참조할 것. "이 두 가지 사실을 늘 염두에 두고 있다면 그것은 바로 우리가 따라야 할 원칙에 머무는 것이다. 우리가 따라야 할 원칙에 늘 머물러 있는 것, 그것을 현덕玄德이라고 한다."[1]

恒德不忒 항덕불특

"특忒"은 원래는 "대貸"로 되어 있었다. 하본, 왕본, 부본 등에는 "특忒"으로 되어 있다. 여기서 우리도 "특忒"으로 읽는다. 상본에는 백서본과 같이 "대貸"로 되어 있다. 파독破讀하지 않고 왜곡된 주장을 편 것이다. 그 주에서 다음과 같이 말한다. "검은 것을 알고서 그것을 지키면 도덕이 항상 존재하여 다른 사람에게 빌리지 않아도 된다. 다른 사람에게서 빌리면 반드시 갚아야 하기 때문에 스스로 가지고 있는 것만 못하다. 『현녀경玄女經』에서 말하는 공자龔子와 용성공容成公의 방법을 실행할 때 모두 다른 사람에게서 빌리고 싶어하지만 어떤 사람이 선뜻 빌려주겠는가? 그러므로 얻지 말라고 하는 것이다. 오로지 스스로 지키면서 마음과 생각을 끊는 것만이 위대한 무극無極이다."[1]

1 제65장: 恒知此兩者, 亦稽式也. 恒知稽式, 此謂玄德.

樸散則爲器 박산즉위기

박樸은 원재료로서 일단 가공되면 기물로 바뀐다.

聖人用則爲官長 성인용즉위관장

성인이 천하를 다스린다는 것은 어떤 일이든 모두 직접 집행한다는 그런 것이 아니라 자신이 집행하기는 하되 관직을 설치하고 각각의 관직에 따라 직무를 나누며, 백관百官이 그를 대신하여 일을 처리하도록 하는 것이다. 백관이 각각 자신의 직무를 맡아 처리하는 것은 마치 통나무樸가 해체되어 기물이 되듯이 도가 해체되는 것과 같다. 그러나 성인은 그것들을 한데 끌어모아 자신의 수중에 장악하고 있다.

大制不割 대제불할

여기서 말하는 "제制"는 만든다거나 제약한다는 뜻이 아니다. 그것은 만든다는 뜻의 제製로 읽는다. 제製는 옷을 재단하는 것으로, 이 구절은 진정으로 탁월한 재봉사는 결코 자신이 직접 손을 움직여 마름질하지 않고 하인들이 대신 처리하도록 한다는 것을 말하고 있다.

1 『노자상이주』: 知守黑者, 道德常在, 不從人貸, 必當償之, 不如自有也. 行玄女經龔子容成之法, 悉欲貸, 何人主當貸若者乎. 故令不得也. 唯有自守, 絕心閉念者, 大無極也.

제29장

통행본 제29장

천하를 차지하려 한다거나 천하를 다스리려고 한다면, 내가 보기에 그것은 불가능하다. 천하라는 것은 신비로운 물건이라서 사람이 어떻게 할 수 있는 것이 아니다. 그것을 어떻게 하려고 하면 실패하고 붙들고 있으려고 하면 잃는다. 세상일은 앞서가는 것이 있기도 하고 뒤쳐지는 것이 있기도 하며, 따뜻하게 해주는 것이 있기도 하고 차갑게 해주는 것이 있기도 하며, 북돋아주는 것이 있기도 하고 무너뜨려버리는 것이 있기도 한다. 이 때문에 성인은 지나친 것을 멀리하고 과분한 것을 멀리하고 사치스러운 것을 멀리한다.

將欲取天下而爲之, 吾見其弗得已. 夫天下神器也, 非可爲者也. 爲者敗之, 執者失之. 物或行或隨, 或噓或吹, 或培或墮. 是以聖人去甚, 去泰, 去奢.

【대의】

천하는 신기이지 완구가 아니다.

이 장에서는 국정을 다스리는 문제에 대하여 이야기하고 있다. 『노자』는 "천하를 차지한다取天下"라든가 "천하를 다스린다爲天下"라는 것 등에 반대한다. 당시에 정치적 야심가들이 분명히 많았을 것이고, 마음속에 늘 이런 생각을 품고 있었을 것이다. 글쓴이는 천하는 "신비로운 물건神器"으로서 매우 신성한 것이기 때문에 누군가 자신의 것으로 갖고 싶다고 해서 맘대로 자기 것으로 가질 수 있는 그런 것이 아니고, 누군가 어떻게 농락하고 싶다고 해서 그렇게 되는 것이 아니라고 생각했다. 천하를 농락하는 자는 반드시 실패할 것이며, 자기 것으로 지키고 싶어도 지키지 못한다. 모든 일에는 앞에서 나아가는 것이 있으면 뒤에서 좇아가는 것이 있고, 입김을 내뿜어 따뜻한 바람이 나오게 하는가 하면 입김을 내뿜어 찬 바람이 나오게도 하며, 흙을 쌓아 올리는 일이 있으면 망가져 무너지는 일도 있는 법이다. 그 때문에 성인은 "지나친 것을 멀리하고 과분한 것을 멀리하고 사치스러운 것을 멀리한다"는 것을 강조하면서 모든 지나친 것을 반대한다.

【토론】

將欲取天下而爲之 장욕취천하이위지

"취천하取天下"는 천하를 완전히 빼앗아 점유하는 것이고, "위지爲之"는 인위적으로 간섭하는 것이다.

吾見其弗得已 오견기부득이

통행본에는 "오견기부득이吾見其不得已"라고 되어 있다. 통행본의 "부득이不得已"는 어찌할 수 없음을 나타내는 것이고, 여기서 말하는 "부득이弗得已"는 아마도 "부득의弗得矣(불가능하다)"의 뜻일 것이다.

非可爲者也 비가위자야

통행본에는 "불가위야不可爲也"로 되어 있다.

爲者敗之, 執者失之 위자패지, 집자실지

제64장의 "일부러 하려 하면 실패하고, 붙들고 있으면 잃는다"[1]를 참조할 것. 앞에서 말한 "취천하取天下"는 "집지執之"이고, "이위지而爲之"는 "위지爲之"다.

或行或隨 혹행혹수

행行은 앞서가는 것이고, 수隨는 뒤따라가는 것이다.

或噓或吹 혹허혹취

허噓는 입김을 천천히 불어서 사물을 따뜻하게 하는 것이고, 취吹는 입김을 빨리 불어서 사물을 차갑게 하는 것이다. 백서 갑본에는 "혹경혹□或炅或□"으로 되어 있고, 을본에는 "혹열혹좌或熱或硡"로 되어 있다. 갑본의 두 번째 글자는 열熱의 옛글자이고, 아마도 허噓로 읽을 것이다.[2] 네 번째 글자는 취자와 바꿔 쓸 수 있는 글자였다.[3] 통

1 제64장: 爲之者敗之, 執之者失之.

2 열熱은 일모월부日母月部에 속하는 글자이고, 허噓는 효모어부曉母魚部에 속하는 글자로서 옛 음이 서로 비슷하다.

3 좌硡는 정모가부精母歌部에 속하는 글자이고, 취吹는 창모가부昌母歌部에 속하는 글자로서 옛 음이 서로 비슷하다.

행본 가운데 하본에는 "혹구혹취或呴或吹"로 되어 있고, 상본에는 "혹허혹취或噓或吹"로 되어 있고, 왕본에는 "혹허혹취或歔或吹"로 되어 있으며, 부본에는 "혹금혹취或噤或吹"로 되어 있으니 참고할 만하다. 통행본에는 이 구절 뒤에 "혹강혹리或強或羸"라는 구절이 추가되어 있다. 모두 대칭을 이루게 하려고 그렇게 한 것이다.

或培或墮 혹배혹타

흙을 돋우어 높고 견고하게 하기도 하고, 무너뜨리고 부숴버리기도 한다. 하본에는 "혹재혹휴或載或隳"로 되어 있고, 상본에는 "혹접혹타或接或墮"로 되어 있고, 왕본에는 "혹좌혹휴或挫或隳"로 되어 있고, 부본에는 "혹배혹타或培或墮"로 되어 있다. "재載"는 재栽로 읽으며 배培와 뜻이 같다. "접接" "좌挫" 등은 배培자의 잘못이다. "타墮"는 휴隳자와 통용된다.

去甚, 去泰, 去奢 거심, 거태, 거사

모두 지나친 것을 없앤다는 뜻을 나타낸다.

제30장

통행본 제30장

도道로써 군주를 보좌하는 사람은 무력으로써 천하를 강제하지 않는다. 그렇게 하면 그에 대한 반작용이 일어나기 쉽기 때문이다. 군대가 주둔한 곳에는 가시덤불이 자라난다. 용병을 잘해서 전쟁을 승리로 이끄는 것이지, 억지로 빼앗아서는 안 된다. 전쟁에서 이기고도 교만하지 않고, 전쟁에서 이기고도 잘난 체하지 않고, 전쟁에서 이기고도 자랑하지 않는다. 전쟁에서 이기기는 했지만, 그것은 마지못해서 그렇게 한 것일 뿐이기 때문이다. 이것을 전쟁에서 이기기는 했지만 억지로 이긴 것이 아니라고 한다. 모든 것은 지나치게 왕성하면 시드는데, 이것을 도에 부합하지 않는 것이라고 한다. 도에 부합하지 않으면 일찍 끝장난다.

以道佐人主, 不以兵強於天下. 其事好還. 師之所居, 楚棘生之. 善者果而已矣, *毋*以取強焉. 果而*毋*驕, 果而勿矜, 果而勿伐, 果而*毋*得已居, 是謂果而勿強. 物壯而老, 是謂之不道, 不道早已.

【대의】

도에 부합하지 않으면 일찌감치 끝장난다.

이 장에서는 용병用兵에 대해 이야기하고 있다. 『노자』는 군대를 동원하여 전쟁을 일삼는 것이나 서로 이기려고 경쟁하는 것을 좋아하지 않는다. 『노자』는 도로써 군주를 보좌하는 사람은 결코 무력을 통해 천하를 제패하려고 해서는 안 된다고 말한다. 그렇게 하면 반드시 반대 방향으로 치닫게 될 것이다. 전쟁은 매우 잔혹한 일이고, 군대가 있는 곳에는 재앙이 닥치고, 가시덤불이 우거지고 온통 황량한 땅이 되고 만다. 글쓴이는 작전을 잘하는 사람은 오로지 승리를 얻기 위해서 그렇게 하는 것이지 강함을 보여주기 위해 그러는 것이 아니라고 말한다. 설령 승리했다 하더라도 오만방자하거나 우쭐대지 않고, 그리고 마지못해 그렇게 하는 것이라고 생각하고 좋을 때 그만둘 줄 안다. 만약 좋을 때 그만둘 줄 모른다면 설령 한때 승리했다고 하더라도 그것은 진정으로 강한 축에 들지 못한다. 무엇이든 지나치게 발전하면 모두 쇠락의 길로 들어선다. 이것을 "부도不道"라고 한다. 도에 부합하지 않는다는 뜻이다. 도에 부합하지 않으면 급속히 끝장나고 만다.

선진 제자서인 『관자』 『묵자』 『순자』 등에서 전쟁에 대해 논의한 작품은 고대에 단독으로 돌아다녔고, 『칠략七略』[1] 「병서략兵書略」에서는 그것들을 병서로 분류했다. 그러나 『노자』에 나오는 병가兵家의 학설은 병서로 취급받지 못했다. "문혁" 기간에 마오쩌둥은 『노자』는 병

1 한대漢代 유흠劉歆이 당시까지 전해져오던 서책을 주제별로 분류하고 그 내용을 요약한 책. 집략輯略, 육예략六藝略, 제자략諸子略, 시부략詩賦略, 병서략兵書略, 술수략術數略, 방기략方技略 등 일곱 가지로 분류했기 때문에 이를 칠략이라고 부른다. — 옮긴이

서의 하나라고 말하면서 당대 왕진王眞의 『도덕경론병요의술道德經論兵要義述』을 그 근거로 들었다. 『수지隋志』에서는 이미 『노자병서』라는 책 1권이 기록되어 있다. 이것은 수당 시기의 관점이다.

【토론】

이 장은 죽간본에 있다. 죽간본에는 "군대가 주둔한 곳에는 가시덤불이 자라난다師之所居, 楚棘生之"와 "마지못해서 그렇게 하는 것일 뿐이다果而毋得已居"와 "모든 것은 지나치게 왕성하면 시드는데, 이것을 도에 부합하지 않는 것이라고 한다. 도에 부합하지 않으면 일찍 끝장난다物壯而老, 是謂之不道, 不道早已" 등의 구절이 없으며, "그렇게 하면 그에 대한 반작용이 일어나기 쉽기 때문이다其事好還"가 "이것을 전쟁에서 이기기는 했지만 억지로 이긴 것이 아니라고 한다是謂果而勿強" 뒤에 놓여 있다.

以道佐人主 이도좌인주

간본과 통행본에는 모두 이 구절의 마지막에 "자者"자가 있다.

不以兵強於天下 불이병강어천하

간본에는 "불욕이병강어천하不欲以兵強於天下"로 되어 있다.

其事好還 기사호환

이런 일은 반대쪽으로 나아갈 것이다.

師之所居 사지소거

군대가 주둔한 곳.

楚棘生之 초극생지

통행본에는 "형극생지荊棘生之"로 되어 있다. "초극楚棘"은 바로 형극荊棘이다. 옛날 책에서는 초나라를 흔히 형荊 혹은 형초荊楚라고 불렀다. 하본, 왕본, 부본 등에는 이 구절 다음에 "대군이 지나가고 나면 반드시 흉년이 뒤따른다大軍之后, 必有凶年"는 말이 나오지만, 상본에는 그런 구절이 없다.

善者果而已矣 선자과이이의

간본과 하본, 상본, 왕본 등에는 "의矣"자가 없고, 부본에는 있다. 고대의 병서에서는 흔히 용병을 잘하는 사람을 "선자善者"라고 불렀다. "과果"는 바로 적을 무찌르고 전과를 세운다고 할 때의 전과에 해당한다. 『이아』「석고釋詁」에서는 "과果는 이기는 것이다"[1]라고 했다.

毋以取強焉 무이취강언

간본에는 "불이취강不以取強"으로 되어 있다. 여기서 "무이毋以"는 "불이不以"의 뜻임을 알 수 있다. "무이毋以"는 또 앞의 제10장과 다음의 제39장에도 나온다. 뒤의 경우는 원래 "무이毋已"로 썼다. 상본에는 "불이취강不以取彊"으로 되어 있어 죽간본과 같다. 하본, 왕본, 부본 등에는 "불不"자 다음에 "감敢"자가 추가되어 있다.

---

1 『이아』「석고」: 果, 勝也.

果而毋驕 과이무교

이 구에서는 "무毋"자를 쓰고 있다.

果而勿矜, 果而勿伐 과이물긍, 과이물벌

이 두 구에서는 "물勿"자를 쓰고 있다.

果而毋得已居 과이무득이거

통행본에는 "과이부득이果而不得已"로 되어 있고 "거居"자가 없다. 만약 "무득이毋得已"가 "부득이不得已"와 같다면 이 두 구절은 전쟁에서의 승리는 마지못해 그렇게 한 것이라고 생각해야 함을 말하는 것 같다.

이상의 네 구절에서 "무毋"를 두 번, "물勿"을 두 번 사용했다.

是謂果而勿強 시위과이물강

간본은 같고, 을본에는 "불不"자가 빠져 있고, 통행본에는 "과이물강果而勿強"으로 되어 있다.

是謂之不道, 不道早已 시위지불도, 불도조이

각 책마다 아주 조금씩 다르다. 앞 구절은 을본에는 "위지부도謂之不道"라고 되어 있고 하본과 왕본에는 "시위부도是謂不道"라고 되어 있으며, 상본에는 "위지비도謂之非道"라고 되어 있고, 부본에는 "시위비도是謂非道"라고 되어 있다. 뒷 구절은 하본과 왕본에는 "부도조이不道早已"라고 되어 있고, 상본과 부본에는 "비도조이非道早已"라고 되어 있다.

제31장

통행본 제31장

무기는 상서롭지 못한 도구다. 누구에게나 혐오감을 준다. 그러므로 도를 깨달은 사람은 그런 데 머물지 않는다. 군자는 평소에는 왼쪽을 높이지만, 무기를 사용하는 자는 오른쪽을 높인다. 그러므로 무기는 군자가 사용하는 도구가 아니다. 무기는 상서롭지 못한 도구다. 어쩔 수 없이 사용하되, 무덤덤한 것을 중시한다. 그것을 찬미하지 말라. 만약 그것을 찬미한다면 그것은 살인을 즐기는 것이다. 살인을 즐긴다면 천하에서 제 뜻을 이루지 못할 것이다. 이 때문에 길사吉事에는 왼쪽을 높이고 상사喪事에는 오른쪽을 높인다. 또 이 때문에 부장군副將軍은 왼쪽에 있고, 상장군上將軍은 오른쪽에 있는 것이다. 그것은 바로 상례에 따라 그 자리에 있는 것이다. 많은 사람을 죽이고 나서는 슬프게 곡을 하고, 전쟁에서 이기면 상례를 치르는 것과 같이 처신한다.

夫兵者, 不祥之器也. 物或惡之, 故有裕者弗居. 君子居則貴左, 用兵則貴右. 故兵者, 非君子之器也. 兵者, 不祥之器也. 不得已而用之, 恬淡爲上. 勿美也, 若美之, 是樂殺人也. 夫樂殺人, 不可以得志於天下矣. 是以吉事尚左, 喪事尚右. 是以偏將軍居左, 上將軍居右. 言以喪禮居之也. 殺人衆, 以悲哀泣之. 戰勝, 以哀禮處之.

【대의】

전쟁은 상서롭지 못하다.

이 장에서도 용병에 대해 말하고 있다. 『노자』에서 무기兵에 대해 논의하는 것 중 이 장이 가장 대표적이다.

『노자』에서는 무기는 상서롭지 못한 것이고, 부득이할 때만 사용해야 하며, 도에 정통한 사람有道者은 모두 그런 것들을 피한다고 말한다. 용병은 사람들로 하여금 혐오스럽게 하는 일이고 절대로 찬미할 만한 것이 못된다. 용병을 찬미하는 것은 바로 살인을 즐기는 것이고, 살인을 즐긴다면 천하 사람들로부터 뜻을 얻지 못한다. 옛사람은 이렇게 말했다. "길사吉事에는 왼쪽을 높이고 상사喪事에는 오른쪽을 높인다." 용병은 흉사에 속하기 때문에 비록 승리를 얻었다 하더라도 그에 대하여 상례喪禮로써 대함으로써 죽은 이들에게 애도를 표해야 한다는 것이다.

【토론】

이 장은 죽간본에 있지만, 시작 부분의 "무기는 상서롭지 못한 도구다. 누구에게나 혐오감을 준다. 그러므로 도를 깨달은 사람은 그런 데 머물지 않는다夫兵者, 不祥之器也. 物或惡之, 故有裕者弗居"라는 구절은 없다.

夫兵者 부병자

"병兵"은 병기, 무기를 가리키는 것이지 군대를 가리키지 않는다. 여기서도 병기 혹은 무기를 가리킨다. 그 때문에 뒤에 나오는 문장에서 "불상지기不祥之器"라고 말한 것이다. 통행본에는 글자가 추가되어 있다. 하본, 상본, 왕본 등에는 "부가병자夫佳兵者"라고 되어 있고, 부본에는 "부미병자夫美兵者"라고 되어 있다. "가佳"와 "미美"는 모두 좋다는 것을 형용한 말이다. 『사기』「편작창공열전」에서 『노자』를 인용하면서 "아름답고 좋은 것은 상서롭지 못한 도구다"[1]라고 쓰고 있다. 이것이 바로 통행본이 참조한 원본일 것이다. 통행본에서 이 글자를 추가하여 의미에 변화가 일어나 좋은 무기는 상서롭지 못한 물건이라는 뜻이 되어버렸다. 오늘날 가장 좋은 무기는 무엇일까? 그것은 아마 "대규모 살상 능력을 갖춘 무기", 즉 미국이 이라크에서 한나절을 찾았지만 결국 찾지 못한 무기일 것이다. 훌륭한 무기는 상서롭지 못한 물건이라는 것은 무슨 말일까? 무기는 모두 사람을 죽이는 것이다. 맹자는 "사람을 죽이는 데 몽둥이와 칼에 무슨 차이가 있는가?"[2]라고 물었다. 즉 몽둥이로 사람을 죽이는 것과 칼로 사람을 죽이는 데 무슨 차이가 있느냐는 것이다. 없다. 과거에는 많은 사람이 통행본에서 쓰고 있는 "가佳"자는 추隹자의 잘못이라고 생각했고 유唯자로 읽었으며, 어떤 사람은 "불상不祥" 다음에 있는 "지기之器"는 쓸데없는 군더더기라고 생각했다. 그러나 백서본이 나온 뒤로 모두 틀렸다는 것이 증명되었다.

物或惡之, 故有裕者弗居 물혹오지, 고유유자불거

앞의 제22장에서 이미 나왔다. "물物"은 나와 상대되는 다른 사람을 가리킨다. "유裕"는 원래 "욕欲"으로 되어 있었고, 통행본에는 "도道"로 되어 있다. "유裕"는 바로 도道다. 이 점에 대해서는 앞에서 이미

1 『사기』「편작창공열전」: 美好者, 不祥之器.

2 『맹자』「양혜왕 상」: 殺人以梃與刃, 有以異乎.

설명했다. "거居"는 여기서는 상서롭지 못한 상태에 머물러 있음을 가리키는 것이지 상서롭지 못한 물건을 그대로 용인함을 가리키는 것이 아니다.

君子居則貴左, 用兵則貴右 군자거즉귀좌, 용병즉귀우

다음에 나오는 "길사에는 왼쪽을 높이고 상사에는 오른쪽을 높인다吉事尙左, 喪事尙右"라든가 "부장군副將軍은 왼쪽에 있고, 상장군上將軍은 오른쪽에 있는 것이다偏將軍居左, 上將軍居右" 등의 구절과 비슷한 논조다. 옛날 사람들은 좌문우무左文右武,[1] 즉 문文은 왼쪽 무武는 오른쪽이라고 말했다.[2] 이것은 음양설을 구체적으로 표현한 것이다.

옛사람들이 음양에 대해 설명할 때 앞과 뒤, 왼쪽과 오른쪽 등은 북쪽을 등지고 남쪽을 바라본 상태에서 정했다. 예를 들어 베이징성北京城에서 전문前門은 남쪽에 있고 후문後文은 북쪽에 있으며, 좌안문左安門은 동쪽에 있고 우안문右安門은 서쪽에 있는데, 이것들은 바로 그렇게 해서 정해진 것이다.

방향이 결정되고 나면 곧 음과 양이 결정된다. 예를 들면 베이징성 안쪽의 주요 제단壇이나 사당廟은 바로 동북쪽을 양으로 삼고, 서북쪽을 음으로 삼는다. 천단天壇과 선농단先農壇은 남쪽에 있는데 이는 양이다. 지단地壇과 선잠단先蠶壇[3]은 북쪽에 있는데, 이는 음이다. 일

1 좌문우무左文右武는 원래 문무를 겸비하다 혹은 문무를 모두 다 쓰다는 뜻의 관용구지만, 저자는 여기서 문文과 무武를 구분하고 그에 따라 다르게 취급했다는 것을 말하려고 하기 때문에 글자 그대로 풀어서 번역한다.—옮긴이

2 『일주서逸周書』「무순武順」, 『관자』「판법해版法解」「유관幼官」「유관도幼官圖」 등 참조.

3 원래는 지단 옆에 있었는데 나중에 베이하이北海 후문의 동쪽으로 옮겼다.

단日壇은 동쪽에 있는데 이는 양이다. 월단月壇은 서쪽에 있는데 이는 음이다. 태묘太廟는 왼쪽에 있는데 이는 양이다. 사직단社稷壇은 오른쪽에 있는데 이는 음이다.

문文은 왼쪽 무武는 오른쪽이라는 말에서 문은 양이고 무는 음이며, 이 역시 전통이다. 예를 들어 베이징성 남쪽 앞에는 세 개의 문이 있다. 정양문正陽門이 가운데 있고, 숭문문崇文門이 왼쪽에 있으며, 선무문宣武門이 오른쪽에 있다. 중간의 자금성에는 세 개의 대전大殿[1]이 가운데 있고, 문화전文華殿이 왼쪽에 있으며, 무영전武英殿이 오른쪽에 있다. 북쪽으로는 고루鼓樓가 가운데 있고, 공묘孔廟와 국자감國子監이 왼쪽에 있다. 그리고 황사성皇史宬은 태묘의 동쪽에 있고, 공원貢院은 동단東單의 동쪽에 있다. 이것들 역시 왼쪽에 속한다. 차이스커우菜市口[2]에서 사람을 죽였는데(명대에는 서사패루西四牌樓에서 죽였다), 이곳은 오른쪽에 속한다. 대체로 문화적인 것과 관계있는 것은 왼쪽에 배치했고, 사람을 죽이는 일과 관계되는 것은 모두 오른쪽에 배치했다. 이처럼 매우 규칙적이고 일관성을 가지고 있었다.

不得已 부득이

『노자』에는 이 밖에 "부득이弗得已"(제29장), "무득이毋得已"(제30장) 등의 표현이 있다.

1 태화전太和殿, 중화전中和殿, 보화전保和殿 등을 말한다.—옮긴이

2 차이스커우菜市口는 채소시장 입구라는 뜻으로 베이징시 쉬안우구宣武區에 있는 지명이다. 청대에는 이곳에서 사형을 집행했다.—옮긴이

恬淡爲上 염담위상

간본에는 "섬섭銛纅으로 되어 있고, 백서본 갑본에는 "섬습銛襲"으로 되어 있으며, 을본에는 "섬섭銛㦤"으로 되어 있다. 섬銛은 염恬의 통가자, 즉 서로 바꿔 쓸 수 있는 글자였다. 섭纅이나 섭㦤은 섭讋자를 잘못 쓴 것 같다.

勿美也 물미야

전쟁은 엄청나게 참혹하다. 거기에 아름다운 느낌은 없다. 전쟁은 중독을 일으킨다. 싸우는 데서 즐거움을 느끼는 군인은 살인광일 뿐이다. 죽간본에는 "불미야弗美也"로 되어 있고, 상본과 부본에는 "고불미故不美" 혹은 "고불미야故不美也"로 되어 있으며, 하본과 왕본에는 "승이불미勝而不美"로 되어 있다.

夫樂殺人, 不可以得志於天下矣 부락살인, 불가이득지우천하의

선진시대의 제자諸子는 모두 사회 비판자들이었다. 위나라 영공이 진법陣法에 대해 묻자 공자는 일부러 그에 대한 대답을 회피하면서 이렇게 말했다. "군대와 관련된 일은 배운 적이 없습니다."[1] 『묵자』가 침략전쟁을 반대하고, 『노자』가 살인을 그치라고 한 것 등은 특히 유명하다. 『맹자』「양혜왕 상」에서는 "살인을 좋아하지 않는 사람이 통일할 수 있을 것입니다"[2]라고 말하고 있다. 이는 『노자』의 주장과 매우 비슷하다. 그러나 역사적으로 볼 때 통일은 대부분 폭력에 의지하고 있다. 예를 들면 칭기즈칸은 항상 도시를 점령한 다음 야만적으로

---

1 『논어』「위영공」: 軍旅之事, 未之學也.

2 『맹자』「양혜왕 상」: 不耆殺人者能之一.

주민을 몰살했고, 그 결과 몽골제국의 강역은 가장 넓었다. 원대에 구처기丘處機의 한 마디로 살인을 그쳤다는 이야기가 매우 널리 유행했다.[1] 그러나 실은 구처기가 칭기즈칸을 만나 무슨 이야기를 했든 관계없이 몽골 정복자들의 살육은 결코 줄어들지 않았다. 그것은 당시의 전설에 불과할 뿐 결코 사실이 아닐 것이라고 의심하는 사람이 있다.[2]

吉事尙左, 喪事尙右 길사상좌, 상사상우

"상尙"은 죽간본과 백서본에는 모두 "상上"으로 되어 있다. "상尙"자와 서로 통용되었기 때문에 통행본에 따라 습관적으로 "상上"으로 읽었지만, 마땅히 "상尙"으로 읽어야 한다. "상喪"은 죽간본은 같고, 통행본에는 "흉凶"으로 되어 있다. 대칭이 되게 하려고 그렇게 한 것이다. 그러나 다음에 나오는 문장에 "상례喪禮"라는 말이 있는데, "상사喪事"는 바로 이 "상례喪禮"에 대응되는 말이다. 『일주서』 「무순武順」의 "길례吉禮는 왼쪽에서 오른쪽으로 돈다. 이는 하늘에 순응하여 근본을 세우는 것이다. 무례武禮는 오른쪽에서 왼쪽으로 돈다. 이는 땅에 순

1 『원사元史』「구처기전丘處機傳」: 태조께서 서쪽 지방을 정벌하실 때 날마다 전쟁을 일삼았는데, 구처기는 그때마다 천하를 통일하려고 하는 사람은 반드시 살인을 즐기지 않도록 주의해야 한다고 말했다. 그에게 세상을 다스리는 방법을 묻자 경천애민敬天愛民, 즉 하늘을 공경하고 백성을 사랑하는 것을 기본으로 삼아야 한다고 대답했다. 또 오래 살 수 있는 양생법을 물어보자 청심과욕淸心寡欲, 즉 마음을 깨끗하게 하고 욕심을 줄여야 한다는 요지의 대답을 했다. 태조께서는 그의 말에 깊이 공감하고 말씀하셨다. "하늘이 나에게 신선을 보내서 나의 생각을 깨우쳐주는구나." 그러고 나서 수행하고 있던 신하에게 그가 한 말을 기록해두었다가 아이들 교육에 사용하라고 분부하셨다. 그와 함께 호부虎符를 하사하고 새서璽書(황제의 조서)를 내렸으며, 그의 이름을 직접 부르지 않고 오직 신선이라는 칭호만 썼다.太祖時方西征, 日事攻戰, 處機每言欲一天下者, 必在乎不嗜殺人. 及問爲治之方, 則對以敬天愛民爲本. 問長生久視之道, 則告以淸心寡欲爲要. 太祖深契其言, 曰, 天錫仙翁, 以寤朕志. 命左右書之, 以訓諸子焉. 於是錫之虎符, 副以璽書, 不斥其名, 惟曰, 神仙.

2 楊訥, 「丘處機一言止殺辨僞」, 『張政烺先生九十華誕紀念文集編委會編(揖芬集)』, 北京: 社會科學文獻出版社, 2002, 523~532쪽.

응하여 용병을 이롭게 하는 것이다"[1]라는 기록이나 『관자』「판법해」의 "문사文事는 왼쪽에 있고, 무사武事는 오른쪽에 있다"[2]라는 기록 등은 모두 비슷한 의미의 말이다. 고대 영진營陣의 배치에서는 일반적으로 오른쪽을 상석으로 쳤고, 오른쪽 진영을 남성牡, 왼쪽 진영을 여성牝이라고 했다. 그러나 초나라와 월나라 등 남방의 국가에서는 그와 반대로 왼쪽의 진영을 여성, 오른쪽의 진영을 남성이라고 했으며, 왼쪽을 오른쪽으로 삼고 오른쪽을 왼쪽으로 삼았다.

偏將軍居左, 上將軍居右 편장군거좌, 상장군거우

편장군의 지위는 낮고 상장군의 지위는 높다. 높은 자는 오른쪽에 있고, 낮은 자는 왼쪽에 있다. 이는 오른쪽을 상석으로 치기 때문이다. 고대의 전차에서 수레에는 일반적으로 세 사람이 탄다. 수레를 모는 어자御者는 가운데 타고, 활을 쏘는 사수射手는 왼쪽에 타고, 창을 든 병사는 오른쪽에 탄다. 만약 장수가 수레에 탄다면 장수는 가운데 타고 사수는 왼쪽에 타고 창을 든 병사는 오른쪽에 탄다. 오른쪽에 탄 사람은 갑수甲首로서 대장에 해당하며, 왼쪽에 탄 사람보다 지위가 높다. 서양 예의에서는 남녀가 함께 앉을 때 남자는 왼쪽에 여자는 오른쪽에 앉는다. 중국에서도 남자는 왼쪽을, 여자는 오른쪽을 강조했다. 그 이유는 왼쪽은 양이고 오른쪽은 음이기 때문이다. 오른쪽을 상석으로 삼는 것은 흉례凶禮에 속할 경우다.

1 『일주서』「무순」: 吉禮左還, 順天以立本. 武禮右還, 順地以利兵. (일주서 원본에는 "順地以立兵"이 "順地以利兵"으로 되어 있다. 리링이 인용한 대로 "利"자 대신 "立"자를 쓰면 문장의 의미가 모호해지기 때문에 원문을 바로잡고, 바로잡은 문장에 따라 번역한다.—옮긴이)

2 『관자』「판법해」: 文事在左, 武事在右.

喪禮 상례

상 중의 예, 상사를 치를 때의 예, 죽은 사람을 보낼 때의 예다.

殺人衆 살인중

하본, 상본, 부본 등에는 "살인중다殺人衆多"로 되어 있고, 왕본에는 "살인지중殺人之衆"으로 되어 있다. 모두 글자를 추가한 것이다.

泣之 읍지

백서본에는 원래 "읍지泣之"로 되어 있었지만, 백서를 정리한 사람이 "위지莅之"로 읽었다. 통행본에는 "위지莅之"로 되어 있다. 여기서는 위지莅之로 읽지 않고 읍지泣之로 읽는다. 죽간본에는 "탈지敓之"로 되어 있어 그것들과 같지 않다. 탈敓은 초나라 점복 죽간楚占卜簡에도 보이는데, 해제解除, 즉 죽은 자를 위해 재앙을 없애는 의식을 가리킨다. 도요토미 히데요시가 조선을 정벌할 때 많은 사람을 죽였다. 병사들이 돌아가 죽인 사람들에게서 잘라낸 귀를 쌓아 무덤을 만들었다. 무덤 앞에 비석을 세워 그 사실을 기록함으로써 그가 죽은 자를 위해 얼마나 정진결재精進潔齋하고 염불하면서 망령들을 제도濟度하려고 했는지 일깨우고 있다.

以哀禮處之 이애례처지

복상服喪의 예이고, 효자가 부모를 위해 수효守孝[1]하는 예다. "처處"는 통행본과 같지만, 죽간본에는 "거居"로 되어 있다.

1 부모의 상喪을 입을 때, 복服을 벗기 전까지 오락과 교제를 끊고 애도를 표시하는 것 혹은 부모의 상을 입는 것을 가리킨다.—옮긴이

제71장을 참고해보면 "전쟁을 슬퍼하면 반드시 이긴다哀兵必勝"라는 속담에서 말하는 "전쟁을 슬퍼한다哀兵"는 것은 원래 앞에서 설명한 태도를 갖춘 병가兵家를 가리킨다.

나는 『전쟁은 속임수다』[1]에서 이총耳冢에 대해 설명했고, 위열하강魏列夏庚의 그림을 설명했다. 참고가 될 것이다.[2]

1 원래 제목은 『兵以詐立』(李零, 中華書局, 2006)이다. 한국에서는 『전쟁은 속임수다』(김숭호 옮김, 글항아리, 2012)로 번역 출판되었다.—옮긴이

2 李零, 『兵以詐立』, 中華書局, 2006, 106~107쪽.

제32장

통행본 제32장

도는 본래 이름이 없다. 그것은 통나무와 같고 비록 작지만 천하의 그 누구도 감히 신하로 삼을 수 없다. 군주가 그것을 지킬 수 있다면, 만물은 저절로 복종할 것이다. 하늘과 땅은 서로 화합하여 감로를 내릴 것이다. 백성은 명령하지 않아도 저절로 고르게 될 것이다. 통나무를 잘라 기물을 만들면 비로소 이름이 생긴다. 이름이 있으면 그칠 줄 알게 될 것이다. 그칠 줄 알기 때문에 위험하지 않다. 예를 들면, 도道가 천하에 있는 것은 마치 작은 골짜기가 강이나 바다와 함께 있는 것과 같다.

道恒無名, 樸雖小, 天下弗敢臣. 侯王若能守之, 萬物將自賓. 天地相合, 以輸甘露. 民莫之令而自均焉. 始制有名. 名亦既有, 夫亦將知止. 知止所以不殆. 譬道之在天下也, 猶小谷之與江海也.

【대의】

도는 만물의 원천이다.

도는 본래 이름이 없다. 그것은 마치 아직 가공되지 않은 목재와 같다. 이런 것은 매우 작은 것처럼 보이지만, 천하 만물의 본원이다. 제왕이 만약 도를 간직할 수 있다면 천하 만물에 대해 이름을 부여하고, 만물은 그를 위해 쓰이게 될 것이다. 그것은 마치 하늘과 땅이 서로 교감하여 구름이 몰려오고 비가 내리며, 단이슬을 두루 내려주는 것과 같다. 그러나 이름이 드러난 뒤에는 합당하게 사용하고 적당한 선에서 그쳐야 한다. 적당한 선에서 그칠 줄 알아야만 비로소 길이길이 번성하고 쇠락하지 않는다. 도와 천하 만물의 관계는 마치 작은 계곡과 강해江海의 관계와 같다. 작은 계곡의 물은 작은 물줄기가 흐를 뿐이지만, 그것들이 모여서 거대한 강과 바다를 이룰 수 있다.

【토론】

이 장은 죽간본에 있고, 대체로 같다.

道恒無名 도항무명

도는 본래 이름이 없지만, 도라고 부르는 것은 하는 수 없이 억지로 그렇게 한 것이다. 이 말은 제37장에도 나온다. 제25장의 다음 구절을 참고하라. "어떤 것이 혼돈된 상태로 있었는데, 하늘과 땅보다 앞서서 생겨났다. 고요하고 텅 비어 있으며 홀로 존재하면서 바뀌지 않는다. 그래서 그것을 하늘과 땅의 어머니라고 할 수 있을 것이다. 나는 그것의 이름을 모르고 자字를 도道라고 붙여주었고, 크다는 뜻의 대大라는 이름을 억지로 붙여주었다."

樸雖小 박수소

박樸은 도이고 원시적인 상태에 있는 것, 아직 분화되지 않은 것을 가리킨다. 그에 관계없이 그것은 만물의 본원이고, 천하 만물은 모두 그것을 군주로 받들어야 한다.

賓 빈

신하로서 복종하다.

天地相合, 以輸甘露 천지상합, 이수감로

옛날 사람들은 하늘의 기가 내려오고 땅의 기가 올라가서 두 기가 서로 만나야 비로소 비나 이슬이 내린다고 생각했다. 여기서는 천지가 만물을 낳는 것을 가리킨다. 궈뎬에서 발굴된 초나라 죽간 중 『태일생수太一生水』에서는 우주의 발생을 설명하고 있다. 그 과정은 태일太一이 물을 낳고, 물과 태일이 하늘을 낳고 하늘과 태일이 땅을 낳고 하늘과 땅이 음과 양을 낳고 음과 양이 사시四時를 낳는다는 것이다. 여기서는 좀 다르다. 먼저 하늘과 땅이 있고 그 다음에 비와 물이 있고 그 다음에 만물이 있다. "수輸"는 원래 "유俞"로 되어 있었지만, 정리하는 사람이 수輸 혹은 유揄로 읽었다. 죽간본에는 "유逾"로 되어 있고, 통행본에는 "강降"으로 되어 있다. 이들을 서로 비교해보면 수輸로 읽는 것이 맞다. 수輸는 타墮로 풀이할 수 있고, 강降과 같은 뜻이다.

民莫之令而自均焉 민막지령이자균언

비는 널리 골고루 내린다. 구름이 움직여 비가 내리는데 널리 단이슬을 내린다. 이 말은 고대에는 성적인 의미, 특히 일부일처제에서의 성적인 의미를 함축하고 있었다. 여기서는 만물의 생성과 변화를 비유하는 말로 썼다. "황제의 덕은 하늘과 땅처럼 크고, 황제의 은총은 비와 이슬처럼 깊다帝德乾坤大, 皇恩雨露深"는 말은 청조淸朝의 말이다. 햇빛과 우로雨露에 대한 이런 비유는 매우 중국적인 특색이 있다.

始制有名 시제유명

제制에는 잘라서 나눈다는 뜻이 있다. 『설문』「도부刀部」에서는 자른다는 뜻의 재裁로 풀이했다. 여기서는 만물이 생성된 뒤에 각기 제 이름을 가지고 있음을 가리킨다.

名亦旣有, 夫亦將知止 명역기유, 부역장지지

만물이 이름을 가지면 해야 할 일을 할 줄 알고 있을 뿐만 아니라 그칠 줄도 알아서 좋을 때 그만둔다.

知止所以不殆 지지소이불태

그칠 줄 알아야知止 비로소 그 작용이 무궁무진할 수 있다.

譬道之在天下也, 猶小谷之與江海也

비도지재천하야, 유소곡지여강해야

이 두 구절은 작은 계곡으로써 박樸, 즉 통나무를 비유하고, 강해江海로써 천하를 비유하고 있다. 계곡이 아무리 작아도 물이 그 속에서 나와 강해로 흘러간다. 그것은 마치 통나무樸가 파손되어 천하의 만물이 되는 것과 같다. 거꾸로 읽는 사람도 있다. 예를 들어 런지위

任繼愈는 이렇게 번역했다. "'도'가 천하에서 차지하는 지위는 바로 작은 냇물이 강과 바다로 흘러드는 것과 같다."[1] 사실 여기서 말하는 작은 계곡은 발원지로서 물이 흘러들어가는 곳이 아니라 물이 흘러나오는 곳이다. 예를 들면 황허강과 양쯔강의 발원지는 모두 칭하이靑海에 있다. 만약 발원지에서 본다면 졸졸졸 흐르는 작은 물줄기가 거대한 강과 바다를 이룰 수 있을 것이라고는 상상하기 어려울 것이다. "소곡小谷"은 상본에는 "천곡川谷"으로 되어 있는데, 글자의 모양이 비슷해서 잘못 쓴 것이다. "여與"는 대부분의 책에는 모두 "여與"로 되어 있지만, 왕본에서는 "어於"로 잘못 쓰고 있다.

1 任繼愈, 『老子繹讀』, 73쪽.

제33장

다른 사람을 아는 사람은 지혜롭고, 자신을 아는 사람은 총명하다. 다른 사람을 이기는 사람은 힘이 세고, 스스로를 이기는 사람은 강하며, 만족할 줄 아는 사람은 풍요롭다. 억지로 실행하는 사람은 의지가 있고, 제자리를 잃지 않는 사람은 오래가고, 죽어서도 잊히지 않는 사람은 오래 산다.

知人者知也, 自知者明也. 勝人者有力也, 自勝者強也, 知足者富也. 強行者有志也, 不失其所者久也, 死而不忘者壽也.

【대의】

죽어서 잊혀지지 않는 것이 오래 사는 것이다.

사람에게는 두 가지 종류의 총명함이 있고, 두 가지 종류의 강대함이 있고, 두 가지 종류의 풍족함이 있으며, 두 가지 종류의 오래 삶(장수)이 있다. 남을 아는 것은 자신을 아는 것만 못하다. 자기 자신을 아는 것이야말로 총명한 것이다. 남을 이기는 것은 자기를 이기는 것(자기와 싸워 이기는 것)만 못하다. 자기를 이기는 것이야말로 강대한 것이다. 억지로 하는 것은 만족할 줄 아는 것만 못하다. 만족할 줄 아는 것이야말로 풍족한 것이다. 구차하게 살아남는 것은 죽어서 이름을 남기는 것만 못하다. 죽어서 이름을 남기는 것이야말로 오래 사는 것이다.

【토론】

이 여덟 개의 구는 두 개씩 대구를 이룬다.

知人者知也, 自知者明也 지인자지야, 자지자명야

싸우기만 할 게 아니라 자기를 알고 상대방을 알아야 한다. 사람을 대하거나 세상을 살아가는 데 있어서도 자기를 알고 상대방을 알아야 한다. 적은 알기 어렵고 친구도 알기 어렵다. 자기 아내나 아이라고 해서 반드시 다 꿰뚫고 있는 것은 아니다. 이것은 남을 아는 것이다. 그러나 가장 이해하기 어려운 것은 아마도 바로 자기 자신일 것이다. 자기가 자기를 아는 것을 속담에서는 "자신을 아는 현명함自知之明"이라고 한다. "자신을 아는 현명함自知之明"을 『한비자』「해로解老」에서는 "자신을 보는 것을 현명함이라고 한다自見之謂明"라고 했다. 사람은 거울에 비춰보는 것 외에 자기 자신을 볼 수 없다.

勝人者有力也, 自勝者強也 승인자유력야, 자승자강야

스포츠 경기에서 모두 이런 것을 체험할 수 있다. 상대방과 싸워 이기려고 한다면 먼저 자기와 싸워 이겨야 한다. 자기와 싸워 이기는 것은 "쉬지 않고 계속 노력하는 것自強不息"에 속한다. 이런 사람이야 말로 강한 사람이다.

知足者富也. 強行者有志也 지족자부야. 강항자유지야

만족할 줄 알고 오래도록 즐기는 것이 진정한 풍족함이다. 억지로 하는 것은 만족할 줄 모르는 것이고, 기필코 성취하고야 말겠다는 생각에 빠져 있는 것을 유지有志라고 한다. 그러나 생활에 대한 만족도가 반드시 높다고 할 수는 없다.

不失其所者久也, 死而不忘者壽也

부실기소자구야, 사이불망자수야

"부실기소不失其所"는 원래의 상태를 유지하면서 시간을 헛되이 낭비하지 않는 것인데, 이런 사람은 오래 간다長久고 할 수는 있지만 장수한다고 할 수는 없다. 예를 들어 돌의 지질연대를 계산할 때 사용하는 단위는 1만 년이다. 또 동식물 가운데 1000년을 사는 자라나 8만 년을 사는 거북이, 그리고 갖가지 옛 나무 등의 수명은 사람과는 비교가 안 된다. "사이불망死而不忘"은 통행본에는 "사이불망死而不亡"으로 되어 있다. "망亡"과 "망忘"은 서로 바꿔 쓸 수 있는 통가자였지만, 의미가 다르다. 『열자』「중니」에서 『노자』를 인용하여 "죽어서도 사라지지 않는 것이 장수壽다"[1]라고 했다. 이것이 바로 통행본이 참조한 원본일 것이다.

"사이불망死而不亡"은 두 가지로 나뉜다. 하나는 살아 있는 죽은 사람이다. 뇌사자를 의학적으로 식물인간vegetative being이라고 한다. 다른 한 가지는 귀신이 되는 것이다. 사람이 죽은 뒤에 다른 세계에서 살거나 죽은 뒤에 부활하는 것이다. 무덤 속에서 기어나와 사람 사는 세상에서 다시 활동하는 것이다. 예를 들면 팡마탄放馬灘에서 발굴된 진나라 죽간에 바로 그런 이야기가 있다. "죽어서도 잊히지 않는 것死而不忘"은 후세 사람들의 마음속에 살아 있으며, 사람들이 그를 기념하여 영원히 사라지지 않는 것이다. 『좌전』 양공 24년조에 진나라의 범선자范宣子와 노나라의 숙손표叔孫豹 두 사람이 "죽어서도 사라지지 않는 것死而不朽"에 대해 토론했다는 이야기가 있다. 범선자가 세록, 즉 녹봉을 세습하는 것이 "죽어서도 사라지지 않는 것"이라고 말하자, 숙손표는 그렇지 않다고 하면서 다음과 같이 말했다. "가장 좋은 것은 덕을 이루는 것立德이고, 그 다음은 공적을 세우는 것立功, 그 다음은 좋은 글을 남기는 것立言이다."[2] 이 세 가지는 "아무리 오랜 시간이 지나더라도 사라지지 않는 것"이기 때문에 비로소 "죽어서도 사라지지 않는 것"이라고 할 수 있다는 것이다. 좋은 사람이 되어 모두들 잊지 못하는 것, 이것을 입덕立德이라고 한다. 좋은 일을 해서 모두들 잊지 못하는 것, 이것을 입공立功이라고 한다. 지식인으로서 죽은 뒤에도 저작이 후세에까지 전해지는 것, 예를 들어

---

1 『열자』 「중니」: 死而不亡者壽.

2 『좌전』 양공 24년조: "二十四年春, 穆叔如晉, 范宣子逆之, 問焉, 曰, 古人有言曰, 死而不朽, 何謂也...穆叔曰以豹所聞, 此之謂世祿, 非不朽也 (···) 豹聞之, 大上有立德, 其次有立功, 其次有立言, 雖久不廢, 此之謂不朽." 참조.

사마천과 같이 굴욕을 참고 중책을 맡아 『사기』를 쓰는 것, 이것을 입언立言이라고 한다. 삼불후三不朽야말로 『노자』가 말한 "수壽", 즉 오래 사는 것이다.

제34장

통행본 제34장

도는 물이 넘쳐흐르듯 이쪽저쪽 모든 곳에 존재한다. 일을 완수하고 나서도 아무런 명성도 차지하지 않는다. 만물이 모두 그곳으로 모여들어도 주인 노릇을 하지 않고, 언제나 아무 욕심이 없으니 작다고 할 수 있다. 만물이 모두 그곳으로 모여들어도 주인 노릇을 하지 않으니 위대하다고 할 수 있다. 성인은 위대한 일을 이루고 나서도 자기는 그것을 대단하다고 여기지 않고, 그 때문에 그런 위대한 일을 이룰 수 있는 것이다.

道氾[1]兮, 其可左右也. 功成遂事而弗名有也. 萬物歸焉而弗爲主, 則恒無欲也, 可名於小. 萬物歸焉而弗爲主, 可名於大. 是以聖人之能成其大也, 以其不爲大也, 故能成其大.

1 리링의 원문에는 범氾으로 쓰고 있지만, 다음에 나오는【토론】의 설명을 보면 범汎으로 쓰려고 한 것이 잘못된 것 같다. 여기서는 리링의 원문 그대로 둔다.—옮긴이

【대의】

대단하다고 여기지 않기 때문에 위대해질 수 있다.

도는 흩어져 없는 곳이 없다. 무슨 일이든 도에 의거해야 비로소 성공할 수 있지만, 도는 그것을 명예롭다고 생각하지 않는다. 만물은 도를 본가로 삼지만, 도는 원하는 것도 추구하는 것도 없고, 지배하려고 하지도 않는다. 그것은 크기도 하지만 작기도 하다. 도가 만물을 낳는 것은 마치 작은 계곡의 물이 모여 강과 바다를 이루는 것과 같다. 발원지에서 볼 때는 지극히 작지만, 그 결과를 보면 매우 크다. 성인은 모두 스스로 위대하다고 여기지 않는다. 그 때문에 그렇게 위대해질 수 있는 것이다.

【토론】

道氾兮, 其可左右也 도범혜, 기가좌우야

도는 없는 곳이 없음을 말하는 것이다. 통행본에는 "도道" 위에 "대大"자가 덧붙어 있다. "범汎"은 갑본에는 빠져 있고 을본에는 "풍渢"으로 되어 있다. 풍渢자는 풍風부에 속하고, 풍風자는 범凡에서 소리값을 얻었다. 두 글자는 서로 바꿔 쓸 수 있는 글자로서 통행본에는 "범氾"으로 되어 있다. "풍渢"자는 『좌전』 양공 29년조에 보인다. 『설문』에는 범汎자와 범氾자만 있고 풍渢자는 없다. 이 구절 뒤에 하본과 왕본 등에는 대부분 "만물시지이생이불사萬物恃之而生而不死(만물은 그것에 의해 태어나서 죽지 않는다)"라는 말이 있다. 상본과 부본도 대략 같다(첫 번째 "이而"자를 "이以"자로 쓰고 있다).

功成遂事而弗名有也 공성수사이불명유야

일을 완수하면 그것으로 족하고, 그에 대한 명성을 누릴 필요가 없다. 이와 비슷한 말이 제2장과 제17장, 그리고 다음의 제79장에도 보인다. 통행본에서는 이 구절을 다섯 글자로 줄였다. 하본과 왕본에는 "공성불명유功成不名有"로 되어 있고, 상본에는 "성공불명유成功不名有"로 되어 있으며, 부본에는 "공성이불거功成而不居"로 되어 있다.

萬物歸焉而弗爲主, 則恒無欲也, 可名於小. 萬物歸焉而弗爲主, 可名於大.
만물귀언이불위주, 즉항무욕야, 가명어소. 만물귀언이불위주, 가명어대.

처음에 나온 구절이 두 번 나온다. 똑같은 구절을 놓고 "대大"라고 하는가 하면 또 "소小"라고 하는데, 이름이 다른 것일까? 통행본의 편찬자는 매우 곤혹스러워서 이 부분을 바꿔버렸다. 하본에는 "만물을 사랑하고 길러주되 주인 노릇을 하지 않고, 언제나 아무 욕심이 없으니 작다고 부를 수 있다. 만물이 모두 그곳으로 모여들어도 주인 노릇을 하지 않으니 크다고 부를 수 있다愛養萬物而不爲主, 常無欲, 可名於小. 萬物歸焉而不爲主, 可名爲大"라고 되어 있다. 상본, 왕본, 부본 등도 대체로 이와 비슷하다. 다만 "애양愛養"이 "의양依養" 혹은 "의피依被"로 되어 있을 뿐이다. 나는 다음과 같이 이해한다. 이 글을 쓴 사람이 "만물이 모두 그곳으로 모여들어도 주인 노릇을 하지 않는다萬物歸焉而弗爲主"라는 구절을 두 번 썼다. 첫 번째에서는 "주인 노릇을 하지 않는다弗爲主"는 것과 "언제나 아무 욕심이 없다恒無欲"는 점을 강조하기 위한 것이다. 그 때문에 그것을 "소小", 즉 작다고 한 것이다. 두 번째에서는 "만물이 모두 그곳으로 모여든다萬物歸焉"는 것을 강조한 것이다. 그 때문에 그것을 "대大", 즉 위대하다고 한 것이다. 이 이중적 의미는 조금도 모순되지 않는다. "언제나 아무 욕심이 없다恒無欲"는 제1장을 볼 것.

是以聖人之能成其大也, 以其不爲大也, 故能成其大.

시이성인지능성기대야, 이기불위대야, 고능성기대.

통행본 가운데서는 부본이 죽간본에 가장 가깝게 "이 때문에 성인은 위대한 일을 이루고 나서도 그 결과를 가지고 스스로 뽐내지 않고, 그 때문에 그런 위대한 일을 이룰 수 있는 것이다是以聖人之能成其大也, 以其終不自大, 故能成其大"라고 쓰고 있다. 하본과 상본에서는 앞의 두 구를 "이 때문에 성인은 끝내 그것을 대단하다고 여기지 않는다是以聖人終不爲大"로 줄였으며, 왕본에서는 한 구를 빠뜨리고 있는데, 모두 잘못이다. "불위대不爲大(대단하다고 여기지 않는 것)"는 작고, "성대成大(위대한 일을 이루는 것)"는 크다.

제35장

통행본 제35장

거대한 모습大象을 붙들고 있으면 천하가 모두 모여들 것이다. 천하 사람이 모두 모여들어 아무런 해도 받지 않고, 편안하고 태평할 것이다. 음악이나 음식은 지나가는 사람을 멈추게 한다. 도에 대한 말은 원래 무덤덤해서 아무런 맛이 없다. 보려고 해도 볼 수 없고, 들으려 해도 들을 수 없지만, 써도 써도 다 쓸 수 없다.

執大象, 天下往. 往而不害, 安平太. 樂與餌, 過客止. 故道之出言也, 曰淡兮其無味也. 視之不足見也, 聽之不足聞也, 用之不可既也.

【대의】

도의 쓰임은 끝이 없다.

도는 일종의 거대한 모습大象으로 사람에게 아무 해가 없다. 그것은 자신의 안전安全과 평정平靜과 상화祥和로써 사람들을 끌어들인다. 노래하고 춤추는 기생집이나 요정, 레스토랑 등과 같이 먹고 마시고 노는 곳에서는 맛있는 음식과 노래와 춤으로 지나가는 손님들을 유혹하지만, 도는 그렇지 않다. 수중에 도가 있기만 하면 세상 사람들은 모두 당신에게 몸을 맡길 것이다. 도는 입으로 말할 때는 밋밋해서 아무 맛이 없는 것 같다. 그렇지만 그것은 "거대한 모습은 형체가 없고大象無形" "거대한 소리는 아무 소리도 들리지 않고大音希聲" "거대한 그릇은 늦게 이루어지기大器晩成" 때문에 보려고 해도 다 볼 수 없고, 들으려 해도 다 들을 수 없지만, 쓰려고 하면 그 용도는 끝이 없다.

【토론】

이 장은 죽간본에 있고 대체로 같다. "대상大象"은 도의 형상이다. 세상 사람들이 도를 지향하는 것은 거대한 모습大象을 보고 돌진해 왔다가 떠나지만, 제40장에서 "거대한 모습은 형체가 없다大象無形"라고 말하고 있는 것을 보면 표면적으로는 그것은 사람을 끌어들일 만한 아무런 매력도 없는 것 같다.

往而不害, 安平太(泰) 왕이불해, 안평태(태)

도가 사람을 끌어들이는 흡인력에 대해 설명한 것이다. 그것의 흡인력은 매우 평범하고, 아무 해가 없을 뿐이지만, 사람으로 하여금 편안한 기분을 느끼게 하고 든든한 마음을 갖게 한다. "태太"는 태泰로 읽어야 한다. 그것은 "안安"과 "평平" 두 글자와 비슷한 의미다. 여기서는 "태太"자를 구의 끝에 두었다. 이는 압운을 맞추기 위한 것이다.

樂與餌 악여이

"악樂"은 음악이다. 고대의 음악은 성악에 그치지 않고 기악과 춤을 포함하여 소리도 있고 색도 있었다. "이餌"는 먹고 마시는 것이다. 앞의 것은 성색聲色의 욕망을 채우는 것이고 뒤의 것은 입과 배의 욕망을 채우는 것이다. 이것은 모두 일반 사람들, 즉 이른바 지나가는 나그네를 끌어들이는 것들이다.

故道之出言也, 曰淡兮其無味也

고도지출언야, 왈담혜기무미야

하본, 왕본 등에는 "언言"자가 "구口"자로 잘못되어 있다. 도는 음악이나 음식과는 달리 밋밋하고 아무 맛이 없다. "도지출언道之出言"은 언어로써 도를 표현하는 것이다. 이 언어 역시 제40장에서 말한 "거대한 소리는 아무 소리도 들리지 않는다大音希聲"는 것이다.

視之不足見也, 聽之不足聞也, 用之不可既也.

시지부족견야, 청지부족문야, 용지불가기야.

제40장의 "거대한 네모는 모서리가 없고, 거대한 그릇은 늦게 이루어지며, 거대한 소리는 아무 소리도 들리지 않고, 거대한 모습은 형

체가 없다"[1]를 참고할 것. 도는 일종의 추상적인 존재로서 없는 곳이 없고, "거대한 모양은 형체가 없지만大象無形" 아무리 보아도 다 보지 못하고, "거대한 소리는 아무 소리도 들리지 않지만大音希聲" 아무리 들어도 다 듣지 못하며, "거대한 그릇은 늦게 이루어지지만大器晩成" 그 용도는 무궁무진하다. 마지막의 한 구는 왕본에서는 일관성을 유지하려고 "불가不可"를 "부족不足"으로 바꾸었다.

1 제40장: 大方無隅, 大器晩成, 大音希聲, 大象無形.

제36장

통행본 제36장

움츠리고자 한다면 반드시 먼저 펼쳐라. 약하게 만들고자 한다면 반드시 먼저 강하게 해줘라. 떠나고자 한다면 반드시 먼저 함께 어울려라. 빼앗고자 한다면 반드시 먼저 주어라. 이것을 보이지 않는 분명한 것微明이라고 한다. 부드럽고 약한 것은 강한 것을 이긴다. 물고기는 연못에서 벗어나서는 안 되고 나라의 이기利器는 사람들에게 보여줘서는 안 된다.

將欲翕之, 必固張之. 將欲弱之, 必固強之. 將欲去之, 必固與之. 將欲奪之, 必固予之. 是謂微明, 柔弱勝強. 魚不可脫於淵, 邦有利器, 不可以示人.

【대의】

나라의 이기利器는 다른 사람에게 보여줘서는 안 된다.

도로써 나라 다스리는 것을 말한 것이다. 『노자』에서 말하는 나라 다스리는 기술은 매우 약하고 부드럽다. 거기에는 기묘한 변증법이 포함되어 있어서 무언가를 하려고 하면 할수록 아무것도 할 수 없다. 그것은 곳곳에서 상식과 어긋나며, 부드러운 척하면서 겉으로 약하게 보이고 목표를 가려 적을 헷갈리게 한다. 그것은 노련한 병법을 갖추고 있다. 저자는 이것을 일종의 "미명微明" 즉 보이지 않는 빛이라고 했다. 그것은 국가를 다스리는 이기利器다. 이런 방법은 다른 사람들에게 말해줘서는 안 된다. 물고기는 반드시 깊은 연못 속에 숨어 있어야 하는 것처럼.

【토론】

翕 흡

수렴하다, 움츠리다의 뜻이다.

將欲去之, 必固與之 장욕거지, 필고여지

통행본에는 "장욕폐지, 필고흥지將欲廢之, 必固興之"로 되어 있다. 아마 "여與"자를 "흥興"자로 잘못 쓰고, 서로 대칭이 되도록 "거去"자를 "폐廢"자로 고쳤을 것이다. 이 몇몇 구절은 옛날 책에서 매우 자주 인용되었다. 예를 들어 『한비자』「유로」에서는 "빼앗고자 한다면 반드시 먼저 주어라"[1]로 쓰고 있다. 우리는 『한비자』「설림」, 『전국책』「위책1」

1 『한비자』, 「유로」: 將欲取之, 必固與之.

등에 인용되어 있는 것을 볼 때 『노자』의 이 구절은 아마 『주서』의 일문逸文에서 인용했을 테지만 두 가지는 서로 다르기도 하고 또 뒤섞인 곳도 있다.[1]

必固予之 필고여지

통행본에는 "여予"가 "여與"로 되어 있다. 윗글에서는 "여與"를 "흥興"으로 잘못 썼고, 여기서는 거꾸로 "여與"로 썼다. 백서본에 따라야 한다.

微明 미명

제14장에서는 "보아도 보이지 않는 것을 미微라고 부른다"[2]라고 했다. "명明"은 이것과 정반대의 뜻이다. 미微는 볼 수 없는 것이고, 명明은 볼 수 있는 것이다. 이 두 글자를 함께 둔 것은 "보이지 않는 분명한 것"이라고 말하는 것과 같다.

柔弱勝強 유약승강

사자구四字口에 대응한 사자구다. 통행본에는 "유약승강강柔弱勝剛強"으로 되어 있다. 부드러움柔과 굳셈剛이 짝이 되고, 약함弱과 강함強이 짝이 되어 강剛자를 추가하는 것은 이치에 맞는 것 같지만, 옛날 사람들이 글을 쓸 때 꼭 이런 것을 중시한 것은 아니었다.

---

1 『老子徵文』, 93쪽; 高明, 앞의 책, 417~419쪽.

2 제14장: 視之弗見, 名曰微.

魚不可脫於淵, 邦有利器, 不可以示人.

어불가탈어연, 방유리기, 불가이시인.

정치가가 법法과 술術과 세勢를 놓지 못하는 것은 물고기가 물을 떠날 수 없는 것과 같다. 법은 양모陽謀이고, 술과 세는 음모陰謀다. 법은 아랫사람을 제어하는 것이기 때문에 사람들에게 보여주는 것이고, 그밖에 술과 세는 감춰두는 것이다. 뒤쪽의 이 두 가지는 보이지 않는 손이다.

이 편을 어떻게 끊어 읽을 것인가는 압운을 살펴보아야 한다. 앞의 8구는 모두 지之자로 끝을 맺어 첫 번째 단락을 이룬다(지부운之部韻). 뒤의 두 구에서 명明과 강強은 양부陽部의 압운押韻으로 두 번째 단락을 이룬다. 마지막 세 구에서 연淵과 인人은 진부眞部에 속하고 기器는 질부質部에 속하지만, 질質과 진眞이 대전對轉되었다. 각각의 구는 모두 압운을 이루고 있다.

제37장

통행본 제37장

도는 본래 이름이 없다. 제왕이 그것을 지킬 수만 있다면 만물은 저절로 변화할 것이다. 변화할 때 욕심이 일어나면, 나는 그것을 이름 없는 통나무로 눌러줄 것이다. 이름 없는 통나무로 눌러주면 욕심은 없어질 것이다. 욕심이 없고 고요해지면 천하는 저절로 바르게 된다.

道恒無名, 侯王若能守之, 萬物將自化. 化而欲作, 吾將鎭之以無名之樸. 鎭之以無名之樸, 夫將不欲. 不欲以靜, 天下將自正.

【대의】

발전하는 것은 발전하지 않는 것만 못하다.

이것은 통치술을 설명한 것이다. 『노자』의 통치술은 도에 근거하고 있다. 도란 무엇인가? 자연에 따르는 것이다. 글쓴이는 도는 일종의 "이름 없는 통나무無名之樸", 즉 어떤 가구가 될지도 모르고 어떤 이름을 갖게 될지도 모르는, 가공을 거치지 않은 목재와 같다고 말한다. 임금이 만약 그러한 원칙을 지킬 수 있다면 만물은 저절로 생겨나서 자랄 것이다. 만물이 저절로 생겨나 자라면 사람의 탐욕을 자극할 것이다. 사람의 탐욕이 지나치면 이 "이름 없는 통나무"로써 그것을 절제하고 그것을 억제하여 욕심이 커지지 않도록 해야 한다. 욕망이 없어지면 사람은 안정되고 사람이 안정되면 세상의 모든 일은 정상을 회복할 것이다.

【토론】

앞에서 『노자』 상·하 편에는 두 가지 순서가 있음을 말했다. 한 가지는 도가 앞에 오고 덕이 뒤에 오는 것이고, 또 한 가지는 덕이 앞에 오고 도가 뒤에 오는 것이다. 이 편은 「도경道經」의 마지막 편이다. 통행본 『도덕경』은 도가 앞에 오고 덕이 뒤에 온다. 이 장은 상편의 마지막 장이다. 마왕두이본은 덕이 앞에 오고 도가 뒤에 오며 이 장은 하편의 마지막 장이다. 마왕두이본의 「도경」 부분 중 을본乙本에는 글자 수에 대한 통계가 있는데, 총 2426자다. 갑본甲本에는 글자 수에 대한 통계가 빠져 있지만, 이와 비슷할 것이다.

道恒無名, 侯王若能守之, 萬物將自化.

도항무명, 후왕약능수지, 만물장자화.

이 구절은 도를 지키면서 무위함으로써 만물로 하여금 저절로 자라도록 하라는, 가만히 앉아서 그것들이 이루어져가는 모양을 보라는 불간섭 정책을 설명한 것이다. "도항무명道恒無名"은 도는 본래 이름이 없다는 뜻이다. 같은 말이 제32장에도 나온다. 통행본에는 글자를 더해서 "도상무위이무불위道常無爲而無不爲(도는 항상 아무것도 안 하지만, 하지 못하는 것이 없다)"로 되어 있지만, 결코 본래 모습이 아니다.

化而欲作 화이욕작

도가 흩어지면 만물이 변화할 것이고, 만물이 변화하면 사람에게서는 비로소 욕심이 발생한다.

吾將鎭之以無名之樸 오장진지이무명지박

도는 이름이 없다. 그것은 마치 가구를 만들 목재를 두고 가구를 만들기 전에는 그것을 무엇이라고 불러야 할지 모르는 것과 같다. 가구가 완성되고 나서야 가구는 비로소 이름을 갖는다. 『노자』는 이처럼 가공을 거치지 않은 목재를 "이름 없는 통나무無名之樸"라고 불렀고, 도를 가리키는 말로 썼다. 이 문단에서는 만물이 저절로 변화한 뒤에는 인간의 욕심이 분출하기 때문에 아직 변하지 않은 도리로 위쪽을 눌러줌으로써 인욕이 통제력을 상실하지 않도록 해야 한다는 것을 말하고 있다. 통행본에는 "이름 없는 통나무"가 중복되어 나온다.

夫將不欲 부장불욕

"욕欲"은 원래 "욕辱"으로 되어 있었다. 여기서는 욕欲자로 읽는다. 죽간본에는 "부역장지욕夫亦將知欲"으로 되어 있어 다른 어떤 판본과도 같지 않다. 하본과 상본에는 "역장불욕亦將不欲"으로 되어 있고, 왕본에는 "부역장무욕夫亦將無欲"으로 되어 있으며, 부본에는 "부역장불욕夫亦將不欲"으로 되어 있다.

不欲以靜, 天下將自正 불욕이정, 천하장자정

인욕이 통제되어 더 이상 경박하지 않으면 천하는 곧바로 반박귀진返朴歸眞, 즉 소박하고 참된 상태로 돌아가고 모든 것은 정상을 회복할 것이다. "욕欲"은 원래 "욕辱"으로 되어 있지만 여기서도 욕欲으로 읽는다. "정正"은 부본에는 "정正"으로 되어 있고, 하본과 왕본에는 "정定"으로 되어 있다. 두 글자는 서로 통한다. 상본에는 "지止"자로 잘못되어 있다.

하편下篇 | 덕경

德經

제38장

통행본 제38장

최상의 덕德은 얻으려고 하지 않는다. 이 때문에 덕이 있는 것이다. 최하의 덕은 잃어버릴까봐 두려워하는데, 이 때문에 덕이 없다. 최상의 인仁은 어떤 일을 일부러 하면서도 하고자 하는 마음은 없으며, 최상의 의義는 어떤 일을 일부러 하고 또 하고자 하는 마음도 있는 것이며, 최상의 예禮는 어떤 일을 일부러 하면서 따르지 않으면 팔을 비틀어 억지로 하게 하는 것이다. 그러므로 도道를 잃고 난 뒤에 덕德이 있고, 덕을 잃고 난 뒤에 인仁이 있고, 인을 잃고 난 뒤에 의義가 있고, 의를 잃고 난 뒤에 예禮가 있는 것이다. 예라는 것은 진실과 믿음이 엷은 것이고 혼란의 우두머리다. 미래를 예측하는 선견지명은 도를 보기 좋게 포장한 것이고 어리석음의 우두머리다. 이 때문에 대장부는 두터운 것을 차지하고 엷은 것은 갖지 않으며, 열매를 차지하고 꽃은 갖지 않는다. 그러므로 앞의 것을 버리고 뒤의 것을 택한다.

上德不德, 是以有德. 下德不失德, 是以無德. 上德無爲而無以爲也, 上仁爲之而無以爲也, 上義爲之而有以爲也, 上禮爲之而莫之應也,則攘臂而扔之. 故失道而後德, 失德而後仁, 失仁而後義, 失義而後禮. 夫禮者, 忠信之薄也, 而亂之首也. 前識者, 道之華也, 而愚之首也. 是以大丈夫居其厚而不居其薄, 居其實[而]不居其華. 故去彼取此.

【대의】

도와 덕은 인이나 의나 예보다 귀하다.

『노자』는 공자를 넘어섰다. 공자와 정면으로 대립하여 인仁이나 의義나 예禮 등이 모두 나쁜 것이라고 말하지 않고, 도와 덕을 이 세 가지 앞에 두어 그것들을 저급한 것으로 만들어버렸다. 『노자』에서 가장 좋은 덕은 얻으려고 하지 않는 것이다. 그 때문에 얻는 것이 있다. 가장 나쁜 덕은 잃을까봐 두려워한다. 그 때문에 얻는 것이 없다. 가장 좋은 덕과 가장 좋은 인, 가장 좋은 의, 가장 좋은 예 등을 비교할 때 그것들 사이의 가장 큰 차이점은 다음과 같다. 가장 좋은 덕은 철저한 무위로서 행동에서도 무위하고 마음에서도 무위한다. 가장 좋은 인은 마음으로는 무위하지만 행동에서는 유위한다. 가장 좋은 의는 철저한 유위로서 생각에서도 유위하고 행동에서도 유위한다. 가장 좋은 예는 다른 사람이 원하든 원하지 않든 상관없이 기어코 하도록 강요한다. 덕은 도에 근거하고 자연과 가장 잘 부합하며, 가장 강제성이 없다. 도가 시행되지 않자, 비로소 덕이 거론되었다. 덕이 시행되지 않자 비로소 인이 거론되었다. 인이 시행되지 않자 비로소 의가 거론되었다. 의가 시행되지 않자 비로소 예가 거론되었다. 예는 가장 진실성과 믿음이 없는 것으로서 혼란과 재앙의 우두머리다. 시대를 앞선 의식超前意識, leading consciousness(미래의식)은 도道의 표상으로서 화려하지만 알맹이가 없고 또 어리석음의 극치이기도 하다. 진정한 남자, 즉 대장부는 예를 믿지 않고, 시대를 앞선 의식 같은 것을 얘기하지 않는다.

마왕두이본은 통행본과는 달리 「덕경」이 앞에 있고, 「도경」이 뒤에 있다. 그러나 모두 이 장을 「덕경」의 제1장으로 삼고 있다. 『한비자』「해로」에서는 처음부터 이 1장부터 언급하고 있고, 그 내용은 매우 길다. 여기서 전국 말기의 법가들이 이 제1장을 가장 중시했음을 알 수 있다.

【토론】

上德不德, 是以有德. 下德不失德, 是以無德.

상덕부덕, 시이유덕. 하덕부실덕, 시이무덕.

"상덕上德"은 가장 좋은 덕이고, "하덕下德"은 가장 나쁜 덕이다. "덕德"은 얻는다는 뜻의 득得으로 읽는다. 여기서는 중의적으로 썼다. 글쓴이는 "상덕上德"의 사람은 욕심도 없고 추구하는 바도 없기 때문에 얻는 바가 있고, "하덕下德"의 사람은 그저 잃을까봐 두려워하기 때문에 얻는 것이 없다고 생각했다.

上德無爲而無以爲也 상덕무위이무이위야

"위爲"는 인위적으로 하는 것이고, "이위以爲"는 작심하고 하는 것이다. 인위적으로 하는 것은 행위가 부자연스럽고, 작심하고 하는 것은 마음에 거짓이 가득하다. 거짓을 나타내는 위僞자와 행위를 한다는 뜻의 위爲자는 직접적으로 관련이 있다. 초나라 죽간에서 위僞자는 모두 심心부와 위爲부로 이루어져 있다. 거짓을 나타내는 위僞자의 본래 뜻은 바로 인위人爲다. "이以"자의 용법에 관해서는 제61장의 "대국이 소국의 아래쪽에 있으면 소국을 병탄한다. 소국이 대국의 아래쪽에 있으면 대국에 병탄 당한다. 그러므로 어떤 나라는 아래쪽에 있음으로써 병탄하기도 하고 어떤 나라는 아래쪽에 있음으로써 병탄 당하기도 한다."[1]를 참조하기 바란다. 여기서 "이취以取"는 큰 나라가 작은 나라를 빼앗는 것을 가리키고, "이취而取"는 작은 나라가 큰 나라에 빼앗기는 것을 가리킨다. 하나는 빼앗는 사람이고 다른 하나는 빼앗기는 사람이다. 앞의 것은 능동이고 뒤의 것은 피동이다. 백서본에서 말하고자 하는 의미는 상덕은 철저하게 무위의 태도를 취하면서 다른 나라에 간섭하지도 않고 간섭할 생각도 하지 않는 것으로 행위나 동기가 모두 무위라는 것이다. 이 구절은 지극히 중요하며, 『노자』의 핵심사상과 관련이 있다. 하본과 왕본 등은 백서본과 같고, 엄본과 부본에는 "상덕무위이무불위上德無爲而無不爲"로 되어 있다. 가오밍高明은 엄본과 부본은 후대 사람이 제멋대로 고친 것이고, 이들 개작은 『한비자』에서 유래한다고 했다. 그의 주장에 따르면, 『한비자』 「해로」에 "그러므로 최상의 덕은 아무것도 하지 않으면서도 하지 못하는 것이 없다"[2]라는 말이 있다. 이는 한비자가 말한 것으로서 원문과는 무관하고, 『노자』라는 책에는 본래 "무위이무불위無爲而無不爲"라는 말이 없었지만, 통행본에 이런 말이 들어 있는 것은 전국시기 법가의 사상이 이미 『노자』의 사상에서 벗어났음을 보여준다.[3] 여기서 우리는 원서의 서술은 한층 한층 전개되면서 위의 것을 모델로 삼아 점차로 기준을 낮추어가는데, 그 순서가 아주 분명하다는 점에 주의해야 한다. "무위이무이위無爲而無以爲"가 가장 위에 있고, "위지이무이위爲之而無以爲"가 그 다음에 오며, "위지이유이위爲之而有以爲"가 또 그 다음에 이어지고, "위지이막지응爲之而莫之應"이 가장 아래 있

1 제61장: 大邦以下小邦, 則取小邦, 小邦以下大邦, 則取於大邦. 故或下以取, 或下而取.

2 『한비자』 「해로」: 故曰上德無爲而無不爲也.

3 高明, 앞의 책, 3~4쪽, 421~425쪽. 가오밍의 이 책에는 「덕경」이 앞에 있고, 제38장에 대한 토론은 제37장 앞에 있다.

다. 문맥상에서 볼 때 "무위이무이위無爲而無以爲"가 "무위이무불위無爲而無不爲"보다 더 좋다. 가오밍 선생의 견해는 매우 일리 있어 보인다. 그러나 "무위이무불위無爲而無不爲"는 통행본의 이 장 외에 통행본 제48장에도 보인다는 점에 주의해야 할 필요가 있다. 제48장의 "무위이무불위無爲而無不爲"는 백서본에는 훼손되어 없고, 통행본 중에서 엄본의 "이무이위而無以爲"를 제외하면 다른 판본에는 모두 "무위이무불위無爲而無不爲"로 되어 있다. 가오밍은 엄본의 보충 구절에 근거하고 있다.[1] 그러나 궈뎬의 초나라 죽간본이 발견된 뒤 사람들을 놀라게 하는 일이 벌어졌다. 『노자』의 이 구절이 "무위이무불위無爲而無不爲"로 되어 있기 때문이었다. 이를 통해 이 말은 한비자 이전부터 있었던 것임을 알 수 있다. 이 두 장章이 죽간본에는 제48장에만 있고 제38장에는 없으며, 백서본에는 제38장에만 있고 제48장은 훼손되어 없어져 각각 한 구절을 알 수 없지만, 통행본 제38장은 하본과 왕본 등에는 "무위이무이위無爲而無以爲"로 되어 있고, 엄본과 부본에는 "무위이무불위無爲而無不爲"로 되어 있다. 또 제48장은 하본, 왕본, 부본 등에는 모두 "무위이무불위無爲而無不爲"로 되어 있고, 엄본에는 "이무이위而無以爲"로 되어 있어 역시 두 가지가 다 존재한다. 여기서 두 가지 가능성을 생각해볼 수 있다. 하나는 두 곳의 말이 같다는 것이다. 그렇다면 모두 "무위이무이위無爲而無以爲"로 되었거나 모두 "무위이무불위無爲而無不爲"로 되어 있었을 것이다. 다른 하나는 두 곳의 말이 같지 않다는 것이다. 앞의 것이 "무위이무불위無爲而無不爲"이고 뒤의 것은 "무위이무이위無爲而無以爲"로 되어 있었거나, 앞의 것이

1 高明, 앞의 책, 54~57쪽.

"무위이무이위無爲而無以爲"이고 뒤의 것이 "무위이무불위無爲而無不爲"로 되어 있었거나 할 것이다. 죽간본은 첫 번째 가정 중 후자의 경우나 두 번째 가정 중 후자의 경우에 속할 것이다. 백서본은 첫 번째 가정 중 전자에 속하거나 두 번째 가정 중 전자에 속할 것이다. 통행본 가운데서는 부본만 두 곳 모두 "무위이무불위無爲而無不爲"로 되어 있고 그 밖의 다른 책에는 모두 두 곳이 다르다. 하본과 왕본은 앞쪽(제38장)은 "무위이무불위無爲而無不爲"로 되어 있고 뒤쪽(제48장)은 "무위이무불위無爲而無不爲"로 되어 있으며,[1] 엄본은 앞쪽은 "무위이무불위無爲而無不爲"로 되어 있고 뒤쪽은 "무위이무이위無爲而無以爲"로 되어 있다. 『노자』의 무위는 철저한 무위로서 하지 않는 것이고 또 하고 싶어하지도 않는 것이며, 마음속으로도 무언가를 하려고 하지 않는 것이다. 그러나 실제로는 하지 않는 것이 없는 것으로서 깊이 음미해볼 만한 가치가 있다. 『노자』의 후학은 두 파로 나누어진다. 한 파는 장자를 대표로 하며, "하는 것이 없고, 하고자 하는 마음도 없는 것無爲而無以爲"을 강조했다. 이는 좁은 의미의 도가다. 다른 한 파는 한비자를 대표로 하며, "하는 것이 없고 하지 못하는 것이 없는 것無爲而無不爲"을 강조했다. 이는 좁은 의미의 법가다. 이 두 학파는 각각 한쪽 극단을 붙들고 있다. "하는 것이 없고 하지 못하는 것이 없는 것"은 물러서는 것을 나아가기 위한 전략으로 여기는 것이며, 앞으로 나아갈 것을 강조하는 것이다. "하는 것이 없고, 하고자 하는

1 이 부분 설명과 관련하여 저자 리링이 착각한 것 같다. 제38장은 왕본과 하본 모두 "무위이무이위無爲而無以爲"로 되어 있고, 제48장은 왕본과 하본 모두 "무위이무불위無爲而無不爲"로 되어 있다. 그리고 부본은 제38장은 "무위이무불위無爲而無不爲"로 되어 있지만, 제48장은 "무위즉무불위無爲則無不爲"로 되어 있어 리링의 설명과 약간 다르다. 劉笑敢, 『老子古今: 五種對勘與析評引論』(北京: 中國社會科學出版社, 2006, 93쪽, 394쪽, 480쪽) 참조.—옮긴이

마음도 없는 것"은 앞으로 나아가려 하지 않는 것이며, 물러날 것을 강조하는 것이다. 진나라의 복잡한 법과 가혹한 형벌은 무불위無不爲, 즉 하지 못하는 것이 없음을 강조하면서 유위有爲로써 무위無爲를 덮고 반대쪽으로 달려간 것이다. 이는 법가적 경향을 드러낸 것이다. 한나라에서는 무위의 정치를 시행하면서 이전의 잘못을 바로잡는 데 힘을 썼다. 이는 물러서는 것을 나아가기 위한 전략으로 여기는 것이지만, 오히려 그것의 다른 한 측면을 다시 강조한 것으로서 법가가 욕을 먹게 되자 황로의 기치를 내걸고 도가적 경향을 드러낸 것이다. 이것은 도가와 법가의 서로 다른 두 모습이다. 내 생각에는 "하는 것이 없고, 하고자 하는 마음도 없는 것"과 "하는 것이 없고 하지 못하는 것이 없는 것"은 모순처럼 보이지만 실제로는 모순이 아니다. 이 두 가지는 모두 『노자』의 사상이지 결코 한비자가 제멋대로 고친 것이 아니다. 통행본에는 이 구절 밑에 "하덕위지이유이위下德爲之而有以爲"(부본에는 "下德爲之而無以爲"로 되어 있음)라는 한 구절이 더 있다. 이것은 위의 구절에 호응하도록 억지로 덧붙인 것이지만, 실은 아래 문장 속에 있는 "상인上仁" "상의上義" "상례上禮" 등이 바로 "하덕下德"이므로 이 구절을 더할 필요가 없다.

上仁爲之而無以爲也 상인위지이무이위야

"상인上仁"은 가장 좋은 인이다. 가장 좋은 인은 하덕에 속한다. 상덕과 하덕의 구별의 기본은 상덕은 무위하지만 하덕은 유위한다는 것이다. 상인과 상덕의 공통점은 "무이위無以爲"로서 아무것도 하려 하지 않는다는 것이다. 그리고 다른 점은 상덕은 "무위無爲", 즉 아무것도 하지 않지만 상인은 "위지爲之", 즉 무언가를 한다는 것이다. 마음속으로는 아무것도 하려 하지 않지만 무언가를 하는 것, 실제로 무언가를 하는 것이다. 인仁은 공자에 있어 가장 중요한 도덕 개념이며, 유가에서 가장 즐겨 말하는 것이다. 인이란 무엇인가? 공자는 "인"은 바로 "사람을 사랑하는 것"[1]이라고 말했다. 그는 "널리 사람들을 사랑하고 어진 사람과 가까이 지낸다"[2]라고 했다. 박애博愛와 매우 비슷하다. 그러나 공자가 말한 사랑은 결코 사람들에 대한 모든 감정이 다 사랑이라는 그런 것이 아니라 등급이 있고 구별이 있는 사랑이다. 사랑에 차등이 있어서 군자와 소인, 군자와 민중이 완전히 다르다. 묵자는 공자에 반대하여 겸애兼愛(무차별의 박애)를 들고 나와 공자가 주장하는 인을 전복시키려고 했다. 노자는 공자에 반대했지만, 그런 식의 반대는 아니었다. 그가 강조한 것은 덕은 자연을 따라야 한다는 것이었다. 자연을 따르는 덕이야말로 상덕上德이고, 자연을 따르지 않는 덕은 하덕下德이다. 공자의 특징이 "불가능하다는 것을 알면서도 하는",[3] 즉 해결할 수 없다는 것을 분명히 알면서도 기어코 해보려고 했다는 것을 우리는 모두 알고 있다. 이것이 바로 자연에 반하는 것이다. 공자는 무엇이 좋고 무엇이 나쁜지 분명히 알고 있었고, 통치자들에게 자신의 이론을 설명하는 것은 모두 헛수고라는 것도 잘 알고 있었다. 그럼에도 불구하고 그는 그들을 설득하려고 했다. 이것은 스스로 불편함(부자연스러움, 어색함)을 자초하는 것 아닌가? 『노자』는 말한다, 이런 덕은 안 된다고, 상덕이라 할 수 없다고.

1 『논어』 「안연」: 愛人.

2 『논어』 「학이」: 泛愛衆而親仁.

3 『논어』 「헌문」: 知其不可而爲之.

上義爲之而有以爲也 상의위지이유이위야

"상의上義"는 가장 좋은 의다. 가장 좋은 의 역시 하덕에 속한다. 상의와 상인의 공통점은 "어떤 일을 일부러 하는 것爲之"이고, 또 유위에 속한다는 것이다. 다른 점은 상인은 "하고자 하는 마음은 없는 것無以爲也"이고 상의는 "하고자 하는 마음이 있는 것有以爲也"으로서 상인보다 인위가 더 많으며 더 반자연적이라는 것이다. 의義는 의宜로서 그것은 편안한 마음으로 도리를 지키면서 하는 것이고, 자기 자신을 압박하는 것이다. 의義도 공자가 제창한 덕이다. 글쓴이는 이러한 덕은 더 안 좋은 것으로서 하덕이라고 생각했다.

上禮爲之而莫之應也, 則攘臂而扔之.
상례위지이막지응야, 즉양비이잉지.

"상례上禮"는 가장 좋은 예다. 예는 도덕의 연장으로서 사람의 행위를 제약하며, 그것은 인이나 의보다 더 강제성을 띠고 있다. 상례가 사람을 속박한다는 것은 사람들이 이것을 무시하면 아예 강제로 끌어다가 억지로 자기를 따르도록 하고 반드시 자기 말을 듣게 하는 것이다. 글쓴이는 상례는 인위성이 가장 강하고 가장 반자연적이며, 상인上仁이나 상의上義보다 더 나쁜 것이라고 생각했다. "양비攘臂"는 팔을 내밀어 소매를 잡아채는 것이다. "잉扔"은 끌어당긴다는 뜻이다. 예라는 것도 공자가 중시한 것이지만, 노자는 몹시 반대했다. 전국 말기에 도덕을 강조하는 것은 그다지 환영받을 일이 아니었다. 다들 제도를 중시했고, 법가가 인기를 몰아가고 있었다. 법가는 두 개의 뿌리를 가지고 있다. 하나는 유가이고 또 하나는 도가다. 예를 들어 삼진三晉의 법가는 자하子夏에게서 나왔다. 상앙이 진나라에 전한 이회李悝의

『법경』도 같은 계통에서 나온 것이다. 순경荀卿은 조나라 사람으로서 예법을 몹시 중시했다. 그 역시 법을 빌려다가 예를 해석함으로써 예의 개념을 확대시킨 것이다. 당시에 유가는 오로지 예를 중시하는 그 한 길만 걸어갔다. 도가는 달랐다. 그들은 예를 중시했지만, 그들에게 있어 예는 예고 법은 법이기 때문에 멀리 돌아갈 필요가 없었다. 그들의 법은 도에서 직접 나올 수 있는 것이었다. 법은 도에 근거하고 있으며, 자연의 질서로부터 나오는 것이기 때문에 예의 개념을 빌릴 필요가 없었다. 따라서 예에 대하여 그들은 비판적 태도를 가질 수 있었다. 한비자는 유교와 도가를 모두 익혀 예와 법을 절충했지만, 마지막 귀착지는 법이었다. 이는 유가와 도가라는 서로 다른 두 학파의 다른 길을 하나의 목적지로 모이게 한 것이다(이 둘은 당연히 나중에 다시 각자 제 갈 길로 간다).

前識者, 道之華也, 而愚之首也. 전식자, 도지화야, 이우지수야.

"전식前識"은 선견지명이고, 시대를 앞선 의식超前意識이다. 앞에서 설명한 상인, 상의, 상례 등은 본래 모두 낡은 것들이다. 질서가 없기 때문에 부득이하게 크게 떠벌리고 허풍을 친 것이다. 그러나 낭패스럽게도 미처 질서를 언급하기도 전에 시대를 앞선 의식이 먼저 생겨버린 것이다. 사람들은 모두 제갈량이 육갑점을 쳐서 "3년 뒤의 일을 미리 아는"(이것을 제목으로 한 영화도 있음) 것이 가능했기 때문에 대단히 똑똑하다고 생각하지만, "사후의 제갈량"[1]은 똑똑한 것이 아니라고 생각한다. 그러나 『노자』는 다르다. 노자는 그런 것을 인위적인

1 일이 터지고 난 뒤에 큰소리치는 것을 비유한 말.—옮긴이

것으로서 화이부실華而不實, 즉 빛 좋은 개살구라고 생각했다. "화華"는 다음에 나오는 글을 보면 "실實"과 상대되는 말이다. 화華는 꽃이고, 꽃은 보기 좋다. 그러나 좋은 꽃은 항상 피어 있지 않고, 잠깐 피었다가는 바로 떨어진다. 실實은 열매다. 꽃만 피고 열매를 맺지 않는 것을 화이부실華而不實이라고 한다. 『노자』는 선견지명은 빛 좋은 개살구일 뿐이고, 이런 똑똑함은 실은 가장 어리석은 것이라고 생각했다.

是以大丈夫居其厚而不居其薄, 居其實〔而〕不居其華.
시이대장부거기후이불거기박, 거기실〔이〕불거기화.

"대장부大丈夫"는 걸출한 인재를 가리키는 전국시대의 말이다. 어떤 사람을 "대장부"라고 했을까? 『맹자』가 내린 정의는 "부귀로도 방탕하게 할 수 없고, 빈천으로도 마음을 바꾸게 할 수 없고, 권세와 폭력으로도 뜻을 굴복시킬 수 없는 사람"[1]이다. 『문자』가 내린 정의는 "속으로는 강하고 밖으로는 밝은 사람"[2]이다. 『한비자』에서는 『노자』를 해석하면서 『노자』의 "대장부"는 총명한 사람이라고 하면서 이렇게 말한다. "큰 지혜를 가진 사람을 말한다."[3] 이 구절 다음에 "이而" 자가 빠져 있다. 을본에 의거하여 보충한다. 여기서 "후厚"와 "박薄"은 무슨 뜻이고, "화華"와 "실實"은 무슨 뜻인지 곰곰이 생각해볼 만한 가치가 있다. 내가 이해한 바로는 "후厚"는 상덕이고, "박薄"은 하덕이다. 하덕은 바로 상인, 상의, 상례 등이다. "실實"은 "전식前識", 즉 선견

1 『맹자』「등문공 하滕文公 下」: 富貴不能淫, 貧賤不能移, 威武不能屈.
2 『문자』「정성精誠」: 內強而外明.
3 『한비자』「해로」: 謂其智之大也.

지명을 버리는 것이다. "화華"는 "전식前識"이다. "박薄"은 을본에는 "박泊"으로 되어 있고, 초나라 죽간에서 박薄자는 항상 이렇게 쓰고 있다.

去彼取此 거피취차

제12장과 제74장 참조.

이 편은 매우 재미있다. 나의 경험에 따르면 도덕과 질서 가운데 질서가 더 중요하다. 천하에 도가 없는 것이 바로 천하의 대란이고 질서가 없는 대혼란이다. 도덕은 매우 실제적이며, 또 매우 취약하다. 질서가 일단 무너지면 도덕은 바로 와해된다.

『노자』는 도덕을 중시했다. 『노자』에서 중시한 것은 자연에 부합하는 도덕이지 인위적인 도덕이 아니다. 『노자』의 저자는 무위는 참이지만 유위는 거짓이라고 생각했다. 거짓을 뜻하는 위僞자와 행위를 뜻하는 위爲자는 직접적으로 관련이 있다.

철저한 무위는 선전하지 않고 제창提唱하지 않는다. 마음속으로도 무위하고 실제로도 무위해야만 비로소 위선을 끊을 수 있고 진실을 제창할 수 있다. 당시 사회는 정상적으로 돌아가지 못하고 있었다. 그 주요 원인은 덕을 잃고 도를 어기며 무위를 중시하지 않는 데 있었다. 도덕의 해체는 삼부곡三部曲이었다. 덕이 제 기능을 잃자 인을 강조하기 시작하면서 사람들에게 적덕積德과 선행을 권장했다. 인이 제 기능을 잃자 의를 강조하기 시작하면서 사람들에게 의롭지 못한 일을 하지 말라고 했다. 의가 제 기능을 잃자 예를 강조하기 시작하면서 모든 사람에게 예가 아닌 것을 하지 못하게 강요했다. 예는 마지막 계책으로 하책 중의 하책이다. 노자는 예에 대해 가장 혹독하게 비판했다. “예라는 것은 진실과 믿음이 엷은 것이고 혼란의 우두머리다.” 이 비판은 누구를 겨냥한 것일까? 내가 보기에는 공자다.

나는 일상생활 속에서 진정으로 도덕적인 사람은 아무도 도덕을 강조하지 않는다고 믿는다. 인의도덕仁義道德이나 예의염치禮義廉恥를 입에 달고 다니는 사람은 대개 모두 매우 부도덕하다. 진정한 사랑은 마음속에서 우러나오는 것으로 본능에 가까운 사랑이라고 나는 이해하고 있다. 충성 역시 그러하다. 동물행동학을 연구하는 전문가들은 사람의 충성은 개들의 충성과는 비교할 수 없다고 말한다. 그 원인은 개들의 충성은 본능에서 나오는 것이라는 데 있다. 개들은 도덕을 강조할 줄도 모르고, 도덕이 무엇인지도 모르며, 도덕으로 인해 감동하는 일은 더더욱 없다.

도가의 한 유파인 법가는 매우 솔직하다. 그들은 사람 마음 깊은 곳에 생물적 본능이 자리잡고 있다는 것을 알고 있었다. 배고프면 먹으려 하고, 목마르면 마시려 하고, 졸리면 자려고 하는 것 등은 막으려 해도 막을 수 없다. 이런 것들은 재물을 탐하고 섹스를 좋아하며 고생을 꺼리고 죽음을 두려워하는 것으로 발전하여 마치 몽땅 결점과 약점뿐인 것처럼 보인다. 그러나 정치술은 바로 동력이 있는 곳에 쓰는 것이다. 그것은 인성을 도구로 삼는다. 귀에 거슬리지만 이는 틀림없는 사실이다.

나는 인성을 억압하고 본능을 억압하는 것이야말로 부도덕하다고 믿는다. 상덕은 바로 인성에 부합하는 도덕이다. 인성에 부합하는 도덕은 사람을 가장 크게 감동시킬 수 있다. 다른 사람을 진정으로 감동시키는 사람은 대개 자신은 감동하지 않는 경우가 많다. 나는 몇몇 농촌 여인들에게서 이런 것을 본 적이 있다. 스스로 감정을 만들어내고, 스스로 감동하는 것 등은 모두 자기와는 아무 상관도 없는 일로 친다. 그들은 아무런 고통을 받은 적도 없고 아무런 어려움도 겪은 적이 없으며 생이별이나 사별과 같은 큰일을 당한 적이 없는 사람들이다. 세상 경험이 많지 않은 지식인 가운데 이런 사람이 많다. 그들의 문학은 과장되어 있고 대부분은 시샘 덩어리다.

다른 사람을 감동시키면서 자기 자신은 아무런 동요도 없으며 감동이라는 것이 무엇인지조차 모르는 사람은 매우 높은 경지에 올라 있는 것이다.

제39장

통행본 제39장

옛날에 하나를 얻은 자들 가운데 하늘은 하나를 얻어서 맑아졌고, 땅은 하나를 얻어서 안정되었고, 신은 하나를 얻어서 영험해졌고, 골짜기는 하나를 얻어서 채워졌고, 제왕은 하나를 얻어서 천하의 우두머리가 되었다. 그것이 가져다준 결과였다. 하늘이 만약 그로 말미암지 않는다면 맑음은 아마도 사라질 것이고, 땅이 만약 그로 말미암지 않는다면 안정은 깨지고 말 것이며, 귀신이 만약 그로 말미암지 않는다면 영험함은 사라지고 말 것이고, 골짜기가 만약 그로 말미암지 않는다면 채워진 것이 말라버릴 것이며, 제왕이 만약 그로 말미암지 않는다면 고귀함은 사라지고 말 것이다. 그러므로 고귀함을 유지하기 위해서는 미천한 것을 근본으로 삼고, 높은 것을 유지하기 위해서는 낮은 것을 바탕으로 삼아야 한다. 이 때문에 제왕은 자기를 고孤(고아)·과寡(홀아비)·불곡不穀(홀몸)이라고 부른다. 이것은 귀한 것이 천한 것의 근본이라는 것인가, 아닌가? 그러므로 명예를 추구하기에 급급하면 명예가 없다. 이 때문에 옥처럼 고귀함을 추구하지 말고 돌처럼 하찮음을 추구해야 한다.

昔之得一者, 天得一以淸, 地得一以寧, 神得一以靈, 谷得一以盈, 侯王得一而以爲天下正. 其致之也, 謂天毋以淸將恐裂, 謂地毋以寧將恐廢, 謂神毋以靈將恐歇, 謂谷毋以盈將恐竭, 謂侯王毋以貴以高將恐蹶. 故必貴而以賤爲本, 必高矣而以下爲基. 夫是以侯王自謂孤寡不穀. 此其賤之本歟, 非也. 故致數譽無譽. 是故不欲祿祿若玉, 硌硌若石.

【대의】

옥은 돌보다 못하다

『노자』는 "하나一"로써 도를 비유하고, "하늘天" "땅地" "귀신神" "계곡谷(모든 비어있는 것)" "후왕侯王" 등 그 어떤 것도 이 "하나"에서 벗어날 수 없다고 했다. 예를 들어 "후왕은 하나를 얻어 천하의 우두머리가 된다侯王得一而以爲天下正"고 한다. 유아독존적 존재로서 천하의 주재자가 되니, 바로 천하의 "하나", 즉 유일자인 것이다. 그러나 글쓴이는 고귀한 것은 미천한 것을 바탕으로 삼고 있다. 후왕이 자기 자신을 "고孤(고아)·과寡(홀아비)·불곡不穀(홀몸)"이라고 부르는 것은 바로 미천한 것을 바탕으로 삼고 있기 때문이라고 말한다. 『노자』는 명예를 지나치게 추구하는 것은 명예가 없는 것과 같고, 옥처럼 고귀한 것이 오히려 돌멩이처럼 미천한 것보다 못하다고 말한다.

【토론】

一 일

도를 가리킨다.

谷得一以盈 곡득일이영

곡谷은 텅 비어 있는 곳이다. 하본, 왕본, 부본 등에는 이 구절 다음에 "만물은 하나를 얻어서 발생한다萬物得一以生"라는 구절이 자주 나오지만, 엄본에는 이 구절이 없다.

正 정

하본과 엄본은 같다. 부본과 왕본에는 "정貞"으로 되어 있다. 두 글자는 통가자, 즉 서로 바꿔 쓸 수 있는 글자였다.

其致之也 기치지야

이것은 결과를 나타낸다. 을본에는 "지之"자가 빠져 있다.

다음의 다섯 구절에 나오는 "무毋"자는 통행본에는 "무無"로 되어 있다.

謂谷毋以盈將恐竭 위곡무이영장공갈

하본, 왕본, 부본에는 이 구절 다음에 "만물은 자라나지 못하고 아마도 멸망할 것이다萬物無以生將恐滅"라는 구절이 자주 나온다. 엄본에는 이 구절이 없다.

故必貴而以賤爲本, 必高矣而以下爲基.
고필귀이이천위본, 필고의이이하위기.

옛날 책에서는 이 구절을 인용할 때 대개 "필必"자를 "귀貴"자와 "고高"자 다음에 두었다. 예를 들면 『전국책』「제책4齊策四」, 『회남자』의 「도응」「도원」, 『문자』「도원」 등이 그 예에 속한다. 통행본에는 대개 "필必"자가 없지만 하본에는 있고, 그 역시 "귀貴"자와 "고高"자 다음에 두고 있다.

孤寡不穀 고과불곡

고와 과는 혈혈단신 혼자이고, 홀아비다. 불곡은 좋지 않다(혹은 돌봐줄 사람이 없다)는 뜻이다. 이것은 모두 고대에 군왕이 쓰던 겸손한 말로서 서주의 금문에서 주왕은 자주 "나 한 사람余一人"이라고 불렀으며, 춘추전국에서는 고가과인孤家寡人, 즉 외톨이라고 불렀다. "나 한 사람"은 권력의 중심으로서 마치 태일太一이 우주의 중심에 높이 앉아 있는 것과 같다는 것이다. 고립된 것은 맞지만 권력은 어마어마하게 큰 것이다.

此其賤之本歟. 非也. 차기천지본여. 비야.

귀한 것은 천한 것의 근본인가 라고 묻는 것이다. 대답은 상반된다. 뒤의 두 구절은 부본에서는 "시기이천위본야, 비야是其以賤爲本也, 非也"라고 하여 "이以"자를 더했고, 하본과 왕본에서는 "차비이천위본야, 비야此非以賤爲本邪, 非也"라고 하여 또 부정사非를 더했다.

故致數譽無譽 고치수예무예

지나치게 명예를 추구하는 것은 아무 명예도 없는 것과 같다.

是故不欲碌碌若玉 시고불욕록록약옥

"녹록碌碌"은 옥의 모양을 나타내는 말이다. 이 구절은 옥과 같이 고귀한 것을 탐내지 말라는 것을 말하고 있다.

硌硌若石 낙락약석

"낙락硌硌"은 돌의 모양을 나타내는 말이다. 이 구절은 차라리 돌과 같이 하찮은 것이 더 좋다는 것을 말하고 있다.

제40장

통행본 제41장

최고의 선비가 도를 들으면 부지런하고 능숙하게 그것을 실천한다. 중급의 선비가 도를 들으면 도를 간직하고 있는 것 같기도 하고 없는 것 같기도 하다. 하급의 선비가 도를 들으면 크게 웃는다. 웃지 않으면 도라고 하기에 부족하다. 『건언』에서는 이렇게 말했다. 밝은 길道은 흐린 듯 하고, 평탄한 길道은 비뚤어진 듯하다. 가장 좋은 덕은 골짜기처럼 텅 비어 있고, 가장 하얀 것은 검은 듯하다. 많이 얻는 것은 만족할 줄 아는 것보다 못하고, 얻는 데 부지런한 것은 게으른 것과 같다. 변하지 않는 것은 변하는 것과 같고, 거대한 네모는 모서리가 없고, 거대한 그릇은 늦게 이루어진다. 거대한 소리는 아무 소리도 들리지 않고, 거대한 모습은 형체가 없다.

上士聞道, 勤能行之. 中士聞道, 若存若亡. 下士聞道, 大笑之. 弗笑, 不足以爲道. 是以建言有之曰, 明道如曊, 進道如退, 夷道如類, 上德如谷, 大白如辱, 廣德不如足, 建德如偷, 質眞如渝, 大方無隅, 大器晩成, 大音希聲, 大象無形. 道褒無名. 夫唯道, 善始且善成.

【대의】

도를 듣다.

『노자』에서 하는 말은 모두 "올바른 말은 반어反語와 같다"[1]는 원칙에 따르기 때문에 평범한 일반인이 이해할 수 있는 것이 아니다. 예를 들어 같이 "도를 들어聞道"도 총명한 사람은 도를 따라 부지런히 실행하지만, 보통 사람은 도를 따르는 듯 마는 듯 하며, 바보는 거기서 한 술 더 떠 비웃을 것이다. 바보가 비웃지 않으면 그것은 도라고 부를 수 없을 것이다. 진정한 도는 마치 상반되는 것 같이 보인다. 보이는데도 마치 보이지 않는 것 같고, 앞으로 나아가고 있는데도 마치 뒤로 가고 있는 것 같고, 평탄한데도 마치 울퉁불퉁한 것 같다. 진정한 덕도 이와 같다. 마치 계곡처럼 항상 텅 비어 있고, 깨끗한데도 마치 얼룩이 있는 것 같고, 부지런한데도 마치 게으른 것 같고, 변함이 없는데도 마치 변덕스러운 것 같다. 거대한 네모는 모서리가 없고, 거대한 그릇은 늦게 이루어지고, 거대한 소리는 들리지 않고, 거대한 모습은 보이지 않는다. 도는 항상 숨어 있어 드러나지 않기 때문에 사람들이 그에 대해 알지 못하지만, 처음부터 끝까지 좋은 것은 도뿐이다.

【토론】

上士聞道, 勤能行之. 中士聞道, 若存若亡. 下士聞道, 大笑之.

상사문도, 근능항지. 중사문도, 약존약무. 하사문도, 대소지.

노자는 상등의 선비가 도를 들으면 도를 따라 행동하는데, 이것은

1 제80장: 正言若反.

가장 좋은 태도라고 했다. 또 중등의 선비가 도를 들으면 지키는 듯 마는 듯 하는데, 이것은 그 다음의 어중간한 태도이고, 하등의 선비가 도를 들으면 크게 비웃는데, 이것은 가장 덜떨어진 태도라고 했다. "근능행도勤能行道"는 죽간본에는 "근능행어기중僅能行於其中"으로 되어 있고, 백서갑본에는 빠져 있으며, 을본에는 "동능행지堇能行之"로 되어 있고, 통행본에는 "근능행지勤能行之"로 되어 있다.

弗笑, 不足以爲道. 불소, 부족이위도.

만약 하등의 선비가 비웃지 않으면 그 도는 도라고 할 수 없다는 것이다.

建言 건언

아마도 관용어이거나 책 이름일 것이다.

明道如𦀚 명도여비

을본에는 "비費"자로 되어 있다. 정리자는 이 글자가 "비𦀚"자의 잘못이라고 생각했다. 비𦀚자는 눈이 밝지 못하다는 뜻의 글자로, "명明"과 반대의 뜻을 나타낸다.

夷道如類 이도여류

"이夷"는 평탄한 것이고, "류類"는 어그러질 려戾자와 통하며 "이夷"와 반대로 평탄하지 않음을 나타낸다. "류類"는 죽간본에는 "궤繢"로 되어 있다. 이 두 글자는 서로 바꿔 쓸 수 있는 통가자였다. 왕본에는 "류纇"로 되어 있다. 이것은 이체자異體字다.

上德如谷 상덕여곡

골짜기谷는 텅 비었다는 뜻이다.

大白如辱 대백여욕

"욕辱"은 욕黷과 같고 검댕을 뜻한다.

廣德不如足 광덕불여족

"덕德"은 쌍관어雙關語이기 때문에 덕德자 대신 득得자를 써서 광득여부족廣得如不足(많이 얻는 것은 만족할 줄 아는 것보다 못하다)이라고 말하는 것이 더 낫다. "광덕廣德"은 "현덕玄德"(제10장, 제51장, 제65장), "공덕孔德"(제21장), "항덕恒德"(제28장), "건덕建德"(제40장) 등과 비슷하다.

建德如偷 건덕여투

"건建"은 건강하다는 뜻의 건健자와 같다. 이 구절은 부지런히 유위하는 것을 가리킨다. "투偷"자는 죽간본과 백서본에는 빠져 있으며, 하본에는 "유揄"자로 되어 있다. 두 글자는 서로 바꿔 쓸 수 있는 통가자였다. 부본에는 "투媮"자로 되어 있는데, 투偷자와 같은 뜻이다. 엄본과 왕본에는 "투偷"자로 되어 있고, 게으르다는 뜻이다.

質眞如渝 질진여투

"질진質眞"은 변하지 않는다는 뜻이다. "투渝"는 변한다는 뜻이고, 죽간본에는 "유愉"자로 되어 있으며, 서로 바꿔 쓸 수 있는 글자였다.

大方無隅 대방무우

네모에는 네 개의 모서리가 있지만, 거대한 네모에는 이런 모서리가 없다.

大器晩成 대기만성

"대기大器"는 옛날 책에 자주 보인다. 귀중한 기물器物을 가리킨다. 귀중한 기물을 제조할 때는 반드시 품이 들고 시간이 든다. 그 때문에 대기만성大器晩成, 즉 거대한 그릇은 늦게 이루어진다고 한 것이다. "만晩"자는 죽간본에는 "만曼(慢)"자로 되어 있다. 두 글자의 음이 같고 의미 역시 비슷하다.

大音希聲 대음희성

제14장에서 "들어도 들리지 않는 것을 희希라고 부른다聽之而弗聞, 名之曰希"라고 했다. "희希"는 드물다는 뜻이다.

褒 포

감추다. 통행본에는 숨을 "은隱"자로 되어 있다. 이는 통속화된 것이다. 제32장, 제37장에 "도는 본래 이름이 없다道恒無名"라는 말이 있는데, 이와 비슷한 뜻이다.

善始且善成 선시차선성

"시始"는 통행본에는 "대貸"로 되어 있다. 두 글자는 통가자, 즉 서로 바꿔 쓸 수 있는 글자였다. 옛 주석에서 베풀어준다는 뜻으로 풀이한 것을 보면 옛날 책과는 다른 것이 분명하다.

제41장

통행본 제40장

반복은 도의 운동이다. 약함은 도의 작용이다. 천하의 모든 사물은 있음有에서 나오고 있음은 없음無에서 나온다.

反也者, 道之動也. 弱也者, 道之用也. 天下之物生於有, 有生於無.

【대의】

반복운동에는 반드시 약함을 쓴다. 『노자』에서는 일정일반一正一反(정과 반이 반복되는 것)을 말하기 좋아한다. 일정일반해야만 운동이라는 것이 있다. 그러나 서로 모순되는 양쪽 가운데서 노자는 항상 약자의 입장에 선다. "천하의 모든 사물은 있음有에서 나오고 있음은 없음無에서 나온다". "없음"이 바로 도인 것이다.

【토론】

이 장은 죽간본에 있다.

反也者, 道之動也. 반야자, 도지동야.

간본에는 "반反"자가 "반返"자로 되어 있다. 두 가지 독법 가운데 "반反"자가 더 좋다. 궈뎬 초나라 죽간郭店楚簡의 『태일생수太一生水』에는 "반보反輔"라는 말이 있다. 서로 반발하고 서로 협력하는 것相反相成은 도의 동력이다. 반返자로 읽으면 의미가 달라져 반대쪽으로 가다가 다시 원래의 위치로 되돌아가버린다는 뜻이 된다.

弱也者, 道之用也. 약야자, 도지용야.

『노자』에서는 부드럽고 약한 것을 존중하며, 모순되는 두 가지 가운데 항상 약자 쪽에 선다.

天下之物生於有, 有生於無. 천하지물생어유, 유생어무.

『노자』는 무에서 유가 발생한다고 주장한다. 도는 천지를 낳고, 천지는 만물을 낳는다. 도는 허무虛無, 즉 텅 비고 아무것도 없는 것이지만, 천지만물은 실유實有, 즉 가득 차 있고 존재하는 것이다. 있음은 없음에서 발생한다. "지물之物"은 죽간본, 부본, 하본, 왕본 등에는 "만물萬物"로 되어 있다. 죽간본에는 마지막에 나오는 "유有"자가 빠져 있다.

제42장

통행본 제42장

도는 하나를 낳고, 하나는 둘을 낳고, 둘은 셋을 낳고, 셋은 만물을 낳는다. 만물은 음陰을 지고 양陽을 안고 있으며, 충기冲氣로써 조화를 이룬다. 세상 사람들이 싫어하는 것은 고孤(고아), 과寡(홀아비), 불곡不穀(홀몸)뿐인데, 제왕은 그것으로써 자신을 지칭하는 이름으로 삼는다. 사물은 때로 덜어내면 늘어나기도 하고, 더하면 줄어들기도 한다. 이것은 옛사람이 나에게 가르쳐준 것이고, 내가 다른 사람에게 가르치는 것이다. 예부터 강인한 사람은 제 명에 죽지 못하는데, 나는 그것을 스승學父으로 삼을 것이다.

道生一, 一生二, 二生三, 三生萬物. 萬物負陰而抱陽, 冲氣以爲和. 天下之所惡, 唯孤寡不穀, 而王公以自名也. 物或損之而益, 益之而損. 故人之所教, 亦我而教人. 故強梁者不得其死, 我將以爲學父.

【대의】

강함을 추구하고 이기기를 좋아하면 제 명에 죽지 못한다.

이 장은 두 부분으로 나누어진다. "도는 하나를 낳고道生一"에서 "충기로써 조화를 이룬다冲氣以爲和"까지가 전반부다. 여기서는 도에 대하여, 즉 도가 천지를 낳고 천지가 만물을 낳는 과정을 설명하고 있다. 이는 『노자』의 우주론이다. "세상 사람들이 싫어하는 것天下之所惡"부터 "나는 그것을 스승으로 삼을 것이다我將以爲學父"까지가 후반부다. 여기서는 덕에 대하여, 즉 옛사람이 말한 "강인한 사람은 제 명에 죽지 못한다強梁者不得其死"라는 철리에 대해 설명하고 있다. 이는 노자의 처세 철학이다.

【토론】

道生一 도생일

"일一"은 태일太一이다. 고대의 태일은 둘로 나누어져 있었다. 하나는 궁극적 존재로서의 태일, 즉 도道다. 다른 하나는 도에서 파생된 것, 즉 삼일설三一說의 일一로서의 태일이다. "도는 하나를 낳는다道生一"고 한 점에 비추어볼 때 여기서 말하는 "일一"은 도道로서의 태일이 아니라 그보다 한 단계 낮은, 좁은 의미의 태일이다.

一生二, 二生三
일생이, 이생삼

고대에는 삼재설三才說, 삼일설三一說, 삼관설三官說 등이 있었으며, 이것들은 모두 일一, 이二, 삼三과 관계가 있다. 삼재는 천天(하늘), 지地(땅), 인人(사람)이고, 삼일은 태일성太一星 아래쪽에 있는 세 개의 별, 즉 천일天一, 지일地一, 태일太一(좁은 의미의 태일)이고, 삼관은 도교에서 말하는 천관天官, 지관地官, 수관水官이다. 팔주사八柱祠는 삼재설과 비슷하며, 천주, 지주, 병주를 가리킨다. 궈뎬 초나라 죽간의 『태일생수』의 우주 모델은 삼관설과 비슷하다. 즉 우주는 하늘天과 땅地과 물水에 의해 이루어졌다는 것이다. 물은 좁은 의미의 태일에 해당하고, 그것들과 태일의 관계는 태일이 물을 낳고 또 하늘을 낳고 또 땅을 낳는다. 이처럼 물은 하늘과 땅에 앞선다. "삼황오제三皇五帝"의 "삼황三皇"이 바로 삼재와 삼일로부터 파생된 것이다. 고대의 창조설화에서 어떤 데서는 기가 주가 되기도 하고 어떤 데서는 물이 주가 되기도 한다. 『태일생수』에서는 물이 주가 된다. 오늘날 지구인은 우주선을 타고 지구 밖으로 나가 생명체를 찾는다. 이때 중요한 조건의 하나가 바로 물이다. 물론 공기도 매우 중요하다.

三生萬物 삼생만물

이 구절은 하늘과 땅과 물 등 첫 번째 등급에 속하는 것들이 만물을 낳았다고 말하는 것이다.

萬物負陰而抱陽 만물부음이포양

만물은 음과 양이라는 두 기에 쌓여 있다. "부음負陰"은 음을 등지고 있는 것이고, "포양抱陽"은 양을 앞으로 끌어안고 있는 것이다. 중국 고대에는 북쪽을 등지고 남쪽을 바라보고 있는 것을 중시했고, 앞쪽과 왼쪽을 양이라 하고 오른쪽과 뒤쪽을 음이라고 했다. 이런 것들이 바로 부음포양負陰抱陽에 속한다. 『회남자』「정신훈」에서는 "배음이포양背陰而抱陽"이라고 했다. "배背"는 부負자와 서로 바꿔 쓸 수 있는 통가자였다. 배背와 배倍와 부負 등의 글자는 옛날 책에서는 자주 서로 바꿔 썼다.

冲氣以爲和 충기이위화

음양 두 기가 서로 조화를 이루는 것을 말한다. 『노자』에서 기를 언급하는 장은 이 밖에 제10장, 제55장 등이 있다.

天下之所惡, 唯孤寡不穀, 而王公以自名也.
천하지소오, 유고과불곡, 이왕공이자명야.

앞의 제39장을 참고할 것. "왕공王公"은 앞에서 말한 "후왕侯王"과 비슷하다(제32장, 제37장, 제39장). 하본과 왕본에는 "왕공王公"으로 되어 있고, 부본에는 "왕후王侯"로 되어 있다. 고대의 천하의 주인을 왕이라고 불렀고(야만국에서 우두머리를 스스로 왕이라고 부른 예도 있었음), 내직內職인 왕신王臣 중 가장 높은 사람을 공公이라고 불렀으며, 외직外職인 봉건국의 군사 수장을 후侯라고 불렀다.

故人之所教, 亦我而教人 고인지소교, 역아이교인

이 구절은 두 가지 해석이 있다. 한 가지는 "그러므로 다른 사람이 나에게 가르쳐준 것이고, 내가 다른 사람에게 가르치는 것이다"[1]라는 의미로 해석하는 것이고, 다른 하나는 "고故"자를 "고古"자로 읽고, "이것은 옛사람이 나에게 가르쳐준 것이고, 내가 다른 사람에게 가르치는 것이다"[2]는 의미로 해석하는 것이다. 이 문단은 을본에는 몽땅

1 鄭良樹, 『老子新校』, 196~198쪽.

2 高明, 앞의 책, 33~34쪽.

손상되어 없다. 하본과 왕본에는 "인지소교, 아역교지人之所敎, 我亦敎之"로 되어 있고, 엄본에는 "인지소이교아, 역아소이교인人之所以敎我, 亦我所以敎人"으로 되어 있는데, 모두 "고故"자나 "고古"자가 없다. 나는 여기에 "고故"자가 있든 없든, 그리고 그 글자들을 어떻게 읽든 상관없이 앞의 "인人"자는 옛사람을 가리키는 것이며, 뒤의 "인人"자는 모두 오늘날의 사람을 가리키는 것이 맞다고 생각한다. 만약 다른 누군가가 나에게 가르쳐준 것을 나 역시 다른 사람에게 가르친다고 이해한다면 왠지 아무 재미가 없는 것 같다.

故強梁者不得其死 고강량자부득기사

이 문장은 바로 위에서 "옛사람이 나에게 가르쳐준 것이고, 내가 다른 사람에게 가르치는 것이다故人之所敎, 亦我而敎人"라고 한 말의 내용이다. 『설원說苑』「경신敬愼」에 『금인명』에서 인용한 말 가운데 "강인한 사람은 제 명에 죽지 못하고, 이기기를 좋아하는 사람은 반드시 그 적수를 만난다"[1]라는 말이 있는데(이 말은 『공자가어孔子家語』「관주觀周」 편에도 인용되어 있음), 그것이 바로 이 말의 출처인 것이다.[2] 공자가 자로에게 "제 명에 죽지 못할 것이다"[3]라고 말했고, 남궁적南宮適(남궁괄)이 예羿와 오奡에 대하여 "제 명에 죽지 못할 것이다"[4]라고 말했다. 모두 그들이 지나치게 강인함을 추구한 점을 비평한 것이다. 이 말은 분명히 예부터 전해져오던 말일 것이다.

1 『설원』「경신」: 強梁者不得其死, 好勝者必遇其敵.

2 鄭良樹, 「金人銘與老子」, 『諸子著作年代考』, 12~20쪽에 인용됨.

3 『논어』「선진」: 不得其死然.

4 『논어』「헌문」: 不得其死然.

學父 학부

통행본에는 "교부敎父"로 되어 있다. 학부는 교부다. 교부는 가르침을 제공하고 학습을 제공하는 사람이지 서양인이 말하는 갓파더 godfather가 아니다. 들을 문聞과 물을 문問 두 글자가 그런 것처럼 고문자에서 가르칠 교敎와 배울 학學은 같은 뿌리를 가진 글자다. 『설문』「복부攴部」에는 교敎자와 효斅자를 나란히 열거하고 있다. 교敎자에 대하여, 허신은 본받을 효效자로 교敎자를 해석했고, 소전小篆에서는 효爻부와 자子부로 이루어져 있다. 고문에는 두 가지 글자체가 있다. 하나는 효爻부와 자子부에 심心방을 더한 것이고, 다른 하나는 효爻부와 복攴방으로 이루어진 것이다. 효斅는 학學이다. 허신은 각覺자로 효斅자를 풀이했고, 소전에서는 학學자로 쓰고 있다. 교敎자가 효孝부를 쓰는 것은 나중에 이르러서다.

제43장

통행본 제43장

세상에서 가장 부드러운 것은 세상에서 가장 굳센 것 속으로 뚫고 들어간다. 아무것도 없이 텅 빈 것이 틈이 없는 곳으로 들어간다. 이 때문에 나는 무위가 유익하다는 것을 알고 있다. 세상에서 말없는 가르침과 무위의 유익함보다 더 좋은 것은 없다.

天下之至柔, 馳騁於天下之至堅. 無有入於無間. 吾是以知無爲之有益也. 不言之教, 無爲之益, 天下希能及之矣.

【대의】

무위의 이로움.

말하지 않는 침묵이 말을 이기고, 무위가 유위를 이긴다. 그것은 바로 가장 부드러운 것이 가장 단단한 것을 뚫을 수 있는 것과 같고, 완전히 빈 것이 가득 차 있는 것 속으로 비집고 들어갈 수 있는 것과 같다.

【토론】

天下之至柔, 馳騁於天下之至堅.

천하지지유, 치빙어천하지지견.

『노자』는 부드러운 것이 굳센 것을 이긴다고 말하기 좋아한다. "지유至柔"는 가장 부드러운 것이고, "지견至堅"은 가장 굳센 것이다. 물의 성질은 가장 부드럽지만 돌을 뚫을 수 있다. 이것이 바로 부드러운 것으로 굳센 것을 이기는 예다. 제80장을 살펴보자. "세상에서 물보다 부드럽고 약한 것은 없지만, 견고하고 강력한 것을 공격하는 데는 그것보다 나은 것이 없고, 다른 무엇으로도 대체할 수 없다. 물이 견고한 것을 이기고 약한 것이 강한 것을 이기는 것을 세상에 알지 못하는 사람은 없지만 그러한 도리를 실행할 수 있는 사람은 없다."[1] 옛날 책에서는 다음과 같이 노자가 치아와 혀의 비유를 하나 더 들었다고 말한다. 치아는 딱딱하고 혀는 부드럽다. 사람이 늙으면 치아는 빠져버리지만 혀는 아직 붙어 있다. 『설원』「경신」 편에 숙향叔向이 한평자韓平子의 질문에 대답한 것을 싣고 있다. 그 내용은 혀와 치아의 비

1 제80장: 天下莫柔弱於水, 而攻堅強者, 莫之能勝也, 以其無以易之也. 水之勝剛, 弱之勝強, 天下莫弗知也, 而莫能行也.

유로써 이 구절을 설명한 것이다.

無有入於無間 무유입어무간

"무유無有"는 텅 빈 것이고, "무간無間"은 가득 찬 것이다. 병가兵家에서는 가득 찬 곳을 피하고 텅 빈 곳을 공격할 것, 가득 찬 것으로 텅 빈 것을 공격할 것 등을 강조하면서 돌멩이로 달걀을 깨뜨리는 비유를 든다(『손자』「세勢」). 『노자』는 그와 반대로 텅 빈 것도 가득 찬 곳 속으로 들어갈 수 있다고 말한다. 예를 들면 바람이나 공기 등은 모두 "무유無有", 즉 없음에 속하지만, 그것들은 어떤 틈이든 못 들어가는 데가 없고, 아무리 빽빽하게 가득 차 있다 해도 틈만 있으면 뚫고 들어갈 수 있다. 이 구절은 하본, 엄본, 왕본 등에는 "무유입무간無有入無間"으로 되어 있으며, 『회남자』「도응」에 인용되어 있는 것과 같다. 부본에는 "출어무유, 입어무간出於無有, 入於無間"으로 되어 있다. 이는 『회남자』「원도原道」에 인용되어 있는 것과 같다. 각각 인용한 판본이 다르다.

天下希能及之矣 천하희능급지의

통행본에는 "능能"자가 빠져 있다.

제44장

통행본 제44장

명성과 몸 가운데 어떤 것이 나에게 더 절실한가? 몸과 돈 가운데 어떤 것이 더 중요한가? 얻는 것과 잃는 것 가운데 어떤 것이 더 골치 아픈가? 아끼는 마음이 깊으면 낭비가 큰 것은 필연적이고, 많이 저장해두면 많이 없어지는 것 역시 필연적이다. 그러므로 만족할 줄 알면 치욕스럽지 않고, 그칠 줄 알면 없어지지 않아서 오래오래 유지할 수 있다.

名與身孰親. 身與貨孰多. 得與亡孰病. 甚愛必大費, 多藏必厚亡. 故知足不辱, 知止不殆, 可以長久.

【대의】

만족을 알면 오래도록 행복하다.

명성과 몸 가운데 어떤 것이 나에게 더 절실한가? 당연히 몸이다. 몸과 돈 가운데 어떤 것이 더 중요한가? 당연히 몸이다. 얻는 것과 잃는 것 가운데 어떤 것이 더 우리를 골치 아프게 하는가? 당연히 얻는 것이다. 사람은 무언가를 좋아하면 할수록 좋아하는 그 대상에 마구 돈을 쓴다. 무언가를 모으고 싶어하면 할수록 그것은 더 빠르게 흩어져 없어진다. 만족할 줄 알아야 비로소 파산을 면할 수 있고, 망신을 불러오지 않는다. 멈출 줄 알아야 비로소 재산을 지킬 수 있고, 망하지 않고 오래도록 번창할 수 있으며, 그것을 오래오래 유지할 수 있다.

【토론】

이 장은 죽간본에 있다.

身與貨孰多 신여화숙다

"다多"는 두 가지 가운데 어떤 것이 더 많고 적은가를 가리키는 것이 아니라 어느 쪽이 더 중요한가를 가리킨다.

得與亡孰病 득여망숙병

죽간본에는 "긍여망숙병肯與亡孰病"으로 되어 있다. 정리자는 "득여망숙병得與亡孰病"이라고 해독했다.

多藏必厚亡 다장필후망

죽간본에는 "후장필다망厚藏必多亡"으로 되어 있다.

殆 태

이 글자 역시 다하여 없어지지 않는다는 뜻이다.

제45장

통행본 제45장

가장 완벽한 것은 마치 결함이 있어서 불완전한 것 같지만, 그 쓰임은 끝이 없다. 가장 충실한 것은 마치 완전히 텅 비어서 영원히 채워지지 않을 것 같지만, 그 쓰임은 한이 없다. 가장 곧은 것은 굽은 듯하고, 가장 훌륭한 솜씨는 서툰 듯하며, 가장 많은 것은 적은 듯하다. 움직임은 추위를 이기고, 고요함은 더위를 이기며, 맑고 고요함淸靜으로 천하를 다스릴 수 있다.

大成若缺, 其用不敝. 大盈若盅, 其用不窮. 大直如詘, 大巧如拙, 大贏如絀. 躁勝寒, 靜勝熱, 淸靜可以爲天下正.

【대의】

맑고 고요함으로 천하를 다스릴 수 있다.

가장 완벽한 것은 마치 결함이 있어서 불완전한 것 같다. 가장 충실한 것은 마치 완전히 텅 비어서 영원히 채워지지 않을 것 같다. 그러나 그러한 것들의 쓰임새는 진실로 무궁무진하다. 가장 곧은 것은 마치 구부러진 듯하다. 가장 영민한 것은 마치 바보스러운 듯하다. 가장 여유로운 것은 마치 부족한 듯하다. 『노자』에서 말하는 스타일은 항상 이처럼 "올바른 말은 반어反語와 같다."[1] 천하를 다스리는 데 본래부터 몹시 애쓰는 사람은 긴장을 늦추지 않고 노심초사해도 일을 완수하지 못한다. 그러나 『노자』는 "맑고 고요함淸靜으로 천하를 다스릴 수 있다"고 말한다. 즉 통치자가 청정무위淸淨無爲하면 할수록 천하는 더욱더 아무 탈 없이 안정된다는 것이다. 『노자』에서는 다음과 같은 비유를 들어 설명한다. 그것은 마치 겨울에 몹시 추울 때 펄쩍펄쩍 뛰면서 발을 움직이면 추위를 막을 수 있지만, 몹시 더운 여름에는 바깥 활동을 줄이고 조급한 마음을 없애기만 해도 더위를 물리칠 수 있는 것과 같다는 것이다. 속담에도 마음이 고요하면 저절로 시원해진다는 말이 있다.

【토론】

이 장은 죽간본에 있다.

1 제80장: 正言若反.

大成若缺, 其用不敝 대성약결, 기용불폐

"성成"은 "결缺"과 반대되는 말로서 완벽하다, 완전하다의 뜻이다. "폐敝"는 쇠락하다, 시들다는 뜻을 가지고 있으며, 다음에 나오는 "궁窮"자와 뜻이 비슷하다.

大盈若盅 대영약충

"영盈"은 가득 찬 것이다. 부본에서는 한나라 혜제惠帝의 이름을 피휘하여 "만滿"자로 썼다. "충盅"은 텅빈 것으로 "영盈"과 상반된다.

大直如詘, 大巧如拙, 大贏如絀. 대직여굴, 대교여졸, 대영여출.

이 세 구는 죽간본에 "대교약졸, 대성약굴, 대직약굴大巧若拙, 大成若詘, 大直若屈"로 되어 있어, 순서가 다르다. "대영여출大贏如絀"은 죽간본에는 "대성약굴大成若詘"로 되어 있다. 위의 글의 영향을 받아서 잘못된 것 같다. "대교여졸大巧如拙" 다음에 통행본에는 대개 "대변약눌大辯若訥"이라는 구절이 있다. "굴詘"자는 굴屈과 같고, 뜻은 "직直"자와 반대다. "교巧"와 "졸拙"은 상반되는 뜻을 나타낸다. "영贏"은 많다는 뜻이고, "출絀"은 부족하다는 뜻으로, 두 글자는 상반된 의미를 나타낸다. 초나라 백서楚帛書에는 "많고 적음에 규칙성이 없다贏絀不得其常"라는 말이 있고, 옛날 책에는 또 "영축贏縮"이라는 말이 있다. 같은 뜻을 나타내는 말이다.

躁勝寒, 靜勝熱 조승한, 정승열

"조躁"자는 죽간본에는 "조燥"자로 되어 있다. 이 두 글자는 서로 바꿔 쓸 수 있는 통가자였다. 글자의 의미상에서 볼 때 조躁자로 읽는 것이 더 좋다. "조躁"자는 많이 움직인다는 뜻으로서 고요하게 가만히 있다는 뜻을 나타내는 "정靜"자와 상반된다. "한寒"은 죽간본에는 "창蒼"으로 되어 있다. 초나라 문자에서 한寒자와 창蒼자 및 창倉자는 쓰는 모양이 비슷해서 자주 혼용했다. "한寒"은 "열熱"과 상반되는 뜻을 나타내는 글자다.

正 정

이 글자는 주재한다는 뜻을 나타낸다.

이 몇 개의 구절 가운데 보이는 "약若"자와 "여如"자는 백서본에서는 통일되어 있지 않고, 죽간본, 통행본은 모두 통일되어 있다. 통일되어 있는 쪽이 더 좋다.

제46장

통행본 제46장

천하에 도가 있으면 달릴 수 있는 말은 쫓아 없애버린다. 천하에 도가 없으면 전차를 끄는 융마戎馬는 국경 지역에서 태어난다. 죄 가운데 욕심보다 더 큰 것이 없고, 재난 가운데 만족을 모르는 것보다 큰 것이 없으며, 재앙 가운데 더 얻으려고 하는 것보다 참혹한 것이 없다. 그러므로 만족할 줄 아는 데서 오는 넉넉함이 영원한 넉넉함이다.

天下有道, 却走馬以糞. 天下無道, 戎馬生於郊. 罪莫大於可欲, 禍莫大於不知足, 咎莫憯於欲得. 故知足之足, 恒足矣.

【대의】

만족을 알아야 비로소 넉넉해진다.

여기서 다시 한 번 전쟁을 비판한다. 글쓴이는 천하에 도가 있으면 말을 남산에 풀어놓지만, 천하에 도가 없으면 교외에서 전투용 말을 징발한다고 말하고 있다. 인류의 죄악과 재난과 불행은 모두 끝없는 탐욕 때문에 발생한다. 지족知足(만족할 줄 아는 것) 속에서 만족을 얻으면 가장 큰 만족이라는 것이다.

【토론】

이 장은 죽간본에 있지만, 앞의 네 구절이 결락되었다.

天下有道, (…) 天下無道 천하유도, (…) 천하무도

천하에 도가 있는 것은 평화보다 더한 것이 없고, 천하에 도가 없는 것은 전쟁보다 더한 것이 없다.

却走馬以糞 각주마이분

달릴 수 있는 말들은 풀어주어 다시는 전쟁에 쓰지 않는다는 것이다. 이는 바로 속담에서 "칼과 창은 창고에 들여놓고, 말은 남산에 풀어준다刀槍入庫, 馬放南山"고 말한 것 중 "말은 남산에 풀어준다"는 것에 해당한다. "분糞"은 명사로 쓸 때는 쓰레기나 똥과 같이 버린 물건을 가리키고, 동사로 쓸 때는 없애다 혹은 논밭에 거름을 준다는 뜻이다. 여기서는 없앤다는 뜻으로 썼다. 고대 도교에 "각주마却走馬"라는 말이 있다. 이 말은 『노자』에서 빌려다가 방중술房中術의 용어로 쓴 것이다. 예를 들어 갈홍葛洪은 방중술의 효과를 논하면서 이렇게 말했다. "음양의 기술은 먼저 작은 질병을 치료할 수 있고, 다음으로는 몸의 허약과 정신의 소모를 없애준다. (…) 그 기술을 잘 이용하는 사람은 사정을 방지함으로써 뇌를 보양하고, 음단陰丹을 되돌아가게 함으로써 몸을 건강하게 하며, 금지金池에서 옥액玉液을 채취하고 화량華梁에서 삼오三五[1]를 끌어내서 항상 아름다운 모습을 유지하고, 타고난 천수를 마칠 수 있게 한다."[2] "각주마이보뇌却走馬以補腦"는 사정을 멈추고 그 정精을 돌려보내 뇌를 돕도록 한다는 뜻이다.

戎馬生於郊 융마생어교

융마戎馬는 전차를 끄는 말이다. 고대 제나라나 노나라 등에서 군부軍賦, 즉 군사상의 세금이나 부역을 징발할 때 "필마구우匹馬丘牛"라고 부르는 것이 있었다(『司馬法』佚文). "필마구우匹馬丘牛"는 구일급丘一級(고대 주민 조직 중 일등급)에서 징발해오는 것이다.

罪莫大於可欲 죄막대어가욕

죽간본에는 "죄막주호어심욕罪莫砫乎於甚欲"으로 되어 있다. 정리자가 세 번째 글자는 후厚자라고 했다. 사실 이 글자는 총冢자와 같은 글자로서 무거울 중重으로 읽어야 한다. 나는 그것을 "죄막중호어탐욕罪莫重乎於貪欲(탐욕보다 더 무거운 죄는 없다)"으로 고쳐서 읽는다. "심甚"자는 초나라 글자에서 쓰는 모양이 "가可"자와 비슷해서 혼동하기 쉽다.

---

1 상단전上丹田, 중단전中丹田, 하단전下丹田 등 삼전三田과 오장五藏의 진기眞氣.—옮긴이

2 『포박자』「미지微旨」: 夫陰陽之術, 高可以治小疾, 次可以免虛耗而已. (…) 善其術者, 則能却走馬以補腦, 還陰丹以朱腸, 采玉液於金池, 引三五於華梁, 令人老有美色, 終其所稟之天年.

咎莫憯於欲得 구막참어욕득

"참憯"은 참慘과 같으며, 아프다는 뜻이다. 『한비자』의 「해로」 편과 「유로」 편은 부본과 같다. 죽간본에는 "구막첨호욕득咎莫僉乎欲得"으로 되어 있다. 나는 "구막험호욕득咎莫險乎欲得(더 가지려고 하는 것보다 위험한 재앙은 없다)"이라고 읽어야 하지 않을까 하는 의문이 든다.

故知足之足, 恒足矣. 고지족지족, 항족의.

지족, 즉 만족할 줄 아는 데서 얻은 만족이야말로 영원한 만족이다.

여기서 화제가 왜 "지족知足"이 되었을까? 그 대답은 전쟁은 탐욕에서 시작되고 평화는 만족할 줄 아는 데서 시작하기 때문이다.

제47장

통행본 제47장

문을 나서지 않고도 세상의 일을 안다. 창문으로 내다보지 않고도 천상의 이치를 안다. 멀리 나갈수록 아는 것은 적어진다. 이 때문에 성인은 돌아다니지 않고도 알았으며, 보지 않고도 훤히 꿰뚫었으며, 하지 않고도 이루었다.

不出於戶, 以知天下. 不窺於牖, 以知天道. 其出也彌遠, 其知彌少. 是以聖人不行而知, 不見而明, 弗爲而成.

【대의】

문을 나서지 않고도 세상의 일을 안다.

『노자』에서는 지식을 논할 때 문을 나서지 않고도 천하를 알 수 있다는 것을 강조한다. 『노자』는 길을 멀리 가면 갈수록 아는 것은 점점 더 적어진다고 생각한다. 성인은 "돌아다니지 않고도 알고, 보지 않고도 안다"는 말도 무위에 속한다.

【대의】

不出於戶, 以知天下. 不窺於牖, 以知天道.

불출어호, 이지천하. 불규어유, 이지천도.

"호戶"는 출입문으로서 문門과 호戶는 모두 모양을 본뜬 상형자다. 문門자는 문짝이 둘인 문을 본뜬 것이고, 호戶자는 문짝이 한 짝인 문을 본뜬 것이다. "지천하知天下"는 지상의 일을 아는 것이다. "유牖"는 창문을 뜻한다. "지천하知天道"는 천상의 일을 아는 것이다. 본래 이론상으로 볼 때 지상의 일을 알고 싶다면 문을 나서서 여행을 떠나 조사를 해야 한다. 또 천상의 일을 알고 싶다면 창문을 열고 별이 반짝이는 하늘을 쳐다보면서 천도가 운행하는 규칙을 관찰해야 한다. 그러나 『노자』는 문을 나서지 않고도 또 창문을 열지 않고도 일정한 양식을 통해 이런 것들을 알 수 있다고 의식적으로 이렇게 말한 것이다. 속담에 "아무리 수재라 해도 문을 나서지 않고 어떻게 세상의 일을 알 수 있겠는가?"라는 말이 있다. 이것은 하나의 견해다. 이와 다른 견해가 있다. 즉 "수재는 문을 나서지 않고도 세상일을 다 안다"라는 말도 있다. 이 두 가지 견해는 완전히 상반된다. 『노자』는 뒤의 입장에 속한다. 사람이 혼자서 자기 집에 틀어박혀 있다면 바깥에서 벌어지는 일을 어떻게 알 수 있겠는가? 오늘날이라면 그런 일이 신선한 얘깃거리가 아니다. 우리에게는 신문, 티브이, 인터넷 등이 있다. 그러나 고대에 그렇다는 것은 매우 기이하다. 글쓴이가 강조하고자 한 바는 길 다니면서 근거 없는 얘기를 주워듣는 것보다 가만히 앉아서 도를 깨닫는 것이 더 낫다는 점이라고 나는 이해하고 있다. "이지以知"는, 하본과 왕본에는 "이以"자가 빠져 있고, 부본에는 거꾸로 글자가 더해져 "가이지可以知"로 되어 있다.

其出也彌遠, 其知彌少 기출야미원, 기지미소

고염무顧炎武는 "만 리 길을 가라"고 주장했다. 즉 지리학자, 박물학자, 고고학자, 여행가 등은 모두 만 리 길을 가보아야 한다는 것이다. 정치가 역시 세상을 두루 여행하는 일을 빼놓아서는 안 된다. 지식인은 항상 집 안에 웅크리고 앉아 현실을 외면한 채 자기 생각에 빠져 있다. 예를 들어 리아오李敖는 와유臥遊, 즉 책 속에서의 여행을 주장했다. 사실 문을 나올 때는 문을 나올 만한 이유가 있고, 문을 나오지 않을 때도 문을 나오지 않을 만한 이유가 있다. 만 권의 책을 읽을 때는 주로 집 안에서 읽는다. 생각할 때도 자기 집 정원이나 꽃밭을 산책하는 것만으로 충분하다. 고대 세계에서 큰 지혜를 가진 많은 사람은 모두 숨어서 도를 깨달았다. 그들은 나무 아래 앉아 있었거나 한 것이 아니라 깊은 산 동굴 속으로 들어가거나 혹은 멍하니 벽만 바라보고 있었다. 그들은 먹고 마시기 위해 탁발하러 나가거나 혹은 경전을 가져오거나 교리를 전파하기 위해 나간 것 외에는 전혀 문을 나서지 않았다. 문을 나서지 않았을 뿐만 아니라 책조차도 읽지 않았다. 노자 역시 도를 깨닫기 위해서는 문을 나설 필요가 없다고 생각했다.

是以聖人不行而知, 不見而明, 弗爲而成.

시이성인불행이지, 불견이명, 불위이성.

"불행이지不行而知"는 앞에서 말한 것을 총결한 것이다. "불행이지不行而知"는 바로 "문을 나서지 않고도 세상의 일을 안다"는 것이고, "불견이명不見而明"은 바로 "창문으로 내다보지 않고도 천상의 이치를 안다"는 것이다. "명明"은 갑본에는 결락되어 있고, 을본과 통행본에는 "명名"으로 되어 있다. 명明자와 명名자는 고대에 자주 서로 바꿔 쓰는 통가자였다. 『한비자』「유로」편에는 "명明"으로 인용되어 있고, 제23장에 있는 "자기 생각으로만 세상을 보지 않기 때문에 명확하게 안다不自見, 故明"의 명明과 제52장에 있는 "작은 것을 볼 수 있는 것을 밝음明이라 하고"[1]의 명明은 당연히 밝을 명明자로 읽어야 맞다는 것을 알 수 있다. "불위이성弗爲而成"은 앞의 두 구절과는 달리 "불不"자가 아니라 "불弗"자를 쓰고 있다. 통행본에는 "불不"로 되어 있다.

1 제52장: 見小曰明.

제48장

통행본 제48장

학문을 하는 방법은 모르는 것을 나날이 더해가는 것이고, 도를 닦는 방법은 알고 있는 것을 나날이 덜어가는 것이다. 덜어내고 또 덜어내다보면 무위無爲에 이른다. 무위에 이르면 못하는 것이 없다. 천하를 차지할 때는 항상 백성을 괴롭히지 않는 방법을 써야 한다. 백성을 힘들게 하는 방법으로는 천하를 차지할 수 없다.

爲學者日益, 聞道者日損, 損之又損, 以至於無爲. 無爲而無不爲. 取天下也, 恒以無事也. 及其有事也, 不足以取天下.

【대의】

배우면 날로 늘어나고, 도를 들으면 날로 줄어든다.

이 장은 앞 장의 내용을 잇고 있다. 지식은 탐구하면 탐구할수록 많아진다. 도는 깨달으면 깨달을수록 적어진다. 지식의 탐구 문제에서도 『노자』는 무위를 강조한다.

【토론】

이 장은 죽간본에 있지만, 마지막 네 구절은 결락되고 없다.

爲學者日益, 聞道者日損 위학자일익, 문도자일손

통행본에는 "자者"자가 빠져 있다. "위학爲學"은 지식을 학습하는 것이고, "문도聞道"는 이치를 연마하는 것이다. 지식은 학습하면 학습할수록 많아지고, 이치는 연마하면 연마할수록 적어진다. 이것은 매우 깊은 체득의 경지다. 전문화된 지식인은 능력이 대단하다. 그들은 주로 누가 더 많은 책을 읽었는지에 주목하고, 그리고 원래 매우 간단해 보이는 것을 누가 보다 더 복잡하게 말할 수 있는지에 주목한다. 이것은 몹시 대단한 능력이다. 그러나 그런 능력이 아무리 대단해도 그 역시 반쪽 중 한쪽일 뿐이다. 그것은 건물이 올라가는 것과 같이 올라가면 올라갈수록 높이는 더 높아진다. 나머지 반쪽이 더 중요하다. 그것은 복잡한 것을 간단하게 만드는 것이다. 예를 들어 건물을 내려와버리면 그만이다. 그러나 많은 사람은 내려오지 못한다. 내가 볼 때 통속적인 것은 매우 높은 경지다. 진정한 통속은 결코 맹물처럼 흔한 것이 아니고 개똥 같이 하찮은 것이 아니라 심오한 내용을 알기 쉽게 표현하는 것이다. 복잡한 내용을 분명하게 파악하고 설명도 분명하게 하는 것, 이것이야말로 가장 높은 경지다.

損之又損, 以至於無爲 손지우손, 이지어무위

『노자』에서는 도를 높인다. 노자의 입장에서 볼 때 도는 가장 단순한 것이다. 따라서 도를 추구하는 사람은 반드시 단순함을 추구해야 한다. "덜어내고 또 덜어낸다損之又損"는 것은 더 이상 단순화할 수 없을 때까지 단순화해서 마침내 해야 할 일이 없는 데까지 이르는 것이다. 이 마지막 한 걸음이 바로 "무위無爲", 즉 생각하지도 않고 말하지도 않고 움직이지도 않는 것이다.

無爲而無不爲 무위이무불위

백서본의 갑본과 을본 등 두 책 모두에 훼손되어 없다. 죽간본과 옛날 책에 인용된 글(예를 들어 『장자』「지북유」, 『회남자』「원도」, 『문자』「도원」 등) 그리고 통행본 등에는 대부분 "무위이무불위無爲而無不爲"로 되어 있지만, 엄본만 "이무이위而無以爲"로 되어 있다(윗글에 "지어무위至於無爲" "무위無爲"로 되어 있는 점으로 볼 때 중복된 것이 분명하다). "무위이무이위無爲而無以爲"와 "무위이무불위無爲而無不爲"의 다른 점에 대해서는 제38장의 【토론】을 참조할 것. 이 두 가지 글의 원문의 차이는 매우 중요하다. 도가의 무위파와 유위파는 각각 이 두 구절 중의 한 구절을 내세웠다. 이 때문에 우리는 그 차이를 가볍게 넘겨서는 안 된다.

無事 (…) 有事 무사 (…) 유사

제57장에서 "백성을 괴롭히지 않음으로써 천하를 얻는다"[1] "내가

아무것도 하지 않으면 백성은 저절로 살아가고, (…) 내가 백성을 괴롭히지 않으면 백성은 저절로 부유해지고……"[2]라고 했고, 제63장에서는 "무언가를 하려고 할 때는 작위함이 없어야 한다. 백성을 부릴 때는 백성을 괴롭히지 말아야 한다"[3]라고 했다. "무사無事"와 "무위無爲"는 어떻게 다른가? 주로 "위爲"는 스스로 작위하는 것이고, "사事"는 백성을 힘들게 하는 것이다.

1 제57장: 以無事取天下.

2 제57장: 我無爲而民自化, (…) 我無事而民自富……

3 제63장: 爲無爲, 事無事.

제49장

통행본 제49장

성인은 고정된 마음이 없고, 백성의 마음을 자기 마음으로 삼는다. 훌륭한 사람에 대해서는 훌륭하게 생각하고, 훌륭하지 않은 사람에 대해서도 훌륭하게 생각하는데, 그렇게 해야 훌륭하게 될 수 있기 때문이다. 미더운 사람에 대해서는 미덥게 여기고 미덥지 못한 사람에 대해서도 미덥게 여기는데, 그렇게 해야 미덥게 될 수 있기 때문이다. 성인은 세상 사람에 대해 두려워하면서 세상 사람들과 같은 마음을 가지려고 한다. 백성이 모두 성인에게 이목을 집중하기 때문에 성인은 백성을 두려워한다.

聖人無恒心, 以百姓之心爲心. 善者善之, 不善者亦善之, 德善也. 信者信之, 不信者亦信之, 德信也. 聖人之在天下, 歙歙焉, 爲天下渾心. 百姓皆屬耳目焉, 聖人皆孩之.

【대의】

백성의 마음으로 자기의 마음을 삼는다.

성인은 백성의 마음으로써 자기의 마음을 삼기 때문에 넉넉하다거나 야박하다거나 하는 것이 없다. 능력이 있든 능력이 없든 모든 사람을 똑같이 어질게 본다. 그 때문에 백성은 자신의 장점을 발휘할 수 있다. 믿을 수 있든 믿을 수 없든 모든 사람을 똑같이 어질게 본다. 그 때문에 그들의 신임을 얻는다. 성인이 천하를 다스릴 때는 항상 조심하고 신중하면서 백성의 마음을 자기의 마음으로 삼으며 백성과 한마음이 된다. 백성의 눈은 모두 그를 바라보고, 백성의 귀는 모두 그의 소리를 듣고 있다. 그래서 성인은 백성을 무서워하지 않을 수 없다.

【토론】

聖人無恒心, 以百姓之心爲心. 성인무항심, 이백성지심위심.

『노자』는 무위정치를 주장한다. 그것은 민심의 향배를 근본으로 삼는 것이다. 『육도六韜』의 「문도文韜」와 「문사文師」에 "천하는 한 사람의 천하가 아니라 천하 사람들의 천하다"[1]라는 말이 있다.

1 『육도』「문도」「문사」: 天下非一人之天下也, 乃天下之天下也.

善者吾善之, 不善者亦善之, 德善也. 信者信之, 不信者亦信之, 德信也.

선자오선지, 불선자역선지, 덕선야. 신자신지, 불신자역신지, 덕신야.

이것은 백성에 통치자의 대한 태도를 설명한 것이다. "선자善者"는 "선한 사람善人"이라고도 부른다. 이 말에는 두 가지 의미가 있다. 하나는 도덕적으로 좋은 사람을 가리키고, 다른 하나는 능력이 있고 특기가 있는 사람을 가리킨다. 제27장의 "그러므로 선한 사람은 선한 사람의 스승이다. 선하지 못한 사람은 선한 사람의 보조자다"[1]를 참고할 것. 여기서 말한 "선자善者"와 제27장에서 말한 "선한 사람善人"은 아마 같은 의미일 것이다. 즉 주로 능력이 있고 특기가 있는 사람을 가리킨다. 통행본에는 "선자善者" "불선자不善者" "신자信者" "불신자不信者" 아래 각각 "오吾"자가 첨가되어 있다. 백서본에는 을본에만 두 번째의 "덕德"자가 보존되어 있다. 이 점으로 보아 (첫 번째 글자도) "덕德"자였을 것임을 알 수 있다. 부본에는 "득得"자로 되어 있다. 이는 파독破讀[2]의 결과다. 두 개의 "덕德"자는 모두 얻을 득得의 의미로 썼다.

歙歙 흡흡

놀라고 두렵다는 뜻이다. 부본과 왕본은 같다. 하본과 경복비景福碑에는 "출출怵怵"로 되어 있고, 엄본에는 "첩첩惵惵"으로 되어 있다.

1 제27장: 故善人, 善人之師. 不善人, 善人之資也.

2 앞에서도 설명했지만 같은 글자의 뜻이 서로 다름으로 인하여 두 가지 이상의 독음讀音이 있을 경우, 습관상 가장 일반적인 독음 이외의 독음을 파독이라고 한다.—옮긴이

『손자』「행군行軍」에는 "순순유유諄諄諭諭"라는 말이 있다. 이 역시 비슷한 뜻이다.

爲天下渾心 위천하혼심

"혼渾"은 혼융의 뜻이 있다. 여기서는 백성과 같은 마음, 즉 위에서 말한 "성인은 고정된 마음이 없고, 백성의 마음을 자기 마음으로 삼는다"는 것이다. 예전 주에서는 혼박渾樸, 즉 아직 인위가 가해지지 않은 천연의 상태라는 뜻이라고 했다. 아마도 그것은 본래의 뜻이 아닌 것 같다.

百姓皆屬耳目焉 백성개촉이목언

백성이 모두 군주를 주목하고 있고 군주의 말을 듣고 있다. 이처럼 군주의 일거수일투족은 모두 그들의 감시 아래 놓여 있다. "촉屬"은 을본에는 "주注"로 되어 있고, 통행본에도 "주注"로 되어 있다. 이 두 글자는 서로 바꿔 쓸 수 있는 통가자였다.

聖人皆孩之 성인개해지

"해孩"는 동사로 쓴 것이기 때문에 놀랄 해駭자로 읽어야 하지 않을까 의심이 된다. 만백성이 주목하고 있고 군주는 두려움에 떨고 있는 것을 가리킨다. 옛날 주에서는 이 구절은 성인은 백성으로 하여금 마치 갓난아이와 같이 순박한 상태로 돌아가도록 하게 하는 것이라고 설명했지만, 아마도 원래의 뜻이 아닌 것 같다. 백서본에는 훼손되어 없고, 하본과 왕본에는 "해孩"로 되어 있으며, 엄본에는 "해駭"로 되어 있고, 부본에는 "해咳"로 되어 있다.

제50장

통행본 제50장

사람은 태어나서 죽는다. 지금 삶의 기운이 왕성해지고 있는 사람은 10분의 3이고, 지금 죽어가는 사람은 10분의 3이며, 삶에서 죽음으로 옮겨가다가 여차하면 죽을 자리死地로 들어가는 사람이 10분의 3이다. 왜 그러는 것일까? 그들은 삶에서 죽음으로 옮겨가고 있기 때문이다. 섭생을 잘하는 사람은 산속을 가면서도 코뿔소나 호랑이를 피하지 않고, 전쟁터에 들어가서도 무장을 하지 않는다고 들었다. 코뿔소는 그 뿔을 받을 곳이 없고, 호랑이는 발톱을 델 곳이 없으며, 무기는 칼날이 들어갈 곳이 없기 때문이다. 왜 그러는 것일까? 그에게는 죽을 자리死地가 없기 때문이다.

出生入死. 生之徒十有三, 死之徒十有三, 而民生生, 動皆之死地之十有三. 夫何故也. 以其生生也. 蓋聞善攝生者, 陵行不避兕虎, 入軍不被甲兵. 兕無擅其角, 虎無所措其爪, 兵無所容其刃. 夫何故也. 以其無死地焉.

【대의】

태어나고 죽는 것.

이 장에서는 몸을 보호하고 생명을 유지하는 경지를 설명하고 있다. 글쓴이는 사람이 한 평생 살면서 3분의 1은 삶의 길生道에 있고, 3분의 1은 죽음의 길死道에 있고, 3분의 1은 삶과 죽음 사이生死之間에 있으며, 걸핏하면 사지死地에 놓인다고 말한다. 그 원인은 살려고 하는 생각이 지나치기 때문이다. 몸을 보호하고 생명을 유지하는 것을 정말로 잘하는 사람은 야수의 습격을 두려워하지 않고 무기에 의한 상해도 두려워하지 않는다. 그 이유는 그런 사람은 어디서나 흉을 길로 바꿀 수 있고 따라서 사지에 놓이지 않기 때문이다.

【토론】

出生入死 출생입사

사람은 누구나 태어나서 죽는다. 이는 매우 일반적인 일이다. 오늘날에는 이 말의 의미가 바뀌어 오직 죽음을 두려워하지 않는 선열先烈쯤 되어야 어울리는 그런 말이 된 것 같다. 노자는 발전을 믿지 않았다. 생명이 그 좋은 예다. 오늘날 누구든 발전은 좋은 것이고 오로지 생명만은 예외일 뿐이라고 말하며, 다들 인생은 고달프고 짧으며 시간이 지날수록 살 수 있는 날이 적어진다고 탄식한다.

生之徒十有三, 死之徒十有三, 而民生生, 動皆之死地之十有三.
생지도십유삼, 사지도십유삼, 이민생생, 동개지사지지십유삼.

"도徒"는 본래 노역勞役하는 사람과 보병步兵을 가리키는 말이었다. 여기서는 같은 종류에 속한다는 뜻이다. 100살 넘어서까지 살 수 있는 특별한 장수자를 제외하면, 사람의 수명은 고작해야 100년이다. 생生은 태어나 성장하는 것이고, 상승기로서 인생의 3분의 1을 점유한다. 사死는 늙어가고 병들어 죽는 것이고, 쇠락기로서 역시 인생의 3분의 1을 차지한다. 생생生生은 삶에서 죽음에 이르는 과도기로서 항상 앞의 두 가지 사이에 끼어 있으며, 여차하면 죽을 수 있고, 이 역시 인생의 3분의 1을 차지한다. "이민생생而民生生"은 부본에는 "이민생생이동而民生生而動"으로 되어 있고, 하본과 왕본에는 "인지생人之生"으로 되어 있다. "인人"은 당 태종(이세민)의 이름을 피휘하여 고친 글자다.

以其生生也 이기생생야

엄본과 왕본에는 "이기생생지후以其生生之厚"로 되어 있고, 부본에는 "이기생생지후야以其生生之厚也"로 되어 있다. 『문자』「구수」와 『회남자』「정신精神」에는 "이기생생지후以其生生之厚"로 되어 있다. 이것이 바로 통행본들이 참조한 원본일 것이다. 하본에는 "이기구생지후以其求生之厚"로 되어 있다.

攝生 섭생

백서본에는 "집생執生"으로 되어 있다. 이 두 글자는 서로 바꿔 쓸 수 있는 통가자였다. 양생을 옛날 사람들은 섭생攝生·호생護生·위생衛生 등의 용어를 썼다. 이 말들의 다른 점은 양생은 대개 기르는養 데 중점을 두는 것이고, 섭생과 호생과 위생은 보호하고 지키는護衛 데 중점을 두는 것이다.

陵行不避兕虎 능행불피시호

“능陵”은 육자와 모양이 비슷하여 통행본에는 “육행陸行”으로 되어 있다. 능陵은 산릉이고 육陸은 육지로서 의미가 서로 다르다. “시호兕虎”에서 “시兕”는 코뿔소이고, “호虎”는 호랑이다. 코뿔소는 평지에서 살고 호랑이는 주로 산릉에 산다. 옛날 사람들은 코뿔소를 두 종류로 나누었다. 하나는 서犀로서 몸집이 비교적 작고 돼지와 비슷하다. 다른 한 종류는 시兕로서 몸집이 비교적 크고 소와 비슷하다. 동물학자들은 앞의 것을 인도코뿔소*Rhinoceros unicornis*라 부르고 뒤의 것을 자바코뿔소*Rhinoceros sondaicus*라고 부른다.[1]

甲兵 갑병

갑甲은 갑옷이고, 병兵은 과戈(창)·모矛(자루가 긴 창)·검劍·극戟(끝이 두 가닥으로 갈라진 창)·화살 등과 같은 무기다.

兕無擅其角, 虎無所措其爪, 兵無所容其刃.
시무천기각, 호무소조기조, 병무소용기인.

“천擅”은 퇀tuan으로 읽을 수 있고, 음은 오늘날의 단端과 같으며, 의미는 지持, 즉 가지고 있다는 뜻으로 읽는다. 통행본에는 “투投”로 되어 있다. 『한비자』「해로」에는 “시무소투기각兕無所投其角”으로 되어 있다. 이것이 바로 통행본이 참조한 원본일 것이다. 이 몇 개의 구절은 몸을 보호하고 생명을 유지하는 경지를 설명한 것이다. 호랑이와 이리를 피하고 귀신과 도깨비를 피하고 무기의 위협을 피하는 것 등

1 郭孚等, 『中國古代動物學史』, 北京: 科學出版社, 1999, 103쪽.

은 모두 고대의 금폐지술禁閉之術(죄인을 감금하는 방법)에 속한다. 『포박자』의 「지리至理」 「석체釋滯」 「등섭登涉」 등의 편을 참고하기 바란다. 『서유기』에서 손오공이 탁발하러 떠날 때 현장법사 주위에 동그라미를 그리고 주문을 외우는데 이것은 귀신과 도깨비를 피하고 호랑이와 이리를 피하는 것에 속한다. 의화단이 칼이든 창이든 몸에 들어오지 못한다고 말하는 것은 무기의 위협을 피하는 것에 속한다.

인생은 신맛·단맛·쓴맛·매운맛 등 오미를 모두 갖추고 있다. 우리는 일생 동안 고통을 맛보기도 하고, 일생 동안 행복을 느끼기도 한다. 혹은 처음에는 단맛을 보다가 나중에는 쓴맛을 보기도 하고, 처음에는 쓴맛을 보다가 나중에는 단맛을 보기도 한다. 또 처음에 단맛을 보고 나중에 쓴맛을 보다가 또 그 뒤에 단맛을 보기도 하고, 처음에 쓴맛을 보고 나중에 단맛을 보다가 또 그 뒤에 쓴맛을 보기도 한다. 이처럼 각기 다른 배합이 있을 수 있다. 살면서 만나게 되는 기회는 정말로 예측하기 어렵다. 그러나 『노자』는 어떻게 살든 모두 태어나서 죽는다고 말한다.

제51장

통행본 제51장

도는 만물을 낳고 덕은 만물을 기르며, 사물은 생겨나면서부터 형체를 부여받고, 기물은 만들어지면서 모양을 부여받는다. 이 때문에 만물은 도를 받들고 덕을 높인다. 도를 받들고 덕을 높이지만, 높여 부르는 칭호는 없고, 순전히 자연에 따르기만 한다. 그러므로 도는 만물을 낳고 기르며, 기르고 양육하며, 자리 잡아 안정되게 해주며, 기르고 양육한다. 만물을 낳지만 소유하지 않고, 은혜를 베풀지만 자랑하지 않고, 길러주지만 주재하지 않는다. 이것을 현덕玄德이라고 부른다.

道生之而德畜之, 物形之而器成之. 是以萬物尊道而貴德. 道之尊, 德之貴也, 夫莫之爵而恒自然也. 故道生之畜之, 長之育之, 亭之毒之, 養之覆之. 生而弗有也, 爲而弗恃也, 長而弗宰也, 此之謂玄德.

【대의】

현덕玄德

도는 만물을 낳고 덕은 만물을 기른다. 그러므로 만물은 도를 존중하고 덕을 귀하게 여긴다. 그러나 만물이 도를 높이는 것이나 덕을 귀하게 여기는 것은 호칭이나 직함으로 표현되는 것이 아니라 만물이 자연을 따르는 것으로 드러난다. 도는 만물을 낳고 기르는 각각의 단계마다 극진히 보살피지만, 만물의 생성과 발달에 결코 인위적으로 간섭하거나 제약하지 않는다. 이것을 "현덕玄德"이라고 부른다.

【토론】

道生之而德畜之 도생지이덕휵지

도는 만물을 낳고 덕은 만물을 기른다. 생生은 생명을 창조하는 것이고, 휵畜은 기르는 것이다. 가축을 기르는 것을 휵畜이라고 한다. 가축은 길들여진 동물domestic animal이다. 길들여진 동물과 상대 되는 것이 야생동물wild animal이다. 동물은 길들일 수 있고, 식물도 길들일 수 있다.

物形之而器成之 물형지이기성지

"물物"은 하늘과 땅에 의해 생겨난 것이고, 생겨나면서부터 형체를 부여받는데 그것을 "형지形之"라고 부른 것이다. 기물은 사람이 만든 것이고, 만들면서 모양을 부여하는데 그것을 "성지成之"라고 부른다. "기器"는 통행본에는 "세勢"로 되어 있다.

道之尊, 德之貴也. 夫莫之爵而恒自然也.

도지존, 덕지귀야. 부막지작이항자연야.

도는 만물을 낳고 덕은 만물을 기른다. 도와 덕이 비록 존귀한 대접을 받을 만하기는 하지만 높여 부르는 칭호는 없고, 순전히 자연에 따르기만 한다. "작爵"은 칭호나 직함이다. 엄본과 부본에는 "작爵"으로 되어 있어 백서본과 같다. 하본과 왕본에는 일반인이 알기 쉽게 하기 위해 "명命"으로 바꿨다.

故道生之畜之 고도생지휵지

앞에서는 "도는 만물을 낳고 덕은 만물을 기른다"[1] 고 말했다. 여기서는 덕에 대해서는 말하지 않지만 당연히 덕을 포함하고 있다.

長之育之 장지육지

"장長"은 성장하게 하는 것이고, "육育"은 본래 어린아이를 기르는 것을 가리키는 말이며, 여기서도 길러서 성장하게 한다는 뜻이다. "육育"자는 원래 "수遂"자로 되어 있었다. 고문자 초기에는 수遂자가 없어서 술述자로 수遂자를 대신했다. 한대에 수遂자가 있었지만, 대부분 축逐자의 의미로 썼다. 축逐은 정모각부定母覺部에 속하는 글자이고, 육育은 유모각부喩母覺部에 속하는 글자다. 여기서는 육育의 뜻으로 읽는다.

1 제51장: 道生之而德畜之.

亭之毒之 정지독지

안정되게 해준다는 뜻이다. "정亭"자는 정定의 뜻으로 읽을 수 있다. 옛날 책에서는 자주 정定자 대신 썼다. "독毒"은 독篤자와 서로 바꿔 쓸 수 있는 통가자였다. 『광아廣雅』 「석고釋詁」에서는 편안할 안安자의 뜻으로 풀이했다. 엄본, 왕본, 용흥비 등에서는 일반인이 알기 쉽게 하기 위해 "성지숙지成之熟之"로 바꿨다.

養之覆之 양지복지

"복覆"은 부양하다 혹은 양육하다는 의미를 나타내는 복육覆育의 뜻이다. 『광아』 「석고」에는 "복腹"으로 되어 있고 생生의 의미로 읽는다. 왕념손王念孫은 『광아소증廣雅疏證』 권1하에서 이렇게 말했다. "복覆자는 복腹자와 통한다, 번식하는 것을 복육覆育이라고 하고 변화하여 생성하는 것 역시 복육覆育이라고 한다."

生而弗有也, 爲而弗恃也, 長而弗宰也, 此之謂玄德.
생이불유야, 위이불시야, 장이부재야, 차지위현덕.

비슷한 말이 제10장에도 보인다. 제10장에는 "도는 만물을 낳아주고 길러주지만, 낳고서도 가지지 않고 기르면서도 주재하지 않는다. 이것을 현덕玄德이라고 한다"[1]로 되어 있다. 제65장에도 "현덕玄德"이라는 말이 있다.

1 제10장: 生之畜之, 生而弗有, 長而弗宰也, 是謂玄德.

제52장

통행본 제52장

세상에는 시작이 있었는데, 그것을 세상의 어머니라고 한다. 어머니를 알면 그것을 통해 그 자식도 알 수 있다. 자식을 알고 다시 그 어머니를 지키고 있으면 죽을 때까지 위험하지 않다. 욕망의 구멍을 막고 감각의 문을 닫으면 삶을 마칠 때까지 힘들지 않다. 그 구멍을 열고 그 일을 완수하면 몸이 다할 때까지 애쓸 필요가 없다. 작은 것을 볼 수 있는 것을 밝음明이라 하고, 부드러움을 지키는 것을 강함強이라고 한다. 그 빛을 써서 원래의 그 밝음을 회복한다면 몸을 잃는 재앙이 없을 것이다. 이것을 습상襲常, 즉 영원히 견지해야 하는 원칙이라고 한다.

天下有始, 以爲天下母. 既得其母, 以知其子. 既知其子, 復守其母, 沒身不殆. 塞其兌, 閉其門, 終生不勤. 啓其兌, 濟其事, 終身不勑. 見小曰明, 守柔曰強. 用其光, 復歸其明, 無遺身殃, 是謂襲常.

【대의】

도는 만물의 어머니다.

『노자』는 생명철학을 이야기하면서 여성이 아이 낳는 것을 비유로 들기 좋아한다. 천하의 만물은 아이고 엄마는 도道다. 『노자』의 저자는 이 비유를 가지고 도와 만물의 관계에 대해 풀어 설명한다. 그는 세상의 모든 것은 도로부터 시작된다고 말한다. 도라는 이 엄마를 이해하기만 하면 그녀의 아이, 즉 천지와 만물을 이해할 수 있다는 것이다. 사물을 보면서 도를 생각하고, 도를 지키면서 행동하면 평생 동안 위험에 빠지지 않는다. 눈을 감고 귀를 막은 채 아무것도 하지 않든, 눈을 뜨고 귀를 기울여 무언가를 하든 평생 동안 수고롭지 않을 것이다. 보이지 않는 미세한 것을 통찰하는 것은 눈이 좋기 때문이고, 밝은 빛을 빌리는 것은 맑게 보기 위함이다. 보이지 않는 미세한 것을 통찰하면서도 부드러움과 나약함을 간직하고 있다면 스스로를 재앙에 빠뜨리지 않을 것이다. 이것은 우리가 영원히 견지해야 할 원칙이다.

【토론】

이 장은 죽간본에 있지만, "욕망의 구멍을 막고 감각의 문을 닫으면 삶을 마칠 때까지 힘들지 않다. 그 구멍을 열고 그 일을 완수하면 몸이 다할 때까지 애쓸 필요가 없다塞其兌, 閉其門, 終生不勤. 啓其兌, 濟其事, 終身不勑" 부분만 남아 있다.

天下有始, 以爲天下母 천하유시, 이위천하모

"천하모天下母"는 도이고, 도는 세상의 시작이다.

既得其母, 以知其子 기득기모, 이지기자

"모母"는 도이고, "자子"는 천지와 만물이다. "기득기모既得其母"는 도를 이미 얻은 상태이고, "이지기자以知其子"는 도에 근거하여 천지와 만물을 인식하는 것이다. 위의 구는 하본, 용흥비, 경복비 등에서는 "기지기모既知其母"로 고쳤다.

既知其子, 復守其母, 沒身不殆. 기지기자, 부수기모, 몰신불태.

천지와 만물을 알고 나서는 천지 만물을 통해 도道로 회귀해야 하고, 그 도에서 이탈해서는 안 된다는 것을 말하고 있다. 도에서 이탈하지 않기 때문에 몸은 죽어도 그 쓰임은 끝나지 않는다.

塞其兌, 閉其門 색기태, 폐기문

구멍을 막고 문을 닫는다. 여기서는 지식과 욕망을 끊어 없애고 눈을 닫고 귀를 막는 것을 가리킨다. "태兌"는 유월俞樾의 『제자평의諸子平議』에서는 구멍을 뜻하는 혈穴자로 읽었다. 같은 말이 제56장에도 보인다.

終生不勤 종생불근

평생 동안 힘쓰지 않는 것이다. "근勤"은 통행본은 같고, 죽간본에는 "무柔"로 되어 있다. 아마도 "종생불무終生不懋"로 읽어야 할 것 같다. 무懋자는 근면하다는 뜻으로서 근勤자와 같은 뜻을 나타낸다.

啓其兌, 濟其事 계기태, 제기사

"계啓"는 "폐閉"나 "색塞"과 상반된 뜻을 나타낸다. 통행본에는 한나라 경제의 이름을 피휘하여 "개開"자로 고쳤다. "제기사濟其事"는 그 일을 완성하는 것이다.

終身不勅 종신불칙

앞에서 말한 "종신불근終身不勤"과 호응되는 문장이다. 칙勅자에는 부지런히 힘쓴다는 뜻이 있다. 예를 들어 『이아爾雅』「석고 상釋詁上」에 바로 그런 풀이가 있다. 끝의 글자는 죽간본에는 "내逨"로 되어 있고, 백서본 갑본에는 빠져 있으며 을본에는 "극棘"으로 되어 있다. 통행본에는 "구救"로 되어 있다. 옛글자에서 구求자는 두 가지 모양이 있었다. 하나는 가죽옷을 나타내는 구裘자, 즉 오늘날의 구求자이고, 다른 하나는 원하는 바를 추구한다는 뜻을 나타내는 구求자로서 흔히 보는 구求자와는 다르지만, 글자 모양은 전해지지 않는다. 글자의 모양은 내來자나 자朿자 등 두 글자와 비슷하여 혼동하기 매우 쉽다. 죽간본의 "내逨"는 내來자에서 소리를 취한 글자다. 백서의 "극棘"과 통행본의 "구救"는 모두 내逨자를 잘못 쓴 것이다. 여기서 죽간본에 의거하여 글자를 보완하여 직접 "칙勅"자로 읽고, 통행본은 "불구不救"로 읽는다면, "계기태, 제기사啓其兌, 濟其事"를 부정적인 의미로 간주하는 것이다. 이전에는 모두 원문에서 말하는 "색기태, 폐기문塞其兌, 閉其門"은 좋은 것이고, "계기태, 제기사啓其兌, 濟其事"는 좋지 않은 것이라고 생각했지만, 오늘날 보면 그런 견해는 결코 옳지 않다.

見小曰明 견소왈명

미세한 것을 살피는 것이다.

用其光, 復歸其明 용기광, 부귀기명

빛이 있어야 볼 수 있다. 그러나 그 빛을 이용하여 볼 수 있으려면 밝기가 보장되어야 한다.

襲常 습상

일관되는 원칙常, 혹은 계속 지켜지는 원칙常. 영원히 견지하는 원칙을 가리킨다. "습襲"은 부본에는 같고, 하본과 왕본에는 "습習"으로 되어 있다. 제27장의 "습명襲明"을 참조할 것. 이곳의 "상常"은 각운이 딱 맞는 것으로 보아 한 문제의 이름을 피휘하여 글자를 고친 것이 아니라 본래부터 이랬을 것이다.

이 장은 시始, 모母, 자子, 태殆, 사事, 내逨는 지부之部의 운을 맞춘 것이고, 문門, 근勤은 문부文部의 운을 맞춘 것이며(문부와 지부는 원음이 서로 같은 방旁의 대전對轉[1]이다), 명明, 강強, 광光, 앙殃, 상常은 양부陽部의 운을 맞춘 것이다.

1 음운학 용어. 고대음운학에서 원음이 같은 음성陰聲과 양성陽聲 및 입성入聲이 서로 전환되는 것을 가리킨다.—옮긴이

제53장

통행본 제53장

만약 내가 잘 아는 사람을 데리고 길을 간다면 큰길로 가면서 좁은 길로 가지나 않을까 하는 것만 걱정한다. 큰길은 매우 평탄한데도 사람들은 지름길을 무척 좋아한다. 조정의 궁정은 매우 깨끗하지만 들판은 몹시 황폐하고 창고는 텅텅 비었다. 귀족들은 아름다운 옷을 입고, 날카로운 칼을 차고, 맘껏 먹고 마시고, 돈과 재산이 넉넉하다. 이것을 도우盜竽, 즉 도둑의 수괴首魁라고 하는데, 정도正道가 아니다.

使我挈有知, 行於大道, 唯迪是畏. 大道甚夷, 民甚好徑. 朝甚除, 田甚蕪, 倉甚虛. 服文彩, 帶利劍, 厭飮食, 資財有餘. 是謂盜竽, 非道也哉.

【대의】

길을 갈 때는 큰길로 가라.

여기서는 길을 뜻하는 도道로써 도道에 대한 비유로 들고 있다. 글쓴이는 이렇게 말한다. 만약 내가 아는 사람과 함께 길을 가고 있다면, 내게 가장 두려운 일은 잘못된 길로 들어가는 것이다. 그런데 세상 사람들은 항상 평탄한 길로 가지 않고 기어코 작은 길을 택해서 간다. 그 결과는 조정의 궁정은 거꾸로 매우 깨끗하고 권세가 있는 사람은 맛있는 것을 먹고 좋은 옷을 입으며 엄청난 부를 누리고 있다. 그러나 들판은 황폐하고 창고는 텅 비어 있다. 이것은 정의로운道 세상이 아니라 도둑盜의 세상이다.

【토론】

使我挈有知, 行於大道 사아설유지, 행어대도

'만약 내가 아는 사람을 데리고 길을 간다면 큰길로 가면서.' 원문의 이 두 구절은 역대로 잘못 이해해오고 있었다. 윗구는 을본에는 "사아개유지使我介有知"로 되어 있다. "개介"는 "설挈"과 서로 바꿔 쓸 수 있는 글자였다. 통행본에서는 내려오는 해석을 답습하고 게다가 "연然"자를 추가하여 "사아개연유지使我介然有知"로 쓰고 있다. 오직 엄본의 주석에서만 "제총설명提聰挈明"이라고 하여 원래의 모습이 조금 남아 있다.[1] "설挈"은 손에 들다 혹은 휴대하다의 뜻이며, 본래는 술어동사謂語動詞다. 을본에는 "개介"로 되어 있는데 이미 본래의 뜻을 잃어버렸다. 통행본에는 "연然"자를 더해서 의미가 크게 변했다.

1 高明, 앞의 책, 79~80쪽.

즉 “개연介然”은 “유有”자를 수식하는 부사가 되었고, “유有”자가 거꾸로 술어동사가 되어버렸다. “개연유지介然有知”는 옛날 주에서는 대개 “지知”를 지식의 의미로 보고, “개연介然”은 “아我”를 형용하는 말로 보아 내가 지식이 매우 많다는 의미로 풀었다. 그러나 지식을 가지고 길을 나선다거나 혹은 대단히 총명하게 길을 나선다는 말은 실제로 말이 되지 않는다. 고대의 훈고에서 “지知”는 종종 서로 잘 앎 혹은 서로 잘 아는 사람을 가리키며, 반드시 지식을 가리키는 말로 쓴 것은 아니었다. 예를 들어 『사기』「이장군열전李將軍列傳」에 “내가 볼 때 이장군은 마치 촌사람처럼 순박해서 입으로 말도 잘 못한다. 그가 세상을 떠난 그날 세상 사람들 가운데 그를 아는 사람이든 알지 못하는 사람이든 모두 그의 죽음을 슬퍼했다”[1]라는 말이 있다. 여기서 “지知”자는 자기를 아는 사람 혹은 자기를 잘 아는 사람을 가리키고, “부지不知”는 자기를 알지 못하는 사람이나 자기를 잘 알지 못하는 사람을 의미한다. 내가 보기에는 잘 아는 사람과 같이 간다고 해야만 문맥이 순조롭다고 생각된다. “행어대도行於大道”는 큰길을 걸어가는 것이다. 여기서 길을 뜻하는 도道자로써 철학적 의미의 도道를 비유하고 있다는 점에 주의해야 한다.

唯迤是畏 유이시외

오직 잘못된 길로 들어가지나 않을까 혹은 사악한 길로 가지나 않을까 걱정한다. “이迤”는 잘못된 길 혹은 꼬불꼬불한 좁은 길이다. 이迤자에 대하여 허신은 사특한 행동衺行이라고 해석했다(『설문』「착부

---

1 『사기』「이장군열전」: 余睹李將軍恂恂如鄙人, 口不能道辭. 及死之日, 天下知與不知, 皆爲盡哀.

辵部」).

大道甚夷, 民甚好徑 대도심이, 민심호경

큰길은 매우 평탄하다. 그런데 보통 사람들은 큰길을 버려둔 채 가지 않고 오로지 작은 지름길만 찾는다. "경徑"은 걸어다니는 작은 길이다. 갑본에는 "해解"로 되어 있고, 을본과 통행본에는 "경徑"으로 되어 있다. 해解는 견모지부見母支部에 속하는 글자이고, 경은 견모경부見母耕部에 속하는 글자다. 그리고 두 글자는 음양대전陰陽對轉[1]의 통가자, 즉 서로 바꿔 쓸 수 있는 글자였다. 『논어』「옹야」에 다음과 같은 말이 있다. "담대멸명澹臺滅明이라는 사람이 있는데, 지름길로 다니지 않고, 공적인 일이 아니면 저의 사무실에 온 적이 없습니다."[2] 고대에 길을 걸어갈 때는 규정이 있었다. 즉 큰길이 있는데도 그쪽으로 가지 않고 마음대로 작은 길로 가서는 안 되었다. 예를 들면 『주례』「추관秋官」에 야려씨野廬氏라는 사람의 "장도금掌道禁"이라는 것이 있다. 이는 "들길을 갈 때 지름길로 질러가는 것을 금하는 것"이다. 송대 정대창程大昌의 『고고편考古編』 제9권과 청대 혜사기惠士奇의 『예설禮說』 제1권과 제2권에서는 이 점에 대해 고증하고 있다.

朝甚除, 田甚蕪, 倉甚虛 조심제, 전심무, 창심허

조정의 궁정은 매우 깨끗하지만 들판은 몹시 황폐하고 창고는 텅텅 비었다. 제除자를 도塗자로 읽어 더럽고 어지러운 것을 뜻한다고

---

1 음운학에서 주로 원음이 같은 음성과 양성이 서로 뒤바뀌는 것을 가리킨다.—옮긴이

2 『논어』「옹야」: 有澹臺滅明者, 行不由徑, 非公事, 未嘗至於偃之室也.

완전히 반대로 해석하기도 한다. 창倉은 사각형의 식량 창고다. 창倉은 균囷과는 다르다. 균은 원형의 창고다. 창倉은 또 늠廩과도 다르다. 창은 껍질을 벗기지 않은 곡식을 저장하는 곳이고, 늠은 껍질을 벗긴 곡식을 보관하는 곳이다. 창과 균의 모형은 고고 유물에 많이 있지만 창은 적고 균은 많다.

服文彩, 帶利劍, 厭飮食, 資財有餘

복문채, 대리검, 염음식, 자재유여

아름다운 옷을 입고, 날카로운 칼을 차고, 맘껏 먹고 마시고, 돈과 재산이 넉넉하다. "염厭"은 싫증이 날 정도로 물린다는 뜻을 나타내는 염饜과 같고, 충분히 먹는다는 뜻이다.

盜竽 도우

의미가 뚜렷하지 않아 더 많은 연구를 기다려야 한다. "우竽"는 갑본에는 훼손되어 없고 을본에는 왼쪽에는 목木부이고 오른쪽 부분은 결락되고 없다. 정리자들은 우抒자가 아닐까 의심하여 도우盜竽로 읽었다. 『한비자』 「해로」 편에는 "도우盜竽"로 되어 있다. 한비자는 "피리竽는 오성五聲의 우두머리다"[1]라고 풀이했다. 학자들은 대부분 "도우盜竽"는 도둑의 우두머리盜魁 혹은 도둑의 두목盜首이거나 강도의 우두머리라고 생각한다. "도우盜竽"는 통행본에는 "도과盜夸"로 되어 있다. "우竽"자와 "과夸"자는 서로 바꿔 쓸 수 있는 글자였다.

1 『한비자』 「해로」: 竽也者, 五聲之長者也.

제54장

통행본 제54장

굳건하게 잘 박아놓은 것은 뽑을 수 없고, 꽉 붙들고 있는 것은 빼앗을 수 없으며, 자손 대대로 제사가 끊이지 않을 것이다. 이런 자연의 이치로써 제 몸을 다스리면 그 덕이 참되고, 이런 자연의 이치로써 가家를 다스리면 덕이 넉넉해지고, 이런 자연의 이치로써 향鄕을 다스리면 그 덕이 오래 간다. 이런 자연의 이치로써 나라를 다스리면 그 덕이 풍요로워진다. 이런 자연의 이치로써 천하를 다스리면 그 덕이 널리까지 미친다. 그러므로 몸을 통해 몸을 보고, 가家를 통해 가家를 보고, 향鄕을 통해 향鄕을 보고, 나라를 통해 나라를 보며, 천하를 통해 천하를 본다. 천하가 그렇다는 것을 내가 어떻게 알았을까? 바로 이런 방식에 의해서다.

善建者不拔, 善抱者不脫, 子孫祭祀不絕. 修之身, 其乃德眞. 修之家, 其德有餘. 修之鄕, 其德乃長. 修之國, 其德乃豐. 修之天下, 其德乃薄. 故以身觀身, 以家觀家, 以鄕觀鄕, 以邦觀邦, 以天下觀天下. 吾何以知天下之然哉. 以此.

【대의】

천하의 이치를 어떻게 아는가.

『노자』에서는 한 국가가 오랫동안 질서를 유지하고 평안을 누리고 통치권력을 유지하고 대대손손 이어가면서 제사가 끊이지 않도록 하려고 한다면, 그것이 어떻게 구성되어 있는지 반드시 알아야 한다고 말한다. 예를 들어 무언가를 굳건하게 잘 심는 사람이 세워놓은 것은 아무리 뽑으려고 해도 뽑을 수 없고, 붙들기를 잘하는 사람이 꽉 붙들고 있는 것은 아무리 빼앗으려고 해도 빼앗을 수 없는 것과 같다는 것이다.

국가의 기초는 무엇일까? 『노자』는 사람이라고 말한다. 『노자』에서는 일신一身에서 집家에 이르고, 집에서 마을鄕에 이르고, 마을에서 나라國에 이르고, 나라에서 온 세상天下에 이르도록 서로 단단히 연결하여 확립해나갔다.

유가에는 이른바 수제치평修齊治平[1]이라는 것이 있음을 우리는 알고 있다. 여기서 말한 것도 그 수제치평과 유사하다. 일신一身에서 집家에 이르고, 집에서 마을鄕에 이르고, 마을에서 나라國에 이르고, 나라에서 세상天下에 이른다. 이 역시 작은 데서부터 출발해 큰 데까지 이르는 것이다. 그러나 『노자』에서 강조하는 수신은 인의나 도덕을 수련하는 것이 아니라, 자기의 몸, 즉 신체를 기르고 보호하는 것이다.

『노자』에서 말하는 "덕德"은 자연의 덕을 얻은 것이다. 오직 자연에 부합해야만 생명을 보전할 수 있다. 노자는 이러한 이치를 가지고 자

1 유가 경전의 하나인 『대학』에서 강조하는 "몸을 닦고修身, 집을 바로잡고齊家, 나라를 다스리고治國, 천하를 평정한다平天下"의 앞 글자를 따서 부르는 말.—옮긴이

기의 집을 다스리고 마을을 다스리고 나라를 다스리고 세상을 다스리라고 말한다. 한 사람의 몸은 비록 작지만 천하는 개인들로 구성되어 있어, 한 사람의 몸이 그 기초를 이룬다.

『노자』는 몸을 귀하게 여긴다. 그러나 그것은 몸만 잘 관리하면 모든 것이 다 좋아진다는 것을 뜻하지는 않는다. 『노자』가 말한 것은 사실에 입각해서 사실을 설명하고 사실에 입각해서 진리를 추구하는 것이다. 몸이면 몸, 집이면 집, 마을이면 마을, 나라면 나라, 천하면 천하 어떤 것이든 결코 함부로 간섭해서는 안 된다.

【토론】

이 장은 죽간본에 있다.

善建者不拔, 善抱者不脫, 子孫祭祀不絕.

선건자불발, 선포자불탈, 자손제사부절.

"절絕"은 죽간본에는 "탁乇"으로 되어 있다. 『한비자』 「유로」 편과 통행본에는 대부분 "철輟"로 되어 있다. 이 세 글자는 옛날 음이 서로 비슷했다.

其德乃薄 기덕내박

이것은 이른바 "광덕廣德"(제40장)이다. "박薄"은 갑본에는 훼손되어 없고, 을본에는 "박博"으로 되어 있으며, 하본, 엄본, 왕본 등에는 "보普"로 되어 있고, 부본에는 "박薄"으로 되어 있다. 이들 글자는 모두 서로 바꿔 쓸 수 있는 통가자였고, 모두 그 덕이 널리까지 미치고 있음 나타내고 있다.

以身觀身, 以家觀家, 以鄉觀鄉, 以邦觀邦, 以天下觀天下.

이신관신, 이가관가, 이향관향, 이방관방, 이천하관천하.

이 다섯 단계는 작은 데서부터 큰 쪽으로 배열되어 있다. "신身"은 개인이고, "가家"는 가족이고, "향鄕"은 마을이고, "방邦"은 국가이고, "천하天下"는 세계다. 고대 귀족 사회에서 "천하"는 만방萬邦(모든 나라)이 공존하는 세계이고, "방邦"은 한 나라의 주인인 대가大家이고, "가家"는 그 신료들의 소가小家이고, "향鄕"은 그런 신료의 혈족들이 모여 사는 주거 조직이었다. 각 "향鄕"에는 몇 개의 이里가 포함되어 있었고, 가家는 그 이里에 포함되었으며 사람은 가家에 포함되었다. 『노자』의 학문은 자연을 근본으로 삼는다.

"자연"이라고 하는 것은 저절로 그렇게 되는 것이다. 어떤 것의 진상은 원래 그렇기 때문에 그런 것이다. 우리는 스스로의 원래 그러함(자연성)으로 대상의 원래 그러함(자연성)을 알아야 하고, 사물의 본래 생김새나 상태를 보고 그에 따라 그 사물을 대해야 한다. 글쓴이가 이 문장에서 말하고 있는 것은 유가에서 말하는 추기급인推己及人[1]이 아니고, 나의 몸을 통해 상대방의 몸을 보아야 한다는 등등의 것도 아니다. 신身이나 가家나 향鄕과 같은 곳에는 많은 사람이 살 수 있다. 그러나 천하에는 오직 한 사람만 산다. 거기서는 이쪽과 저쪽을 구분할 수 없다.

吾何以知天下之然哉. 以此. 오하이지천하지연재. 이차.

천하의 본래 생김새나 상태를 통해 천하를 아는 것이다. 여기서 말

1 자신의 처지나 마음을 다른 사람을 헤아리고 배려하는 데 적용하는 것.—옮긴이

하는 "세상이 그렇다는 것을 안다知天下之然"라는 것이 바로 "자연自然"의 본래 의미다.

제55장

통행본 제55장

풍부한 덕을 가진 사람은 갓난아이와 비슷하다. 갓난아이는 말벌이나 전갈이나 도마뱀이나 뱀 등도 쏘거나 물지 못한다. 맹금류나 맹수도 공격하지 못한다. 갓난아이의 뼈와 살과 힘줄은 부드럽지만 주먹을 단단하게 쥐며, 남녀의 성교를 모르는데도 고추가 저절로 발기하는 것은 정기精氣가 최고조에 이르렀기 때문이다. 종일토록 큰 소리로 울어도 목이 잠기지 않는 것은 화기和氣가 최고조에 이르렀기 때문이다. 화기를 아는 것을 정상적인 것이라 하고, 정상적인 것을 아는 것을 총명함明이라고 하며, 인위적으로 수명을 높이려는 것을 기괴한 짓이라 하고, 의도적으로 기를 사용함으로써 자연을 따르지 않는 것을 억지 부리는 것이라고 한다. 사물이 왕성해지면 곧 시들어가는데, 이런 것은 도道가 아니라고 한다. 도가 아닌 것은 일찍 끝난다.

含德之厚者, 比於赤子. 蜂蠆虺蛇弗螫, 攫鳥猛獸弗搏. 骨弱筋柔而握固, 未知牝牡之會而朘怒, 精之至也. 終日號而不嚘, 和之至也. 知和曰常, 知常曰明, 益生曰祥, 心使氣曰強. 物壯即老, 謂之不道, 不道早已.

【대의】

덕이 풍부한 사람은 갓난아이와 같다.

『노자』는 덕을 설명할 때 생명을 기르는 것養生과 생명을 보호하는 것護生으로써 설명한다. 글쓴이는 또 갓난아이를 예로 들면서 덕이 가장 뛰어난 사람은 금방 태어난 갓난아이처럼 생명력이 가장 왕성하다고 말한다. 옛사람들은 생명력이 강한 어린아이는 독충이나 맹수라도 상해를 입힐 수 없다고 믿었다. 어린아이들의 뼈는 약하고 근육은 부드럽다. 그러나 조그마한 주먹(엄지를 다른 네 손가락 속에 넣고 쥔 주먹)은 오히려 더 견고하다. 남녀의 교합에 대한 것을 몰라도 고추가 발기한다. 이런 것은 그 어린아이의 정기가 매우 충만되어 있기 때문이다. 어린아이는 하루 종일 목청을 높여 울어도 전혀 숨 가빠 하지 않는다. 그것은 어린아이의 호흡이 매우 조화롭기 때문이다. 조화를 알아야만 정상적이라고 부를 수 있고, 정상적인 것을 알아야 훌륭하다고 부를 수 있다. 그와는 반대로 자연의 이치를 따르지 않고 삶의 질을 인위적으로 끌어올리려고 하는 것을 비정상적反常이라고 한다. 일부러 화를 내는 것을 위세부리는 것이라고 한다. 모든 사물은 크게 발달한 다음에는 쇠락의 길을 걷는데 이것을 도에 맞지 않는 것이라고 한다. 도에 맞지 않는 것은 어떤 것이든 오래가지 못한다.

【토론】

赤子 적자

갓 태어나 분홍색을 띠고 있는 어린아이. 옛날 사람들은 백성을 갓난아이에 비유했다. 예를 들어 『서경』「강고康誥」에서 "갓난아이를 보호하듯 하면 백성은 편안하고 바르게 될 것이다"[1]라고 말했다. 이에 대해 공영달孔穎達은 "아이가 태어날 때는 붉은색을 띤다, 그래서 적자赤子라고 부른다子生赤色, 故言赤子"라고 설명했다. 마왕두이 백서 『십문十問』에서는 "적자赤子"라는 말을 남성의 성기를 뜻하는 은어로 사용하고 있다.

蜂蠆虺蛇弗螫 봉채훼사불석

"봉蜂"은 말벌이나 꿀벌 등과 같은 곤충이다. "채蠆"는 전갈을 뜻하는 글자이고 만부萬部에 속한다. 만萬자 그 자체가 바로 전갈을 형상화한 글자로서 "채蠆"의 본자가 바로 만萬이다. "훼虺"는 작은 뱀 혹은 도마뱀을 뜻한다. "석螫"은 독충이 쏘는 것을 뜻하는 글자다. 이 구는 죽간본에는 비교적 복잡한 방식으로 쓰여져 있지만, "살모사나 전갈, 벌레나 뱀 등이 물지 않는다虺蠆蟲蛇弗螫"는 의미로 읽는다.[2]

攫鳥猛獸弗搏 확조맹수불박

"확조攫鳥"는 매나 독수리와 같이 발톱으로 먹잇감을 포획하여 먹는 맹금류다. "맹수猛獸"는 호랑이나 표범과 같은 동물이다. "박搏"은 후려치는 것이다. 죽간본에는 "고扣"자로 되어 있다. 역시 친다는 뜻이다.

握固 악고

어린아이는 뼈는 약하고 근육은 부드럽고 손은 몹시 작지만 몸집에 비해 힘이 매우 세기 때문에 주먹을 아주 단단하게 쥔다. 이 단어

---

1 『서경』「강고」: 若保赤子, 惟民其康義.

2 李零, 『郭店楚簡校讀記』(增訂本), 7쪽.

는 나중에 도교의 술어가 되었다. 예를 들어 『포박자』 「지진地眞」의 "하나로서의 도를 단단히 붙들어 지킨다握固守一"라는 말이 그것이다. 고대의 행기行氣에 관한 책이나 방중술에 관한 책 등에도 이 용어가 있으며, 이는 호흡을 제어하는 기술이나 사정을 제어하는 기술을 가리킨다.

牝牡之會 빈모지회

남녀의 성교를 가리킨다. 죽간본과 통행본에는 모두 "합合"으로 되어 있다. 옛사람들은 성교를 "음양의 결합合陰陽"이라고 불렀는데, 마왕두이 백서에 『합음양合陰陽』이라는 문서가 있다.

朘怒 최노

어린아이의 생식기가 항상 저절로 발기하는 것을 가리킨다. 내몽고의 농촌에서는 말만 하면 성을 내고 걸핏하면 다른 사람을 안절부절 못하게 하는 사람을 가리킬 때 자주 이 물건에 빗대어 부른다. 그들은 "어린아이의 고추는 건드리면 안 된다"고 말한다. 이것이 바로 "고추가 발기하는 것朘怒"이다. "최朘"는 부본에는 같고, 죽간본에는 "[illegible]"로 되어 있고, 하본과 경복비에는 "최峻"로 되어 있고, 왕본에는 "전全"으로 되어 있다. 『설문신부說文新附』 「육부肉部」에 이 글자가 있는데 "갓난아이의 성기"를 뜻한다. 마왕두이 백서 『십문』에는 "준정竣精", "준기竣氣"[1] "적자赤子" 등의 말이 있다. 모두 남성의 생식기를 가리킨다. 이 글자는 또 "최最" 혹은 "최朘"로 쓰기도 한다. 마왕두이 백

1 준정竣精과 준기竣氣의 준竣은 최朘의 뜻.

서 『양생방養生方』과 『오십이병방五十二病方』에도 보인다.

精之至也 정지지야

어린아이의 정기精氣를 가리키며, 원양元陽이라고도 한다.

號而不嚘 호이불우

"호號"는 대성통곡한다는 뜻의 호도대곡號啕大哭이라고 하는 용례에서 알 수 있듯이 목이 터져라 큰 소리를 내면서 우는 것을 말한다. "우嚘"는 죽간본에는 "우憂"로 되어 있고, 하본에는 "아啞"로 되어 있으며, 왕본에는 "사嗄"(목이 쉰다는 뜻)로 되어 있고, 부본에는 "우歍"로 되어 있다. 『장자』「경상초」편에는 "종일호이익불사終日嗥而嗌不嗄", 즉 "하루 종일 울어도 목이 쉬지 않는다"로 되어 있다. 왕본은 아마 이것을 근거로 삼은 것 같다. 그러나 "사嗄"자는 죽간본이나 백서본에서 볼 때 "우嚘"자의 잘못임에 틀림없다. "아啞"자는 또 "우嚘"자를 따르다 잘못된 글자다.

和之至也 화지지야

어린아이가 울 때 기氣가 매우 조화롭다는 것을 가리키는 것이지 그 어린아이의 울음소리가 조화를 이룬다는 것을 말하는 것이 아니다. 어린아이가 울 때는 아주 멀리서도 들을 수 있다. 그 소리는 굉장히 높은 데시벨의 소음으로서 전기 착암기로 길을 뚫을 때 나는 소리보다 더 크다고 한다.

益生曰祥 익생왈상

생명은 더할 수도 없고 덜어낼 수도 없다. 당연히 자연에 맡겨야 한다. "익생益生"은 인위적으로 수명을 높이려는 것이다. 벼가 빨리 자라도록 싹을 뽑아 올려주는 것처럼 더해주려다가 도리어 손실을 보는 수가 있다. "상祥"은 요상妖祥이다. 옛날 사람들이 말하는 요상妖祥은 모든 비정상적이고 기괴한 현상을 두루 가리키는 말이다. 옛날에는 그것을 재이災異라고도 불렀다.

心使氣曰強 심사기왈강

고대의 양생에서는 기를 매우 중시했다. 기가 있으면 살고 기가 없으면 죽는다고 생각했기 때문이다. "심사기心使氣"는 의도적으로 기를 사용함으로써 자연에 따르지 않는 것이다. 자연을 따르지 않으면 사람에게 해를 입힐 수 있다. 『노자』에서 기를 언급한 곳은 이 밖에 제10장과 제42장이 있다.

物壯即老, 謂之不道, 不道早已.

물장즉로, 위지부도, 부도조이.

어린아이는 생명력이 가장 왕성하다. 지진이라든가 비행기 사고에서 운 좋은 생존자는 대개 어린아이이다. 어린아이의 특징은 건장하지 않은 데 있다. 일단 건장해지면 곧바로 노쇠로 접어든다. 늙으면 곧바로 죽음에 가까워진다. "익생益生"은 바로 건장함을 추구하는 것이고, 건장함을 추구하는 것은 "부도不道"에 속하고, 부도不道에 속하면 일찍 죽을 수 있다.

이상에서 글쓴이는 어린아이의 생명력에 대하여 생동감 있게 묘사했고 치밀하게 관찰했다. 고대의 각 나라에서, 예를 들어 이집트, 이스라엘, 로마, 중국 등 많은 나라에서 어린아이를 버렸다는 전설이 있다. 주周나라 사람의 시조인 기棄가 바로 이런 이유로 지어진 이름이다. 우리들 고향에서는 어린아이에게 "매성買成(사온 것)"이라는 이름을 지어 부른다. 그 역시 버려진 아이를 사오면 행운이 있다고 믿었기 때문이다. 『노자』에서는 어린아이를 찬미하고 여성을 찬미하는데, 거기에는 아주 깊은 뜻이 숨어 있다. 어린아이는 겉모습은 몹시 부드럽고 약하지만, 생명력은 어른보다 더 강하다. 여성은 겉모습은 매우 부드럽고 약하지만, 남성에 비해 강하다. 여성은 남성보다 오래 살고, 열악한 환경에 더 잘 적응한다.

제56장

통행본 제56장

아는 사람은 말하지 못하고, 말하는 사람은 알지 못한다. 욕망의 구멍을 막고, 감각의 문을 닫고, 빛을 누그러뜨리고, 먼지와 함께하고, 헝클어진 것을 푸는 것, 이것을 현동玄同이라고 한다. 그러므로 친해질 수도 없고 소원해질 수도 없다. 이롭게 할 수도 없고 해롭게 할 수도 없다. 귀하게 할 수도 없고 천하게 할 수도 없다. 그러므로 천하에서 제일 귀하다.

知者弗言, 言者弗知. 塞其兌, 閉其門, 和其光, 同其塵, 挫其銳, 解其紛, 是謂玄同. 故不可得而親, 亦不可得而疏. 不可得而利, 亦不可得而害. 不可得而貴, 亦不可得而賤. 故爲天下貴.

【대의】

아는 자는 말하지 못하고, 말하는 자는 알지 못한다.

분명히 알면 허튼소리를 하지 않고, 허튼소리를 하면 분명히 알지 못하는 것이다. 분명히 아는 사람은 어떤 사람일까? 그것은 바로 바깥 세계에 대해 아무 욕심도 없고 원하는 것도 없는 사람이다. 그들은 지식도 끊고 욕망도 버리며, 눈도 감고 귀도 막으며, 빛을 가리고 어둠 속으로 숨으며, 총애나 치욕에 놀라지 않으며, 비난이나 명예에 무관심하다. 이런 것을 "현동玄同(뒤섞여 구별이 없음)"이라고 한다. 만약 이 한 가지만 지킬 수 있다면 그런 사람에게는 친소親疎라든가 이해利害라든가 귀천貴賤이라든가 하는 것 등을 설명할 방법이 없다. 이런 사람이야말로 천하에서 가장 고귀한 사람이다.

【토론】

이 장은 죽간본에 있다.

塞其兌, 閉其門 색기태, 폐기문

같은 말이 제52장에도 나온다.

和其光, 同其塵, 挫其銳, 解其紛. 화기광, 동기진, 좌기예, 해기분.

같은 말이 제4장에도 나온다.

玄同 현동

"현玄"은 그윽하고 깊은 것이며, "동同"은 아무 구별이 없는 것이다. 여기서는 완전히 하나가 되어 구별이 없으며 아무런 차별도 찾아볼 수 없는 것을 가리킨다. 예를 들면 앞에서 말한 "빛을 누그러뜨리고 먼지와 함께 한다"는 말이 바로 이런 뜻이고, 다음에 나오는 "친해질 수도 없고 소원해질 수도 없다. 이롭게 할 수도 없고 해롭게 할 수도 없다. 귀하게 할 수도 없고 천하게 할 수도 없다"라는 말도 역시 완전히 하나가 되어 구별이 없는 것을 말한다. 공자는 예를 숭상하고 구별을 중시했으며, 친소親疎와 귀천貴賤의 구별을 강조했다. 묵자는 "동同"을 실천하면서 "별別"에 반대했고, 겸애兼愛와 상동尙同을 중시했다. 노자도 "동同"을 강조했지만, 그가 말하는 "현동"은 하느님 앞에서 모든 사람이 평등하다거나 법률 앞에서 모든 사람이 평등하다는 것이 아니라 대도大道 앞에서 모든 사람이 평등하다는 것이다.

제57장

통행본 제57장

정상적인 수단으로써 나라를 다스리고, 비정상적인 수단으로써 군사를 부리며, 백성을 괴롭히지 않음으로써 천하를 얻는다. 그렇다는 것을 내가 어떻게 알았을까? 세상에 가혹한 법령과 금지하는 법규가 많을수록 백성은 더 반란을 일으키고, 백성에게 편리한 도구가 많을수록 국가는 더 혼란에 빠지며, 사람들의 지식이 많고 기술이 발달할수록 희귀한 재물이 더 생겨나고, 희귀하고 부족한 물건이 늘어날수록 도적은 더 많아진다. 이 때문에 성인은 다음과 같이 말씀하셨다. 내가 아무것도 하지 않으면 백성은 저절로 살아가고, 내가 고요히 있는 것을 좋아하면 백성은 저절로 바르게 된다. 내가 백성을 괴롭히지 않으면 백성은 저절로 부유해지고, 내가 아무것도 하고자 하지 않으면 백성은 저절로 순박해진다.

以正治邦, 以奇用兵, 以無事取天下. 吾何以知其然也哉. 夫天下多忌諱, 而民彌貧, 民多利器, 而邦家滋昏, 人多智巧, 而奇物滋起, 法物滋彰, 而盜賊多有. 是以聖人之言曰, 我無爲而民自化, 我好靜而民自正, 我無事而民自富, 我欲不欲而民自樸.

【대의】

아무 일도 하지 않음으로써 천하를 얻음.

『노자』는 나라를 다스릴 때는 "정正(정상적인 수단)"에 의지하고, 군사를 움직일 때는 "기奇(비정상적인 수단)"에 의지하며, 천하를 얻을 때는 "무사無事"[1]에 의지해야 한다고 말한다. 이들 가운데서 『노자』가 강조한 것은 세 번째 구절이다. 천하를 얻을 때는 왜 "무사無事"에 의지해야 하는 것일까? 주된 원인은 통치자가 일을 너무 많이 벌려놓으면 늘상 백성을 괴롭히기 때문이다. 그들이 금지령을 많이 만들면 만들수록 반역을 도모하는 백성은 더욱더 많아진다.[2] 백성이 정교한 기물을 많이 사용하면 할수록 국가는 점점 더 혼란에 빠져든다. 사람들이 새롭고 교묘한 기술을 추구하면 할수록 이상한 물건은 더욱 더 많아진다. 희귀한 물품이 사람들을 유혹하면 할수록 도적들은 더욱 더 많아진다. 그 때문에 성인은 이렇게 말한다. 내가 아무런 작위도 하지 않으면 백성은 온순하게 말을 잘 들을 것이다. 내가 청정한 생활을 좋아하면 백성은 단정하고 올바르게 살아갈 것이다. 내가 백성을 수고롭게 하지 않고 그들의 재산에 손해를 끼치지 않는다면 백성은 빈곤에서 벗어나 부자가 될 것이다. 내가 아무런 욕심도 없고 원하는 것도 없으면 백성의 풍속은 순박해질 것이다.

【토론】

이 장은 죽간본에 있다.

1 백성을 힘들게 하지 않고 백성의 재산에 손해를 끼치지 않는 것.

2 백서본에는 "이민미빈而民彌貧"으로 되어 있고, 죽간본에는 "이민미반而民彌叛"으로 되어 있다. 여기서는 죽간본에 따라 해석한다.

以正治邦, 以奇用兵 이정치방, 이기용병

정상적인 수단으로써 나라를 다스리고, 비정상적인 수단으로 군사를 부린다. 이 두 구절은 매우 유명하다. 『한서』「예문지」의 병서략兵書略 조에서는 권모술수의 종류에 대해 설명하고 있는데, 이 두 구절로 시작한다. 기奇와 정正은 병가에서 사용하는 중요한 개념이다. 『손자』「세勢」와 인췌산 한나라 죽간漢簡의 『기정奇正』을 참고할 것.[1]

以無事取天下 이무사취천하

백성을 수고롭게 하지 않아야 비로소 천하를 얻을 수 있음을 말하는 것이다. 제48장에서 "천하를 차지할 때는 항상 백성을 괴롭히지 않는 방법을 써야 한다. 백성을 괴롭게 하면서 천하를 차지할 수 없다"[2]라고 한 것을 참조할 것. 『노자』에서 "무사無事"와 "무위無爲"는 다르다. 예를 들어 제63장의 "무언가를 하려고 할 때는 작위함이 없어야 한다. 백성을 부릴 때는 백성을 괴롭히지 말아야 한다. 음식을 맛볼 때는 아무 맛이 없는 것만 맛본다"[3]에서 "무위無爲"와 "무사無事"가 함께 나타나지만 이 두 가지는 분명히 차이가 있다. 그 차이는 무엇일까? 문장의 의미에서 볼 때 아마도 "무위"는 통치자 자신이 작위함이 없는 것이고, "무사"는 일로써 백성을 괴롭히거나 방해하지 않는 것으로서 백성에게 번창의 기회를 부여하고 백성이 저절로 성장하도록 하는 것인 듯하다.

1 李零, 『兵以詐立』, 173~200쪽.

2 제48장: 取天下也, 恒以無事也. 及其有事也, 不足以取天下.

3 제63장: 爲無爲, 事無事, 味無味.

夫天下多忌諱 부천하다기휘

국가에 가혹한 법령이 많고 금지하는 법규가 많은 것을 가리킨다. 죽간본에는 "천다기휘天多忌諱"로 되어 있다. 아마도 "하下"자가 빠진 것 같다.

而民彌貧 이민미빈

죽간본에는 "이민미반而民彌叛"으로 되어 있다. 간문에는 "반叛"자가 "반畔"으로 되어 있다. 반半이 위에 있고 전田이 아래 있어서 빈貧자와 모양이 비슷하다. 반叛은 배반 혹은 반란을 뜻하는 말이고, 빈貧은 빈곤을 뜻하는 말로서 의미가 다르다. 국가에 가혹한 법령이 많으면 발생하는 것은 반란이지 빈곤이 아니다. 따라서 반叛자가 더 적합하다.

民多利器, 而邦家滋昏 민다리기, 이방가자혼

"이기利器"는 매우 편리하고 아주 쓸모가 많은 도구로서 반드시 무기만을 가리키는 것은 아니다. "방가邦家"는 바로 후세의 국가다. "방邦"을 "국國"으로 쓴 것은 한나라 고조 유방劉邦의 이름을 피휘하기 위해 글자를 고친 것이다.

奇物 기물

"기화가거奇貨可居(희귀한 상품을 쌓아두고 가격이 오르기를 기다리는 것)"라고 말할 때의 "기화奇貨", 즉 『노자』에서 자주 말하고 있는 "난득지화難得之貨(얻기 어려운 재화)"(제3장, 제12장, 제64장)다. 죽간본에는 "가물哦物"로 되어 있고, 마왕두이 백서 갑본에는 "하물何物"로 되어 있고, 을본에는 훼손되어 없으며, 통행본에는 "기물奇物"로 되어 있다. "가哦"자와 "하何"자는 모두 가부可部에 속하고 득得의 음을 가지고 있다. "기奇"자 역시 가부可部에 속하고 득得의 음을 가지고 있어 서로 바꿔 쓸 수 있었다. 여기서는 기奇자로 읽는다.

法物滋彰 법물자창

"법물法物"은 폐물廢物이 아니라 핍물乏物로 읽어야 하지 않을까 싶다. 핍물乏物은 희귀하고 부족한 물건으로서 앞에서 말한 "기물奇物"과 비슷한 말이다. 죽간본에는 "법물자창灋物滋彰"으로 되어 있고, 경복비에는 "법물자창法物滋彰"으로 되어 있어 모두 백서본과 같다. 이것이 분명 옛날 원본의 모습일 것이다. 통행본에는 "법령자창法令滋彰"으로 되어 있는데 바로 가혹한 법령이 많은 폐단에 대하여 의도적으로 고쳐 읽은 것이며, 그 기원도 비교적 이르다. 예를 들면 『문자』「도원」, 『회남자』「도응」, 『사기』「혹리열전」, 『후한서』「동이전」 등에서 모두 이렇게 쓰고 있다. 한대에 진대秦代를 비판한 것은 바로 이런 점이다.[1]

是以聖人之言曰 시이성인지언왈

『노자』에 나오는 "성인聖人"은 모두 누구를 가리키는지 분명치 않다. 이 말의 출처도 알 수 없다.

我無事而民自富 아무사이민자부

"무사無事"는 앞에서 말한 것과 같다.

1 李零, 『郭店楚簡校讀記』增訂本, 18~20쪽.

我欲不欲而民自朴 아욕불욕이민자박

내가 하고 싶은 것이 바로 아무것도 하고 싶지 않은 것이라면, 사람들은 곧 순박해질 것이다.

제58장

법령이 흐리멍덩하면, 백성은 솔직하고 소박해진다. 법령이 분명하고 뚜렷하면, 백성은 교활해진다. 재앙 속에는 복록이 기대어 있다. 복록 속에는 재앙이 엎드려 있다. 그 지극한 이치를 누가 알겠는가? 만약 정상적인 것이 없다면, 정상적인 것은 비정상적인 것으로 바뀌고, 선량함은 사악함으로 바뀔 것이다. 세상 사람들이 이 점에 대해 이상하게 생각한 지는 매우 오래 되었다. 이 때문에 네모나지만 남을 베지 않고, 예리하지만 남을 찌르지 않으며, 꼿꼿하지만 난폭하지 않고, 밝게 빛나지만 눈부시지 않다.

其政悶悶, 其民惇惇. 其政察察, 其民獪獪. 禍, 福之所倚. 福, 禍之所伏. 孰知其極. 其無正也, 正復爲奇, 善復爲妖. 人之迷也, 其日固久矣. 是以方而不割, 廉而不刺, 直而不肆, 光而不耀.

【대의】

재앙과 복은 함께 다닌다.

『노자』에서는 어리석은 정치를 제창한다. 그 원인은 당시의 사회가 옳고 그름是非의 기준이 혼란스럽고 재앙과 행복禍福의 잣대가 일정치 않았기 때문이다. 『노자』는 정치에 종사하는 사람이 어리석을수록 백성은 더욱더 진실해지고, 정치에 종사하는 사람이 똑똑할수록 백성은 더욱더 교활해진다고 말한다. 재앙은 항상 복 옆에 붙어 있고, 복은 항상 재앙 속에 묻혀 있다. 그러니 그 결과가 어떨 지를 누가 알겠는가? 만약 "정正"(정상)이 없다면, "정正"은 "기奇"(비정상)로 바뀌고, "선善"(선량)은 "요妖"(사악)로 바뀔 것이다. 세상 사람들이 이 점에 대해 이상하게 생각한 지는 이미 매우 오래 되었다. 정치에 종사하는 사람들이 마땅히 조금만 어리석어져서 원칙을 중시해야 한다. 그렇게 되면 오히려 부자연스러운 느낌이 없어질 것이다. 인정에 이끌리지 않고 공평무사하면 오히려 사람들에게 상처를 주지 않을 것이다. 정직하고 거리낌 없다면 오히려 사람들은 제멋대로 굴지 않을 것이다. 마음을 열고 당당하게 행동한다면 오히려 뽐내는 것처럼 보이지 않을 것이다.

【토론】

其政悶悶, 其民惇惇 기정민민, 기민돈돈

"민민悶悶"은 앞의 제20장에도 보인다. 다음에 나오는 "찰찰察察"과 완전히 상반되며, 어리벙벙하고 똑똑하지 못하다는 뜻이다. "돈돈惇惇"은 매우 고지식하고 솔직하며 검소하고 소박하다는 뜻이다. "민민悶悶"은 백서 갑본에는 훼손되어 없고, 을본에는 "민민閔閔"으로 되어 있다. 정리자가 민민閔閔으로 읽었다. 가오밍高明은 민민悶悶으로 읽었다.[1] 통행본에는 대부분 "민민悶悶"으로 되어 있고 부본만 "민민閔閔"으로 되어 있다. 이 두 글자는 서로 바꿔 쓸 수 있는 통가자였다. 여기서는 민민悶悶으로 읽는다. "돈돈惇惇"은 백서 갑본에는 훼손되어 없고 을본에는 "둔둔屯屯"으로 되어 있으며, 하본에는 "순순醇醇"으로 되어 있고 엄본에는 "춘춘諄諄"으로 되어 있으며, 왕본에는 "순순淳淳"으로 되어 있고, 부본에는 "춘춘諄諄"으로 되어 있다. 모두 서로 바꿔 쓸 수 있는 글자였다. 여기서는 돈돈惇惇으로 읽는다.

其政察察, 其民獪獪 기정찰찰, 기민회회

"찰찰察察"은 분명하고 뚜렷한 것이다. "회회獪獪"는 교활하다는 뜻이며, 원래는 "쾌쾌夬夬"로 썼다. 통행본에는 "결결缺缺"로 되어 있다. 여기서는 회회獪獪로 읽는다.

其無正也, 正復爲奇, 善復爲妖. 기무정야, 정부위기, 선부위요.

정正과 기奇는 상반된다. 정正은 정상적인 것이고 기奇는 비정상적인 것이다. 기奇는 본래 기수奇數, 즉 홀수를 가리키는 말이었다.[2] 요妖 역시 비정상적인 것을 나타내는 글자로서 선善과 상반된다. 『좌전』 선공 15년조에 "하늘이 때를 거스르는 것을 재라 하고, 땅이 사물에 거스르는 것을 요라고 한다"[3]라는 말이 있다. 옛날 사람들은 식물이나 동물의 비정상적인 현상을 모두 요妖, 즉 요망한 것이라고 불렀다.

1 高明, 앞의 책, 108~109쪽.

2 李零, 『兵以詐立』, 173~200쪽.

3 『좌전』 선공 15년조: 天反時爲災, 地反物爲妖.

人之迷也, 其日固久矣 인지미야, 기일고구의

세상 사람들이 이 점에 대해 이상하게 생각한 것은 그 시간이 정말로 매우 오래 되었다.

是以方而不割, 廉而不刺, 直而不肆, 光而不耀.

시이방이불할, 염이불자, 직이부사, 광이불요.

첫 번째 구절은 통행본에는 "시이성인방이불할是以聖人方而不割"로 되어 있고, "성인聖人"이라는 말이 자주 나온다. "방方"은 정사각형이고 "염廉"은 사각형의 네 변이다. 그것들은 모두 모서리가 있고 모난 귀퉁이가 있기 때문에 사람을 베거나 찔러 상처를 입히기 쉽다. 인완尹灣의 한나라 무덤에서 출토된 『박국점博局占』 목독木牘에 들어있는 박국도博局圖에는 총 9개의 바둑돌 놓는 점이 있다. 그 가운데 있는 두 개가 바로 "방方"과 "염廉"이다. "자刺"는 하본에는 "해害"로 되어 있고, 엄본, 왕본, 부본 등에는 "귀劌"로 되어 있다. "해害"로 된 것은 아마도 앞 문장에 있는 "할割"자의 영향을 받아서 잘못된 것 같다. 따라서 근거로 삼기에 부족하다. "귀劌"자로 쓴 것은 방언에서 쓰는 글자로 바꾼 것이다. 『방언方言』 제3권에 "사람을 찌르는 모든 풀이나 나무 (…) 관동 지방에서는 경梗이라 하기도 하고 귀劌라고 하기도 하며, 관서지방에서는 자刺라고 부른다"[1]라는 말이 있고, 『한비자』 「해로」와 『회남자』 「도응」에는 이미 "직이불사直而不肆(꼿꼿해도 난폭하지 않다)"로 되어 있다. "직直"은 굽은 것과는 상반되는 말로서 바르고 곧다는 의미다. "사肆"는 제멋대로 하거나 난폭한 것을 뜻한다. 『논어』

1 『방언』: 凡草木刺人 (…) 自關而東, 或謂之梗, 或謂之劌, 自關而西謂之刺.

「양화陽貨」에 "고지광야사古之狂也肆(옛날의 광자는 제멋대로 했다)"라는 말이 있는데, 여기서 말하는 "사肆"는 제멋대로 하는 것이다. "광이불요光而不耀"는 밝게 빛나지만 눈을 찌르지 않는 것이다.

제59장

통행본 제59장

사람을 다스리고 하늘을 섬기는 데 아끼는 것보다 좋은 것이 없다. 오로지 아끼기 때문에 일찌감치 도를 따르며, 일찌감치 도를 따르는 것을 덕 쌓기를 중시하는 것이라고 한다. 덕 쌓기를 중시하면 극복하지 못할 것이 없고, 극복하지 못할 것이 없으면 그 끝을 알 수 없다. 그 끝을 알 수 없으면 나라를 차지할 수 있다. 나라를 차지하는 방법이 있으면 오래 갈 수 있다. 이것을 매우 깊고 견고하게 뿌리를 내려 오래오래 살 수 있는 방법이라고 한다.

治人事天莫若嗇, 夫唯嗇, 是以早服, 早服謂之重積德. 重積德則無不克, 無不克則莫知其極. 莫知其極, 可以有國. 有國之母, 可以長久. 是謂深根固柢長生久視之道也.

【대의】

애석함을 중시한다.

『노자』에서는 "색嗇"을 강조한다. 『노자』는 말한다. 인민을 다스리고 천지에 제사를 드릴 때 그 어떤 것도 "색嗇"보다 중요한 것은 없다. "색嗇"은 아낀다는 뜻이다. 돈을 낭비하지 않고 정력을 낭비하지 않고 시간을 낭비하지 않는 것이 바로 "색嗇"이다. "색嗇"의 중요성에 대해 깨달은 자만이 도를 얻을 수 있고, 덕을 많이 쌓을 수 있고 이루지 못하는 것이 없으며, 오래도록 나라를 향유할 수 있다. 이것이 이른바 "매우 깊고 견고하게 뿌리를 내려 오래오래 살 수 있는 방법"인 것이다.

【토론】

이 장은 죽간본에 있다.

治人事天莫若嗇 치인사천막약색

"치인治人"은 인민을 다스리는 것이고, "사천事天"은 하늘과 땅의 귀신에게 제사를 드리는 것이다. "색嗇"은 아낀다는 뜻이다. 옛날 사람들은 "애색愛嗇"이라는 말을 자주 썼는데, 바로 이런 뜻이다. 예를 들어 『후한서』 「방술열전方術列傳」에 다음과 같은 기록이 있다. 감시甘始와 동곽연년東郭延年과 봉군달封君達 등 세 명의 방사方士가 있었다. "그들은 대부분 용성容成의 여성을 다루는 기술을 구사할 수 있었다. 어떤 사람은 소변을 마시기도 하고, 어떤 사람은 거꾸로 매달려 있기도 했다. 그들은 정기精氣를 아끼기 위해 아주 먼 곳을 바라보지도 않았고 큰소리로 말하지도 않았다."[1] 여기서 바로 이와 같은 뜻으로 "애색

愛嗇"이라는 말을 썼다. 고대 방중술 가운데 "십동불사十動不瀉"설은 바로 "색嗇"을 체현하는 것이다. 미국의 학자 맥마흔은 명대의 색정소설에 대해 설명할 때 "구두쇠吝嗇鬼"라는 개념을 사용했다. 바로 여기서 힌트를 얻은 것이다.[2]

是以早服 시이조복

"시이조是以早" 세 글자는 죽간본에는 중복하여 두 번 썼지만, 문장이 중복되었다는 표시를 하지 않았다. 잘못 들어간 글자다. "조복早服"은 일찍부터 도를 따른다는 뜻이다.

有國 유국

여기서 "유방有邦"이라고 말하지 않고 있는 점에 주의해야 한다. "국國"은 나라의 수도이고, 따라서 유국有國은 유방有邦, 즉 나라를 가지고 있는 것이다. 그러나 국國이 방邦과 같은 것은 아니다. 방邦은 국가고, 고대어에서 국國과는 의미상 구별이 있었다. 한대에 한 고조의 이름을 피휘하여 방邦자를 국國자로 바꿔 썼고 그 뒤로 이 두 글자의 의미가 혼용되기 시작했다.

有國之母 유국지모

나라를 소유하는 방법.

1 『후한서』「방술열전」: 率能行容成御婦人術, 或飮小便, 或自倒懸, 愛嗇精氣, 不極視大言.

2 다음 책을 참고할 것. Keith McMahon, *Misers, Shrews, and Polygamists: Sexuality and Male-Female Relations in Eighteenth-Century Chinese Fiction*, Durham & London: Duke University Press, 1995. 중국어판: 馬克夢, 『吝嗇鬼, 潑婦, 一夫多妻者』, 王維東·楊彩霞 譯, 戴聯斌 校, 北京: 東方出版社, 2001.

深根固柢 심근고저

뿌리가 매우 깊고 견고하게 박힌 것.

長生久視 장생구시

오래오래 살고 재위 기간이 매우 긴 것을 가리킨다.

제60장

통행본 제60장

큰 나라를 다스릴 때는 작은 생선을 삶듯이 해야 한다. 세상 사람들 위에 도道로써 군림하면 그 귀신이 신령스럽지 못하다. 귀신이 신령스럽지 못하면 그 신령스러움은 사람을 해칠 수 없다. 신령스러움이 사람을 해치지 못하면 성인(통치자) 역시 사람을 해치지 못한다. 이 두 가지는 서로 해치지 못하기 때문에 이 두 가지 덕은 모두 사람에게 귀속된다.

治大邦若烹小鮮. 以道莅天下, 其鬼不神. 非其鬼不神也, 其神不傷人也. 非其神不傷人也, 聖人亦弗傷也. 夫兩不相傷, 故德交歸焉.

【대의】

나라를 다스릴 때는 작은 생선을 삶듯이.

『노자』는 큰 나라를 다스리는 것을 작은 물고기를 삶는 데 비유하고 있다. 작은 물고기를 삶을 때 불을 세게 하고 자주 뒤집고 휘저어 물고기를 부수고 흐트러지게 하는 것이다. 이것은 순기자연順其自然, 즉 그대로 내버려두어야 한다는 것을 모르는 것이다. 『노자』는 도로써 천하를 다스리면서 다른 사람을 다치지 않게 하려고 한다면 역시 그대로 내버려두어야 한다고 말한다. 그렇게 하면 귀신이든 성인이든 모두 사람을 다치게 할 수 없다는 것이다. 그들이 아무도 사람을 다치게 하지 않는다면, 그것이 바로 양쪽 모두 좋은 것이다.

【토론】

治大邦若烹小鮮 치대방약팽소선

"팽烹"은 가마솥鑊[1]을 이용하여 고기를 삶은 것이다. 삶는다는 것은 물을 넣고 삶는 것을 말한다. 고대에 요리에 관한 용어는 매우 많았고 그 의미도 각기 달랐다. 예를 들어 증蒸은 시루를 이용하여 찌는 것이고, 찌는 것은 벼나 수수와 같은 곡물이고, 볶거나 지지거나 졸일 때는 기름을 쓰는데 불 위에 올려놓고 익힌다. 굽거나炙 말리거나烤 통째로 구울 때炮는 불 위에 직접 올려놓고 굽는다. 여기서 말하는 것은 찌는 것이 아니고 볶거나 지지는 것도 아니며 굽는 것도 아니다. "소선小鮮"은 작은 날생선이다. 옛날 사람들은 육식에 대한 분류가 매우 세밀했다. 그들은 날생선을 선鮮이라고 불렀고, 날고기를

1 생牲, 즉 희생으로 쓰는 소 등의 동물을 통째로 삶는 큰 솥.

성腥이라고 했으며, 조각조각 썬 생선 혹은 날고기를 회膾라고 했고, 말린 고기를 홍薨 혹은 고槁라고 했고, 살아 있는 것을 생뢰牲牢라고 했다. 여기서는 요리하는 데 비유했다. 글쓴이는 큰 나라를 다스리는 것은 요리 예술로서 작은 물고기를 삶는 것과 같다고 했다. 물고기를 삶을 때는 물고기가 쉽게 문드러져버리기 때문에 불 조절이 매우 중요하며, 또 절대로 휘젓거나 해서는 안 된다. 고대의 내신內臣 중에 식사를 준비하는 요리사가 매우 중요했다. 상주商周 시기에는 궁중의 요리사를 재宰 혹은 선부膳夫라고 불렀다. 후세에 말하는 재신宰臣은 바로 이런 궁중 요리사에 뿌리를 두고 있다. 전국시기에 유행한 전설이 하나 있다. "이윤伊尹은 요리솜씨로써 탕왕에게 벼슬을 구했다."[1] 이것은 바로 이런 이해를 반영하고 있다. "대방大邦"은 갑본에는 결락되었고, 을본과 통행본에는 한나라 고조의 이름을 피휘하여 "대국大國"으로 되어 있다. 다음에 나오는 제61장의 "대방大邦"과 "소방小邦", 제67장의 "소방小邦" 등을 보면 갑본의 이곳도 분명히 "대방大邦"으로 되어 있었을 것이다.

以道蒞天下 이도리천하

도道로써 천하에 군림한다.

其鬼不神 기귀불신

그 귀신은 신령스럽지 못하다고 말하는 것과 같다.

1 『맹자』「만장 상萬章 上」: 伊尹以割烹要湯.

非其神不傷人也 비기신불상인야

여기서 "불상不傷" 뒤에 사람 "인人"자가 나온다는 점에 주의해야 한다.

聖人亦弗傷也 성인역불상야

통행본에는 "성인역불상인聖人亦不傷人"으로 되어 있다. 여기서 말하는 "성인聖人"은 분명히 통치자를 가리킨다. 여기서는 "불상弗傷" 뒤에 사람 "인人"자가 나오지 않는다는 점에 주의해야 한다.

夫兩不相傷 부량불상상

귀신은 사람에게 해를 끼치지 않고 성인도 사람에게 해를 끼치지 않는다는 것을 말한다.

故德交歸焉 고덕교귀언

귀신은 사람에게 해를 끼치지 않고 성인도 사람에게 해를 끼치지 않는다. 이 두 가지 덕은 모두 사람에게 귀속된다.

제61장

통행본 제61장

대국은 강물의 하류와 같고, 세상의 암컷이다. 세상의 모든 관계에서 암컷은 항상 고요함으로써 수컷을 이긴다. 암컷은 고요해야 하기 때문에 아래쪽에 있는 것이 좋다. 대국이 소국의 아래쪽에 있으면 소국을 병탄한다. 소국이 대국의 아래쪽에 있으면 대국에 병탄 당한다. 그러므로 어떤 나라는 아래쪽에 있음으로써 병탄하기도 하고 어떤 나라는 아래쪽에 있음으로써 병탄 당하기도 한다. 대국은 지나치게 다른 나라를 병탄하려고 해서는 안 되고, 소국은 지나치게 다른 나라를 섬기려고 해서는 안 된다. 모두가 각자의 욕망을 채우기 위해서는 대국이 아래쪽에 있는 것이 좋다.

大邦者, 下流也, 天下之牝. 天下之交也, 牝恒以靜勝牡. 爲其靜也, 故宜爲下. 大邦以下小邦, 則取小邦. 小邦以下大邦, 則取於大邦. 故或下以取, 或下而取. 故大邦者, 不過欲兼畜人, 小邦者, 不過欲入事人. 夫皆得其欲, 大者宜爲下.

【대의】

대국만이 기꺼이 아래쪽에 처한다.

대국은 일반적으로 매우 대단하다. 그러나 『노자』는 오히려 대국은 당연히 아래쪽에 있는 것을 달갑게 받아들여야 하며, "세상의 암컷"이 되어야 한다고 말한다.

『노자』는 남자와 여자의 교합이라는 비유를 통해 대국과 소국의 관계를 설명한다. 여성은 항상 고요함靜으로써 움직임을 제어하고, 남성보다 드세다. 여자는 꼼짝 않고 남자가 위로 올라오기를 기다린다. 그 때문에 항상 아래쪽에 누워 있다. 아래쪽에 누워 있으면 위쪽을 "삼킬(병탄)" 수 있다. 대국과 소국의 관계 역시 이와 같다. 대국은 스스로 자신의 처지를 낮추어 소국을 병탄할 수 있다. 소국은 높은 곳에서 아래를 굽어보고 있지만 도리어 대국에 병탄된다. 한 편에서는 아래쪽에 처함으로써 다른 사람을 빼앗고, 한 편에서는 아래쪽에 처함으로써 다른 사람에게 빼앗긴다. 대국이 생각하는 것은 소국을 병탄하는 것이고, 소국이 생각하는 것은 대국에 대해 신하로서 복종하는 것이다. 쌍방이 각기 원하는 바를 얻는 셈인데, 대국은 마땅히 아래쪽에 처해 있어야 한다.

【토론】

이 장은 대국과 소국의 관계를 성교 행위에 비유한 것이다.

大邦者, 下流也, 天下之牝. 天下之交也, 牝恒以靜勝牡.

대방자, 하류야, 천하지빈. 천하지교야, 빈항이정승모.

"대방大邦"과 "소방小邦"은 갑본에는 여기와 같고, 을본과 통행본에는 한 고조의 이름을 피휘하여 "대국大國"과 "소국小國"으로 되어 있다. "하류下流"는 강물의 하류다. 유流는 유游와 같다. "빈牝"은 여성 생식기를 빌려 여성을 가리키는 말로 쓴 것이다. 동물의 암수를 구별할 때는 주로 생식기를 본다. "교交"는 여기서 성교를 가리킨다. 이 말은 『노자』 원문에서 남녀의 성교를 비유하고 있다. 의미가 분명하지만 후대 사람들은 감히 그렇게 생각하지 못하고 아예 원문을 다음과 같이 바꿔버렸다. "대국은 하류에 있기 때문에 거기서 세상의 모든 나라가 만난다. 세상의 암컷, 암컷은 항상 고요함으로써 수컷을 이긴다."[1] 여기서 "세상의 암컷天下之牝"과 "세상의 모든 나라가 만난다天下之交"가 서로 위치를 바꿔버렸으니 어떻게 뜻이 통할 수 있겠는가? 백서본은 우리에게 옛날 책의 진상을 보여준다. 이를 통해 우리는 비로소 원래는 그렇게 말한 것이 아니었다는 것, "천하지교天下之交"는 성교를 말하는 것이라는 것 등을 알았다.[2]

牝恒以靜勝牡 빈항이정승모

"모牡"는 남성을 가리킨다. 중국 고대의 방중서房中書[3]에서는 줄곧 여성이 남성보다 강하고, 고요함으로써 움직임을 제어하며, 부드럽고 약함으로써 굳세고 강함을 이기기 때문에 남자는 반드시 어떻게 자

---

1 통행본의 원문: 大國者下流, 天下之交. 天下之牝, 牝常以靜勝牡.

2 정량수鄭良樹는 다음과 같이 말한다. "이 구절의 위아래 문장이 빈모牝母(암컷)를 주제로 삼고 있는 이상 결국 '교交'는 음양의 교접, 남녀의 성교로 해석해야 비로소 본래의 뜻에 맞는다. 이것은 천하 음양의 거대한 성교이고, 빈모牝母는 항상 정적인 상태에서 웅모雄牡(수컷)를 제압하여 이긴다. 그것은 아마도 빈모는 정적인 상태로 있을 수 있기 때문일 것이다. 그러므로 대국은 이 점을 본받아 고요하고 겸손함으로써 규범을 삼아야 한다." 鄭良樹, 『老子校讀』, 267~268쪽 참조.

3 남녀의 성교에 관한 이론을 내용으로 하는 책. — 옮긴이

신을 제어해야 할 것인가를 배워서 여성이 절대로 자신에게 손상을 입히지 않도록 해야 한다고 생각했다. 예를 들면 다음과 같은 것이 있다. "양은 인시寅時에 발생하고 순수한 목木의 정수다. 음은 신시申時에 발생하고 순수한 금金의 정수다. 목을 금 속에 집어넣으면 언제든 상해를 입지 않을 수 없다. 그러므로 음기는 양기에 손상을 입힐 수 있다. 음에 속하는 여자가 얼굴에 분을 바르는 것은 금이 하얗게 빛난다는 것을 본받은 것이다. 이 때문에 진인眞人과 도사道士는 항상 정기의 미묘함에 유의하고 음양의 성쇠를 살피는 데 주목한다. 나(수도자)는 동방의 청룡성靑龍星에 속하고 저쪽(여성)은 서방의 백호성白虎星에 속한다. 저쪽은 남방의 주작이고 나는 북방의 현무에 속하니 죽지 않는 도술을 터득한다. 또 음陰에 속하는 여성의 감정은 양陽(남성)에 대하여 조급해하지만, 겉으로는 양을 받아들이고자 하는 욕망을 스스로 억제할 수 있다. 이는 금金(여성)이 목木(남성)에게 굴복하지 않는다는 것을 보여주는 것이다. 양성陽性(남성)의 기는 굳세고 활동적이며 생각이 섬세하지 못하지만, 연회에서 자유롭게 놀 때는 목소리가 온화하고 부드러우며 말투가 겸손하다. 이는 목木이 금金을 두려워한다는 것을 보여준다."[1] "약한 것은 강한 것을 제압할 수 있고, 음은 양을 넘어뜨릴 수 있다. 항상 깊은 물 앞에 서 있듯이, 높은 낭떠러지를 걸어가듯이 조심하면서 수레를 몰아가는 것이 장수

1 『天門子經』(佚文): 陽生立於寅, 純木之精. 陰生立於申, 純金之精. 夫以木投金, 無往不傷. 故陰能溲陽也. 陰人著脂粉者, 法金之白也. 是以眞人道士莫不留心駐意, 精其微妙, 審其盛衰. 我行靑龍, 彼行白虎, 彼前朱雀, 我後玄武, 不死之道也. 又陰人之情也有急於陽, 然能外自強抑不肯請陽者, 明金不爲木屈也. 陽性氣剛躁, 志節疏略, 至於游晏, 則聲氣和柔, 言辭卑下, 明木之畏金也.

의 길이다."[1] "여자를 다룰 때는 썩은 고삐를 잡고 말을 모는 것과 같은 심정으로 대해야 하고, 바닥에 칼날이 꽂혀 있는 깊은 굴 위에 서서 그 속으로 떨어질까 두려워하는 심정으로 대해야 한다."[2] "항恒"은 통행본에는 "상常"으로 되어 있다.

爲其靜也, 故宜爲下 위기정야, 고의위하

성교에는 여러 가지 자세가 있다. 성학자들은 그것을 체위라고 부른다. 동물은 오직 후입위後入位밖에 못한다. 사람은 그와는 달리 크게 세 가지 체위가 있다. 남성상위, 여성상위, 후입위 등이 그것이다. 명청대의 소설에서는 이 세 가지를 각각 "순수추주順水推舟"[3], "도요랍촉倒澆蠟燭"[4], "격산취화隔山取火"[5]라고 불렀다. 여기서는 남성상위 혹은 여성하위를 위주로 말하면서 대국은 여성하위와 같이 아래쪽에 있고, 소국이 위에서 남성상위를 연출하게 할 것을 강조한다. 『노자』에서는 "위자爲雌"와 "수자守雌"(제10장, 제28장)를 강조한다. 이 장에서 말하는 것이 바로 "위자爲雌"와 "수자守雌"다.

1 『絕洞子』(佚文): 弱能制強, 陰能弊陽, 常若臨深履危, 御奔乘駕, 長生之道也. 후한의 용호경龍虎鏡은 용과 호랑이의 성교를 주제로 삼고 있다. 청룡은 인간 남성의 생식기와 비슷하다. 용과 호랑이 아래에는 장수長壽를 상징하는 장인丈人 혹은 신귀神龜가 있다. 이것은 바로 그와 같은 사상을 반영한 것이다. 현재는 잃어버리고 없는 『황서黃書』의 글(동진東晉 도안道安의 『이교론二教論』과 당나라 법림法琳의 『변정론辨正論』에 인용된 것)에 다음과 같은 말이 있다. "開命門, 抱眞人, 嬰兒回, 龍虎戲." 이 기록은 바로 이 점을 증명한다고 할 수 있다.

2 『洞玄子』(佚文): 御女當如朽索御奔馬, 如臨深坑下有刃, 恐墮其中.

3 물의 흐름을 따라 배를 밀고 간다는 뜻.—옮긴이

4 촛불을 거꾸로 하여 촛농을 떨어뜨린다는 뜻.—옮긴이

5 산 너머에서 불을 구해온다는 뜻.—옮긴이

大邦以下小邦, 則取小邦. 小邦以下大邦, 則取於大邦.

대방이하소방, 즉취소방. 소방이하대방, 즉취어대방.

"취取"는 엄본의 주석을 보면 "탄呑"의 의미다. 대국이 소국 아래 있으면 소국을 병탄할 수 있고, 소국이 대국 아래 있으면 거꾸로 대국에게 병탄 당한다. 그것은 마치 여성이 아래쪽에 있고, 아래쪽에서 위쪽을 삼키는 것과 같다.

故或下以取, 或下而取 고혹하이취, 혹하이취

이以자와 이而자는 서로 통하는 글자로서 옛날 책에 그 예가 자주 보인다. 그러나 여기서는 그것과는 다르다. "하이취下以取"는 주도적으로 병탄하는 것이고, "하이취下而取"는 다른 사람에 의해 병탄 당하는 것이다.

故大邦者, 不過欲兼畜人, 小邦者, 不過欲入事人.

고대방자, 불과욕겸축인, 소방자, 불과욕입사인.

대국은 아래쪽에 있다. 그러나 그것은 소국을 병탄하거나 통제하기 위해서다. 소국은 아래 있다. 그러나 그것은 신하의 나라로서 대국에 복종하기 위해서다. "겸兼"은 을본에는 "병幷"으로 되어 있고, 의미는 같다.

夫皆得其欲, 大者宜爲下 부개득기욕, 대자의위하

대국과 소국이 모두 각자가 원하는 것을 얻었다 해도 대국은 여전히 아래쪽에 처하는 것이 가장 좋다는 의미다.

제62장

통행본 제62장

도는 만물의 주인이며, 선한 사람善人의 보물이고 선하지 못한 사람不善人이 갖고 싶어하는 것이다. 훌륭한 말言은 내다 팔 수 있고 고귀한 행실은 다른 사람에게 선물로 줄 수 있다. 사람이 선하지 못하다고 해서 어떻게 그를 포기할 수 있겠는가? 그러므로 천자를 세우고 삼경을 임명할 때 두 손으로 받쳐 들어야 할 정도의 거대한 옥을 선물로 주고 이어 수레를 얹은 네 필의 말을 선물로 주지만, 그것은 무릎을 꿇고 도道를 헌상하는 것만 못하다. 옛날에 이것을 귀하게 여긴 이유는 무엇 때문일까? 그것은 구하면 반드시 보답이 있고 또 자기의 죄과를 면제해주기 때문이다. 그 때문에 도는 천하에서 가장 고귀한 것이다.

道者, 萬物之主也, 善人之寶也, 不善人之所保也. 美言可以市, 尊行可以加人. 人之不善也, 何棄之有. 故立天子, 置三卿, 雖有拱之璧以先駟馬, 不(善)[若]坐而進此. 古之所以貴此者何也. 不謂求以得, 有罪以免與, 故爲天下貴.

【대의】

도는 가장 좋은 선물이다.

도는 만물의 주인이다. "선한 사람善人"은 그것을 보물로 여기고, "선하지 못한 사람不善人" 역시 그것을 가지고 싶어 한다. 좋은 말은 돈을 받고 팔 수 있고, 아름다운 행실은 사람에게 전해줄 수 있다. 도는 사람에게 보내주는 좋은 예물이다. 사람이 비록 "선하지 못하다"고 해서 왜 꼭 그 사람을 포기해야 하는가? 그들도 똑같이 도를 필요로 한다. 천자가 즉위하면 삼경을 두는데, 그때 공물貢物로 무엇을 바칠까? 공벽拱璧[1]이나 사마駟馬[2] 등을 보내는 것보다 도道를 헌납하는 것이 더 좋다는 것이 정답이다. 옛날 사람들은 왜 도를 중시했을까? 구하면 반드시 보답이 있고, 죄과를 없애주기 때문이 아닐까? 그 때문에 사람들은 모두 도를 중시하는 것이다.

【토론】

道者, 萬物之主也 도자, 만물지주야

도는 만물의 원천이고 또 만물의 주재자다. "주主"는 통행본에는 "오奧"로 되어 있다. 오奧자의 본뜻은 방의 서남쪽 모퉁이다. 고대의 궁실에서는 이 서남쪽 모퉁이를 높였다. 그 때문에 이 글자는 주인이라는 뜻으로 바뀌었다. 예를 들어 『논어』「팔일」 편에 "아랫목 귀신에게 아첨하느니 차라리 부뚜막 귀신에게 아첨하겠다"[3]라는 말이 있다. 여기서 바로 군주를 방의 서남쪽 모퉁이를 뜻하는 오奧(아랫목 귀신)

1 공벽拱璧: 두 손으로 들어야 할 정도로 큰 옥.

2 사마駟馬: 네 필의 말이 끄는 호화로운 수레.

3 『논어』「팔일」: 與其媚於奧, 寧媚於竈.

에 비유하고 있다.

善人之寶也, 不善人之所保也 선인지보야, 불선인지소보야

"선인善人"과 "불선인不善人"은 두 가지로 해석할 수 있다. 하나는 도덕이 높은가 낮은가 하는 것이고, 다른 하나는 지혜가 깊은가 얕은가 하는 것이다. 도는 선한 사람善人에게는 보배다. 그러나 선하지 못한 사람에게도 똑같이 그것이 필요하다. "보寶"와 "보保"는 백서본에는 모두 "보葆"자로 되어 있다. 한대에는 자주 보葆자를 보寶자의 뜻으로 썼다. 통행본에는 "보寶"로 되어 있고 뒤쪽에는 "보保"로 되어 있다. 이 두 글자는 옛날에 서로 통용되었다. 서주西周 금문의 "자자손손영보용子子孫孫永寶用(대대손손 영구히 보관하여 사용한다)"이라는 구절에서 "보용寶用"은 바로 "보용保用"이다. 여기서는 통행본에 따라 해석한다. "선한 사람善人"은 제8장, 제27장, 제81장에도 보이고, "선하지 못한 사람不善人"은 제27장에도 보인다.

美言可以市, 尊行可以加人 미언가이시, 존행가이가인

"미언美言"과 "존행尊行"은 이른바 가언의행嘉言懿行(좋은 말과 훌륭한 행실)이다. 이런 것들은 모두 보물과 같이 내다팔 수도 있고 다른 사람에게 선물로 줄 수도 있다.

人之不善也, 何棄之有 인지불선야, 하기지유

사람이 비록 선하지는 못하다 해도 그렇다고 꼭 그 사람을 포기해야 하는가 하는 의미다. "인지불선야人之不善也"는 바로 앞의 글에 나온 "선하지 못한 사람不善人"이다. 제27장의 다음 구절을 참조할 것.

"이 때문에 언제나 다른 사람을 구제하면서 사람을 버리는 일이 없고, 사물에 대해서는 그 사물이 가지고 있는 기능을 버리지 않는다. 이것을 예부터 전해 내려오는 예지라고 한다. 그러므로 선한 사람은 선한 사람의 스승이다. 선하지 못한 사람은 선한 사람의 보조자다."[1]

故立天子, 置三卿 고립천자, 치삼경

삼경三卿은 사도司徒, 사마司馬, 사공司空 등과 같이 국가의 정무를 담당하는 대신을 가리킨다. "삼경三卿"은 통행본에는 "삼공三公"으로 되어 있다.

雖有拱之璧以先駟馬 수유공지벽이선사마

여기서는 두 종류의 예물에 대해 말하고 있다. 하나는 "유공지벽有拱之璧", 즉 두 손으로 받쳐 들어야 할 정도로 거대한 옥으로서 먼저 주는 것이고, 다른 하나는 수레를 얹은 네 필의 말로서 뒤이어 주는 것이다. 먼저 옥을 보내고 나중에 말을 보낸다. 이 두 가지는 모두 귀중한 예물이다. 고대에 예물을 보낼 때는 주로 네 가지를 썼다. 즉 옥, 말, 가죽, 비단 등을 보냈다. 이런 것들을 통칭하여 폐幣라고 불렀다. 여기서는 앞의 두 가지를 든 것이다. "수유공지벽雖有拱之璧"은 "수/유공지벽雖/有拱之璧: 비록 두 손으로 안아야 할 정도의 큰 옥이라 하더라도"이다. 통행본에는 "수유공벽雖有拱璧"으로 "지之" 한 글자가 줄어 "수유/공벽雖有/拱璧(비록 두 손으로 안아야 할 정도의 큰 옥을 가지고 있어도)"으로 바뀌는 바람에 의미가 달라졌다.

---

1 제27장: 是以聖人恒善救人, 而無棄人, 物無棄材, 是謂襲明. 故善人, 善人之師, 不善人, 善人之資也.

不若坐而進此 불약좌이진차

옥을 보내고 말을 보내는 것보다 무릎을 꿇고 도를 헌정하는 것이 더 낫다.

古之所以貴此者何也. 不謂求以得, 有罪以免與, 故爲天下貴.

고지소이귀차자하야. 불위구이득, 유죄이면여, 고위천하귀.

옛날 사람들은 도를 귀중하게 여겼다. 이는 구하면 반드시 보답이 있고 또 자기의 죄과를 면제해주기 때문이다. 이 말은 약간은 종교적인 맛이 있다. 천사도天師道에 죄를 없애준다는 말이 있다. "불위不謂"는 통행본에는 "불왈不曰"로 되어 있다.

제63장

통행본 제63장

무언가를 하려고 할 때는 작위함이 없어야 한다. 백성을 부릴 때는 백성을 괴롭히지 말아야 한다. 음식을 맛볼 때는 아무 맛이 없는 것만 맛본다. 작은 것을 크게 여기고, 적은 것을 많게 여기며, 원한에 대해서는 덕으로써 보답한다. 어려운 일은 쉬울 때 처리하고 큰일을 할 때는 미세한 데서 시작한다. 세상의 모든 어려운 일은 쉬운 데서 시작되고, 세상의 모든 거대한 것들은 미세한 데서 시작된다. 이 때문에 성인은 끝내 큰일을 하지 않지만, 그 때문에 큰일을 이룰 수 있다. 경솔한 승낙은 반드시 믿음이 적고, 많은 쉬운 일을 그대로 두면 반드시 어려운 일이 많아진다. 성인은 쉬운 것을 어렵게 여기기 때문에 끝까지 아무런 어려움이 없다.

爲無爲, 事無事, 味無味. 大小多少, 報怨以德. 圖難乎其易也, 爲大乎其細也. 天下之難作於易, 天下之大作於細. 是以聖人終不爲大, 故能成其大. 夫輕諾必寡信, 多易必多難. 是以聖人猶難之, 故終於無難.

【대의】

원한에 덕으로 갚는다.

이 장 역시 "올바른 말은 반어反語와 같다"[1]는 데 속한다. 글쓴이가 강조하는 것은 사물의 두 가지 측면 가운데서 가장 좋은 것은 일반인들이 좋지 않다고 하는 쪽에 선다는 것이다. 예를 들면 큰 것과 작은 것 가운데서 그는 작은 것을 선택할 것이고, 어려운 것과 쉬운 것 가운데서 그는 쉬운 것을 선택할 것이다. 그는 천하의 어려움은 모두 쉬운 데서 시작되고, 큰 것은 모두 작은 데서 시작된다고 말한다. 성인은 모두 작은 것을 크다고 여기고 쉬운 것을 어렵다고 생각한다. 그 때문에 큰일을 이룰 수 있고 어려움에서 벗어날 수 있다.

『노자』 변증법의 특징은 "상식"에 반한다는 것이다. 일반 사람들은 모두 "덕에는 덕으로 보답하고 원한에는 원한으로 되갚는다." 그러나 그는 거꾸로 원한에 덕으로 갚는다.

【토론】

이 장은 죽간본에도 있지만, 앞부분에서 세 구와 마지막 부분에서 세 구를 뽑아놓았다. 중간의 것은 "대소지大小之" 세 글자뿐이다. 즉 "작은 것을 크게 여기고, 적은 것을 많게 여기며, 원한에 대해서는 덕으로써 보답한다. 어려운 일은 쉬울 때 처리하고 큰일을 할 때는 미세한 데서 시작한다. 세상의 모든 어려운 일은 쉬운 데서 시작되고, 세상의 모든 거대한 것들은 미세한 데서 시작된다. 이 때문에 성인은 끝내 큰일을 하지 않지만, 그 때문에 큰일을 이룰 수 있다. 경솔한 승

1 제80장: 正言若反.

낙은 반드시 믿음이 적다." 이 부분을 베껴 쓸 때 나머지 부분을 빠뜨리고 베낀 것이 분명하다.

爲無爲, 事無事, 味無味 위무위, 사무사, 미무미

스스로 무언가를 해야 할 때는 오직 작위적이지 않도록 해야 한다. 백성을 부릴 때는 오직 백성을 수고롭게 하거나 재산상의 손해를 끼치지 않도록 해야 한다. 음식을 맛볼 때는 아무 맛이 없는 것만 맛본다. 여기서 "위爲"자는 스스로 행동하는 것이고, "사事"는 다른 사람을 수고스럽게 하는 것이다. 제48장의 다음 구절을 참조할 것. "학문을 하는 방법은 모르는 것을 나날이 더해가는 것이고, 도를 닦는 방법은 알고 있는 것을 나날이 덜어가는 것이다. 덜어내고 또 덜어내다 보면 무위無爲에 이른다. 무위에 이르면 못하는 것이 없다. 천하를 차지할 때는 항상 백성을 힘들게 하지 않는 방법을 써야 한다. 백성을 힘들게 하면 천하를 차지할 수 없다."[1]

大小多少 대소다소

한 가지 해석은 아래의 글과 연결하여 읽는 것으로서 상대방에 대한 원한이 크든 작든 혹은 많든 적든 상관없이 원한에는 모두 덕으로써 갚는다는 것이다. 다른 한 가지 해석은 작은 것을 큰 것으로 여기고, 적은 것을 많은 것으로 여긴다는 것으로서 다음에 나오는 "어려운 일은 쉬울 때 처리하고爲大乎其細也"가 이에 해당된다.

1 제48장: 爲學者日益, 聞道者日損, 損之又損, 以至於無爲. 無爲而無不爲. 取天下也, 恒以無事也. 及其有事也, 不足以取天下.

報怨以德 보원이덕

공자와 노자의 같은 점과 차이점이 무엇인가 하는 문제와 관련하여 매우 중요한 대목이다. 어떤 사람이 공자에게 물었다. "원한에 대해 은덕으로써 갚으면 어떨까요?" 공자가 대답했다. "그러면 은덕에 대해서는 무엇으로 갚으렵니까? 원한에는 똑같은 것으로 갚고, 은덕에 대해서는 은덕으로 갚으십시오."[1] 말하자면 만약 원한에 대하여 은덕으로 갚는다면 은덕에 대해서는 무엇으로 갚을 것인가 하는 것이다. 대답은 이렇다. 차라리 원한에 대해서는 똑같은 것으로써 갚고 은덕에 대해서는 은덕으로 갚아라. 공자의 대답은 매우 교묘하다. 그는 문자의 유희를 즐기면서 음훈의 방법으로 그 문제를 해석했다. 우리는 "덕德"자는 직부直部에 속하고 득得의 음가를 가지며, 직直은 치値라는 의미로 쓸 수 있고, 대등하거나 엇비슷하다는 뜻을 가지고 있다는 점을 알아야 한다. 공자는 상대방이 말한 "이덕보원以德報怨(원한에 대해서 은덕으로 갚다)"이라는 말을 일부러 "이직보원以直報怨(원한에 대해서 똑같은 것으로 갚다)"으로 바꿔 읽었다. 그 의미는 원한에는 똑같은 원한으로 갚으라는 것이다. 사실 그것은 바로 원한에는 원한으로 갚고 은덕에는 은덕으로 갚는 것이다. 은덕에는 은덕으로 갚고 원한에는 원한으로 갚는다는 것은 바로 공자가 말한 서도恕道다. 서도란 무엇일까? 너그러이 용서하는 것일까? 아니다. 요즘 말로 관서寬恕는 그 의미가 너그러울 관寬자에 무게가 실려 있지만, 고어에서는 그렇지 않다. 고어에서 너그러운 것寬은 너그러운 것寬이고, 용서恕는 용서恕다. 서恕의 의미는 무엇일까? 옛날 사람들은 글자를 쪼개서 풀

1 『논어』「헌문」: 或曰, 以德報怨, 何如. 子曰, 何以報德. 以直報怨, 以德報德.

이했다. 즉 서恕는 여如자와 심心자가 결합되어 만들어진 글자이고, 그 의미는 마음과 마음을 나란히 견주는 것이다. 내가 나의 취향을 상대방에게 강요한다면, 그것은 당연히 안 되는 것이다. 상대방이 자신의 취향을 나에게 강요하는 것 역시 당연히 안 된다. 서도恕道에서 강조하는 것은 대등이다. 이것이 공자의 사상이다. 노자는 그것과 다르다. 그는 부드러움을 중시했고, 나약함을 중시했고, 아래쪽을 중시했다. 그가 곳곳에서 강조한 것은 대등하지 않음이다. 그 두 사람의 생각 중에서 누구의 것이 더 좋고 누구의 것이 덜 좋은가, 누가 누구에게 대응한 것인가 하는 문제를 두고 역대로 논쟁이 있었다. 많은 사람들은 노자의 나이가 더 많았기 때문에 분명히 공자가 노자에게 대응한 것이라고 생각한다. 나는 그렇게 보지 않는다. 왜냐하면 노자의 나이가 더 많다는 것과 『노자』라는 책이 더 일찍 나왔다는 것은 다른 문제이기 때문이다. 여기에는 세 가지 가능성이 있다. 하나는 『논어』가 『노자』에 대응한 것이고, 또 하나는 『노자』가 『논어』에 대응한 것이고, 마지막 하나는 누가 누구에게 대응한 것이 아니라 그저 우연히 서로 배치되는 내용을 가지고 있는 것일 뿐이라는 것이다. 내가 볼 때 『노자』는 이 두 구절 외에 적지 않은 곳에서 공자와 유가의 주장을 비판하고 있지만, 그와는 반대로 『논어』에서는 이 두 구절 외에는 그런 흔적이 전혀 없다. 누가 앞에 나왔고 누가 뒤에 나왔는지는 실제로는 매우 분명하다. 공격하는 사람은 분명히 공격 받는 사람보다 뒤에 나와야 한다.

圖難乎其易也, 爲大乎其細也 도난호기이야, 위대호기세야

어려운 일을 도모할 때는 쉬운 데서부터 시작해야 하고, 큰일을 시행할 때는 극히 작은 일부터 시작해야 한다.

是以聖人猶難之, 故終於無難 시이성인유난지, 고종어무난

성인은 쉬운 것을 어렵게 여기기 때문에 끝까지 아무런 어려움이 없다.

제64장

통행본 제64장

안정되어 있는 것은 붙잡고 있기가 쉽다. 아직 조짐이 보이기 전에는 계획하기가 쉽다. 취약한 것은 깨지기 쉽다. 미세한 것은 흩어지기 쉽다. 아직 존재하지 않을 때 준비하고, 혼란해지기 전에 다스린다. 아름드리 큰 나무도 어린 싹이 자라나 커진 것이다. 9층의 높은 건물도 평지에 흙을 쌓아올린 것이다. 100길 높은 곳을 오를 때도 발아래서부터 시작한다. 일부러 하려 하면 실패하고, 붙들고 있으면 잃는다. 성인은 아무것도 하지 않기 때문에 실패하는 것이 없고, 아무것도 붙들고 있지 않기 때문에 잃는 것이 없다. 백성이 일을 할 때는 항상 마무리 단계에서 실패하고 만다. 마치 처음 시작할 때처럼 마무리를 신중히 하면 일을 그르치는 법이 없다. 그러므로 성인은 원하지 않기를 원하고, 구하기 어려운 재물을 중시하지 않고, 아무것도 배우지 않는다는 것을 배우고, 다른 사람의 지나친 점을 찾아 원래의 자리로 되돌아오도록 도와 만물의 규칙에 순응할 수 있도록 하지만, 함부로 간섭하지 않는다.

其安也, 易持也. 其未兆也, 易謀也. 其脆也, 易判也. 其微也, 易散也.

爲之於其未有也, 治之於其未亂也. 合抱之木, 生於毫末, 九層之臺, 作於累土, 百仞之高, 始於足下. 爲之者敗之, 執之者失之. 是以聖人無爲也, 故無敗也, 無執也, 故無失也. 民之從事也, 恒於幾成而敗之. 故慎終若始, 則無敗事矣. 是以聖人欲不欲, 不貴難得之貨, 學不學, 而復衆人之所過, 能輔萬物之自然, 而弗敢爲.

【대의】

처음처럼 끝을 신중히.

『노자』에서는 일의 발전은 모두 작은 데서 시작하여 큰 데로 이르고, 거대한 나무는 모두 작은 싹에서 시작해서 크게 자라나고, 고층 건물도 평지에서부터 지어 올라간다고 생각했다. 일의 두 쪽, 즉 시작과 끝이 모두 대단히 중요하다. 어떤 일이 아직 시작되기 전에, 혼란이 아직 발생하기 전에 가장 쉽게 대처할 수 있다. 현명한 사람은 일이 시작될 때 손을 쓰고 문젯거리를 미연에 예방한다. 일이 이미 시작되고 나면, 사건이 이미 발생하고 나면 번거롭게 된다. 시간이 갈수록 더욱더 손을 쓸 수 없게 되고 가면 갈수록 보장할 수 없게 된다. 그러니 초기의 기회를 허비해서는 안 된다. 성인의 태도는 사람들이 사랑이니 뭐니 이러쿵저러쿵 하더라도 상관하지도 않고 마음에 담아두지도 않는다. 이것이 시작이다. 일이 마무리되어 가면 종종 다 된 밥에 코 빠뜨리고, 한 나절을 고생하다가 또 포기하고 만다. 그 역시 몹시 안타깝다. 그럴 때는 반드시 처음 시작할 때처럼 조심하면서 기다려야 한다. 그 때문에 성인이 원하는 것은 아무도 원하지 않는 것이다. 무슨 희귀하다거나 재미있는 것 등에 대해서는 전혀 신경 쓰지 않는다. 배우는 것도 모두 배워봐야 아무 쓸모없는 재주뿐이고, 다른 사람이 일 처리를 빨리빨리 하는 것을 보고는 곧 원래의 자리로 돌아간다. 한마디로 정리하면 아무 일도 처리하지 않고 자연스럽게 흘러가는 대로 순응하면서 작위하지 않는다.

【토론】

이 장은 죽간본에는 두 장으로 나누어져 있다. "안정되어 있는 것

其安也"부터 "발아래서부터 시작한다始於足下"까지가 하나의 장이고, "일부러 하려 하면 실패하고爲之者敗之"부터 "함부로 간섭하지 않는다而弗敢爲"까지가 다른 하나의 장이다. 뒷부분은 갑조甲組와 병조丙組에도 중복되어 나온다.

其安也, 易持也 기안야, 이지야

안정되어 있는 것은 붙잡고 있기가 쉽다.

其未兆也, 易謀也 기미조야, 이모야

어떤 일이 아직 시작되기 전에는 계획하기가 쉽다.

其脆也, 易判也 기취야, 이판야

취약한 것은 파열되기 쉽다. "판判"은 나누어지다 혹은 파열하다의 뜻이다. 죽간본과 부본에는 "판判"으로 되어 있고, 왕본에는 "반泮"으로 되어 있고, 하본과 엄본에는 "파破"로 되어 있다. 이 세 가지 글자는 서로 바꿔 쓸 수 있는 관계다. "판判"으로 쓰는 것이 가장 좋다.

其微也, 易散也 기미야, 이산야

미세한 것은 흩어지기 쉽다.

爲之於其未有也, 治之於其未亂也.
위지어기미유야, 치지어기미란야.

없을 때 비로소 만들어내려고 한다. 혼란해져야 비로소 다스리려고 한다.

合抱之木, 生於毫末 합포지목, 생어호말

아름드리 큰 나무도 어린 싹에서 자라나 커진 것이다.

九層之臺, 作於累土 구층지대, 작어루토

9층의 높은 건물도 평지에서부터 한 층 한 층 흙을 쌓아올린 것이다. "층層"은 갑본에는 결락되어 있고, 죽간본, 을본, 부본 등에는 "성成"으로 되어 있으며, 하본과 왕본에는 "층層"으로 되어 있다. 두 글자는 서로 바꿔 쓸 수 있었지만, 여기서는 반드시 "층層"자로 써야 맞다. "작作"은 죽간본에는 "갑甲"으로 되어 있지만, 초나라 문자의 모양으로 볼 때 "사乍"자의 잘못이 분명하며, 이는 "작作"으로 읽는다.

百仞之高, 始於足下 백인지고, 시어족하

이 문장은 등산에 대해 말하고 있다. 『예기』「중용」에 "예를 들면 높은 산에 오를 때 반드시 낮은 곳에서 시작해야 하는 것과 같다"[1]라는 말이 있는데, 바로 이 뜻이다. "인仞"은 한 사람의 키 높이다. 죽간본에는 "인仁"으로 되어 있고, 을본에는 "천千"으로 되어 있는데 모두 "인仞"과 서로 바꿔 쓸 수 있는 통가자였다. 통행본에는 이 구절이 "천리지행千里之行"으로 되어 있다. 산을 오르는 것을 길을 가는 것으로 바꿔서 의미가 완전히 변해버렸다.

民之從事也, 恒於幾成而敗之 민지종사야, 항어기성이패지

보통의 백성이 일을 할 때는 항상 마무리 단계에서 실패하고 만다.

---

1 『예기』「중용」: 辟如登高, 必自卑.

"기성幾成"은 성공에 근접한 것이다.

故愼終若始, 則無敗事矣 고신종약시, 즉무패사의

일이 완성 단계로 근접해 갈 때는 마치 처음 시작할 때의 그 심정과 같은 마음으로 기다린다.

是以聖人欲不欲, 不貴難得之貨

시이성인욕불욕, 불귀난득지화

그러므로 성인이 추구하는 것은 오직 추구함이 없는 것뿐이며, 아울러 구하기 어려운 재물을 중시하지 않는다.

學不學, 而復衆人之所過, 能輔萬物之自然, 而弗敢爲.

학불학, 이복중인지소과, 능보만물지자연, 이불감위.

그러므로 성인이 배우는 것은 오직 아무것도 배우지 않는 것일 뿐이고, 그저 다른 사람의 지나친 점을 찾아 원래의 자리로 되돌아오도록 돕고 만물의 규칙에 순응할 수 있도록 하는 것일 뿐이다. 즉 그들이 발전하도록 도울 뿐, 결코 인위적으로 간섭하거나 하지 않는다. "복復"은 되돌아온다는 뜻이다. 제25장에서 "크면 멀어져가고, 멀어져가면 끝에 이르고, 끝에 이르면 되돌아온다"[1]라고 했다. 지나치면 되돌아오는 것, 이것이 『노자』가 강조하는 사상이다. "학불학學不學"은 죽간본 갑조에는 "교불교教不教"로 되어 있고, 병조에는 "학불학學不學"으로 되어 있다. 백서본 두 가지에는 모두 "학불학學不學"으로 되어

1 제25장: 大曰逝, 逝曰遠, 遠曰返.

있고, 통행본에도 "학불학學不學"으로 되어 있다. 여기서는 "학불학學不學"으로 쓴다.

제65장

통행본 제65장

그래서 다음과 같이 말한다. 도를 추진하는 것은 그것으로써 백성을 똑똑하게 하는 것이 아니라 어리석게 만드는 것이다. 백성을 다스리기 어려운 것은 그들이 지혜롭기 때문이다. 그러므로 지혜로써 나라를 다스리는 것은 국가를 해치는 것이다. 어리석음으로써 나라를 다스리는 것은 국가에 혜택을 주는 것이다. 이 두 가지 사실을 늘 염두에 두고 있다면 그것은 바로 우리가 따라야 할 원칙에 머무는 것이다. 우리가 따라야 할 원칙에 늘 머물러 있는 것, 그것을 현덕玄德이라고 한다. 현덕은 심오하고 심오하여 일반 사물과는 반대가 되며 그 때문에 대순大順에까지 이른다.

故曰, 爲道者, 非以明民也, 將以愚之也. 民之難治也, 以其智也. 故以智治邦, 邦之賊也, 以不智治邦, 國之德也. 恒知此兩者, 亦稽式也. 恒知稽式, 此謂玄德. 玄德深矣遠矣, 與物反矣, 乃至大順.

【대의】

우민: 백성을 어리석게.

옛날의 현철賢哲들은 모두 우민, 즉 백성을 어리석게 만들어야 한다고 주장했다. 그것은 유감스러운 일로서 비판하지 않을 수 없다. 『노자』는 통치자가 도로써 나라를 다스리는 것은 백성으로 하여금 알게 하려는 것이 아니라 그들을 멍청하게 만들려는 것이라고 말한다. 백성은 다스리기가 어렵다. 그 주된 골칫거리는 바로 그들이 머리를 가지고 있고 너무 생각을 많이 하기 때문이다. 지식을 가지고 나라를 다스리면 나라로서는 거대한 손해다. 무지로써 나라를 다스리면 나라로서는 거대한 이익이다. 통치자가 이 점을 분명히 알기만 해도 믿을 수 있는 기준을 갖는 셈이다. 믿을 수 있는 기준을 가질 때 비로소 "현덕"에 이르렀다고 할 수 있다. "현덕"의 이치는 깊고도 깊으며, 그 이치가 역설적일 때 비로소 대순大順이라고 부른다.

【토론】

故曰 고왈

아무래도 앞의 장에 이어 계속되는 것 같다.

爲道者, 非以明民也, 將以愚之也.

위도자, 비이명민야, 장이우지야.

"위도爲道"는 도를 밀고 나가는 것이다. 여기서 도를 밀고 나가라고 하는 말은 도를 가지고 백성의 지혜를 계발하라는 것이 아니라 그것으로써 백성을 어리석게 만들라는 것이다. "이도자爲道者"는 통행본에는 "선위도자善爲道者"로 되어 있다.

民之難治也, 以其智也 민지난치야, 이기지야

갑본에는 "치야, 이기治也, 以其" 네 글자가 빠져 있지만, 여기서는 을본에 의거하여 보충한다. "지智"는 하본과 왕본에는 "지다智多"로 되어 있고, 부본에는 "다지多智"로 되어 있다. 『노자』는 지식(지혜)을 반대하는 것은 많은 지식을 가지고 있는 것이 좋지 않기 때문에 줄이면 좋다고 주장하는 것이 아니라 지식이라는 이 녀석은 그 자체가 좋지 않다는 것을 주장하는 것이며, 따라서 "다多"자는 쓸데없는 군더더기다.

故以智治邦, 邦之賊也, 以不智治邦, 國之德也.

고이지치방, 방지적야, 이부지치방, 국지덕야.

그러므로 지혜로써 나라를 다스리는 것은 국가를 해치는 것이며, 그런 사람은 국가에 위해를 가하는 범인이다. 어리석음으로 나라를 다스리는 것은 국가를 이롭게 하는 것이며, 그런 사람은 국가에 혜택을 주는 은인이다. "적賊"은 상해를 입힌다는 뜻이고, 법률 술어로서는 사람을 죽이거나 상처를 입혔을 때 "적賊"이라고 부른다. 『노자』에서 말하는 것은 일반적인 상해가 아니라 매우 큰 상해를 뜻한다.

恒知此兩者, 亦稽式也 항지차량자, 역계식야

만약 이 두 구절을 철저하게 이해한다면 따라야 할 원칙은 바로 찾아낼 수 있다. "계식稽式"은 하본에는 "해식楷式"으로 되어 있다. 해楷자가 글자의 모양이 비슷해서 이런 오류가 발생했다. "계稽"는 조사한다는 뜻을 가지고 있고, "식式"은 양식 혹은 모형이라는 뜻을 가지고 있다.

恒知稽式, 此謂玄德 항지계식, 차위현덕

"현덕玄德"은 앞의 제10장과 제51장에서 나왔다. "계식稽式"은 왕본과 부본에는 "계식稽式"으로 되어 있고, 하본과 엄본에는 "해식楷式"으로 되어있다. 계稽자와 해楷자는 옛 음이 서로 비슷하고 글자의 모양 역시 서로 비슷해서 잘못 썼을 것이다.

玄德深矣遠矣, 與物反矣, 乃至大順

현덕심의원의, 여물반의, 내지대순

"현덕玄德"의 "현玄"자 자체에 심원하다는 뜻이 있다. 여기서 말하려는 것은 이렇다. 현덕은 심원하고, 사물은 끝에 이르면 반드시 되돌아오며, 또 멀어지면 곧 되돌아온다. 즉 제자리로 되돌아온다. 제자리로 되돌아와야 비로소 대순大順과 원만圓滿이 있다. 제25장에서 "크면 멀어져가고, 멀어져 가면 끝에 이르고, 끝에 이르면 되돌아온다"[1] 라고 말한 것은 바로 이런 뜻이다.

『노자』와 『논어』는 다르다. 『논어』에는 156명의 사람이 나오지만, 『노자』에는 구체적인 사람은 없다. 이 책은 철학적인 맛이 나며, 그것을 읽고 있노라면 마치 무인지경無人之境에 들어선 것 같다. 누가 말한 것인지도 알지 못한다. 누가 듣는지도 알지 못한다. 그의 처방은 누구를 위해 내린 것인지 우리는 분석해보아야 한다. 예를 들어 『노자』는 어리석음을 제창했다. 그는 통치자의 어리석음을 제창한 것일까, 아니면 일반 백성의 어리석음을 제창한 것일까, 혹은 양자 모두의 어리석음을 제창한 것일까?

1 제25장: 大曰逝, 逝曰遠, 遠曰返.

내가 볼 때 일반 백성의 어리석음, 그것이 진짜 어리석음이고, 통치자의 어리석음은 어리석음을 도구로 삼아 백성을 우롱하는 것이다. "백성과 함께 어리석다與民同愚"는 것은 모두 허상일 뿐이다. 그들은 큰일에는 어리석고 작은 일에는 총명하다. 한 순간에는 어리석고 다른 한 순간에는 총명하다. 총명함을 숨기고 어리석은 체 하는 것이 실은 진짜로 총명한 것이다. 『노자』는 이것을 "현덕"이라고 부른다. 속담에 "유비劉備가 아들을 내동댕이친다"(사람들의 마음을 얻기 위해 거짓 행동한다는 뜻)는 말이 있다. 거짓된 도덕을 말한다. 『삼국연의』에 나오는 유현덕劉玄德은 특히 이것을 활용할 줄 알았다.

우민愚民에 대해서는 루쉰魯迅이 매우 잘 설명했으니 참고할 만하다.[1]

1 魯迅, 「春末閑談」 『魯迅全集』 제1권, 北京: 人民文學出版社, 1956, 304~305쪽.

제66장

통행본 제66장

강과 바다가 온갖 골짜기의 제왕이 될 수 있는 것은 스스로 아래쪽에 처하기 때문이다. 이 때문에 온갖 골짜기의 제왕이 될 수 있는 것이다. 이와 같이 성인은 백성 위에 처하고자 할 때는 반드시 말로써 스스로를 낮추고, 백성을 앞서고자 할 때는 몸을 반드시 그들 뒤쪽에 둔다. 그렇게 하면 앞에 있어도 백성은 해롭다고 느끼지 않고, 위에 있어도 백성은 부담스럽게 느끼지 않는다. 온 세상 사람들이 기꺼이 추대하면서 싫증을 내지 않는다. 이는 그와 다툴 사람이 없기 때문이 아니라 천하에 그와 다툴 수 있는 사람이 없기 때문이다.

江海之所以能爲百谷王者, 以其善下之, 是以能爲百谷王. 是以聖人之欲上民也, 必以其言下之, 其欲先民也, 必以其身後之. 故居前而民弗害也, 居上而民弗重也. 天下樂推而弗厭也. 非以其無爭與, 故天下莫能與爭.

【대의】

기꺼이 백성 아래쪽으로 내려간다.

강과 바다는 모든 계곡의 하류에 있기 때문에 온갖 강물을 받아들여 거대한 규모를 이룬다. 성인은 이런 이치를 분명히 알기 때문에 아래쪽에 있는 것을 부끄럽게 생각하지 않는다. 누구든 백성 위에서 그들을 통치하려고 한다면 겸허의 미덕을 익혀 오만한 태도를 내려놓고 그들과 함께 얘기할 때는 예의바른 말을 써야 하며, 백성 앞쪽에 있는 지도자들 편에 서고 싶다면 사양하는 법을 익혀 백성과 이익을 다투지 말아야 한다는 것을 성인은 매우 분명히 알고 있다. 이렇게 하면 백성은 비로소 그 사람이 앞에 있는 것은 위협적이고 그 사람이 위에 있는 것은 부담이 된다는 것을 깨달아 세상의 모든 사람들이 기꺼이 그 사람을 추대할 것이며, 결코 그 사람을 버리지 않을 것이다. 이는 그들과 다투는 사람이 없어서가 아니라 그들과 다툴 수 있는 사람이 없기 때문이다.

【토론】

江海之所以能爲百谷王者, 以其善下之, 是以能爲百谷王

강해지소이능위백곡왕자, 이기선하지, 시이능위백곡왕

온갖 계곡은 상류에 있고, 강과 바다는 하류에 있다. 강이나 바다는 가늘게 흐르는 시냇물이라도 거절하지 않고 온갖 냇물을 다 받아들인다. 그 때문에 거대한 규모를 이룰 수 있다. 『설원』 「경신敬愼」에 인용된 「금인명金人銘」의 말에 "강과 바다가 온갖 골짜기의 우두머리가 될 수 있는 것은 스스로 아래쪽 낮은 곳에 처할 수 있기 때문이다"[1]라는 것이 있는데,[2] 이것이 바로 이 구절의 원본일 것이다.[3] 『회남자』 「설산說山」에도 "강과 바다가 온갖 골짜기의 우두머리가 될 수 있는 까닭은 아래쪽에 처할 수 있기 때문이다. 아래쪽에 처할 수 있어야만 온갖 골짜기의 왕자王者가 될 수 있다"[4]라는 말이 있는데 역시 「금인명」과 비슷하다.

是以聖人之欲上民也, 必以其言下之, 其欲先民也, 必以其身後之
시이성인지욕상민야, 필이기언하지, 기욕선민야, 필이기신후지

인민의 윗자리에 있는 사람은 먼저 언사言辭를 겸손하게 하고, 인민의 앞쪽에 있는 사람들은 먼저 양보하는 모습을 보여주어야 한다는 뜻이다. 제7장의 다음 구절을 참조할 것. "성인은 자신을 뒤로 밀어놓기 때문에 오히려 그 자신이 앞서고, 자신을 제외시켜놓기 때문에 그 자신이 살아남는 것이다."[5] 또 제69장에서는 이렇게 말한다. "나는 늘 세 가지 보물을 지니고 있는데, 잘 지키면서 간직하고 있다. 첫째는 인자함이고, 둘째는 절제이고, 셋째는 세상 사람들보다 함부로 앞서지 않는 것이다. 인자하기 때문에 용감할 수 있고, 절제하기 때문에 넓힐 수 있으며, 세상 사람들보다 함부로 앞장서지 않기 때문에 공을 세운 모든 사람들의 우두머리가 될 수 있다. 만약 인자함을 버리고 용기를 부린다거나 절제를 버리고 넓히려고 한다거나 뒤쪽을

1 『설원』 「경신」: 夫江河長百谷者, 以其卑下也.
2 이 말은 또 『공자가어』 「관주觀周」에도 보인다.
3 鄭良樹, 『諸子著作年代考』, 「金人銘與老子」, 12~20쪽.
4 『회남자』 「설산」: 江海所以能長百谷者, 能下之也. 夫惟能下之, 故能爲百谷王.
5 제7장: 是以聖人退其身而身先, 外其身而身存. 不以其無私歟, 故能成其私.

버리고 앞장서 나간다면 반드시 죽을 것이다."[1] 이 구절들은 죽간본에는 "성인은 백성 앞에서는 자신의 몸을 뒤로 양보하고, 백성 위에서는 말로써 스스로를 낮춘다聖人之在民前也, 以身後之, 其在民上也, 以言下之"로 되어 있다. 순서와 자구가 모두 완전히 같지는 않다. 통행본에는 "이 때문에 성인은 백성 위에 오르고자 할 때는 반드시 언어로써 자신을 낮추고, 백성에 앞서고자 할 때는 반드시 자기 몸을 뒤로 양보한다是以聖人欲上民, 必以其言下之, 欲先民, 必以其身後之"로 되어 있고, 이는 백서본과 비교적 가깝다. 『설원』「경신」에 인용된 「금인명」의 "군자는 천하를 이길 수 없다는 사실을 알기 때문에 천하의 뒤를 따르고 천하의 아래에 처함으로써 사람들이 흠모하게 한다"[2]라는 말은 이것과 비슷하다.[3]

故居前而民弗害也, 居上而民弗重也

고거전이민불해야, 거상이민부중야

"불해弗害"는 앞에 있는 것을 해롭다고 생각하지 않는 것이고, "부중弗重"은 윗자리에 있는 것을 부담스럽게 생각하지 않는 것이다. "중重"은 부담이 무겁다는 뜻이다. "중重"은 죽간본에는 "후厚"로 되어 있고 초나라 죽간에서 중重자는 대개 위에는 석石부로, 아래는 주主부로 이루어져 있어 글자 모양이 후厚자와 매우 비슷하다. "불弗"자는 통행본에는 "불不"로 되어 있고, 다음에 나오는 글자도 같다.

1 제69장: 我恒有三寶, 持而寶之. 一曰慈, 二曰儉, 三曰不敢爲天下先. 夫慈, 故能勇, 儉, 故能廣, 不敢爲天下先, 故能爲成事長. 今舍其慈且勇, 舍其儉且廣, 舍其後且先, 則必死矣.

2 『설원』「경신」: 君子知天下之不可蓋也, 故後之下之, 使人慕之.

3 鄭良樹, 같은 곳. 『공자가어』「관주」에도 같은 말이 보인다.

天下樂推而弗厭也 천하락추이불염야

"추推"는 천거하여 추대하는 것이고, "염厭"은 싫증나서 버리는 것이다.

非以其無爭與, 故天下莫能與爭 비이기무쟁여, 고천하막능여쟁

아무도 그와 다투지 않기 때문이 아니라 사실은 천하에 아무도 그와 다툴 수 있는 사람이 없다는 뜻이다. 첫 번째 구절은 을본에는 "불이기무쟁여不以其無爭與"로 되어 있고, 통행본에는 "이기부쟁以其不爭"으로 되어 있다. 갑본과 을본에는 모두 부정하는 말이 있지만 통행본에는 없다. 그에 따라 의미에 변화가 생겼다. 즉 다른 사람과 다툼이 없기 때문에 천하에 아무도 그와 다투지 않는다는 의미가 되었다.[1]

1 高明, 앞의 책, 149쪽을 참조할 것.

제67장

통행본 제80장

나라를 작게 하고 백성을 적게 하며, 열 사람이나 백 사람이 사용하는 기물을 가지고만 있되 쓰지 않도록 하며, 백성이 목숨을 가볍게 여기지 않도록 하고 집 밖을 여행하는 것을 멀리하도록 한다. 그러면 배나 수레가 있어도 탈 곳이 없고, 무기가 있어도 진영을 펼칠 곳이 없을 것이다. 백성이 다시 노끈을 묶어 사용하도록 한다. 그러면 백성은 자신들의 풍속을 즐기고 자신들의 거처를 안락하게 생각할 것이다. 이웃나라가 서로 바라다보이고, 닭이 울고 개가 짖는 소리가 들리더라도 백성은 늙어죽을 때까지 서로 왕래하지 않을 것이다.

小邦寡民, 使有什百人之器而毋用, 使民重死而遠徙. 有舟車, 無所乘之, 有甲兵, 無所陳之. 使民復結繩而用之. 甘其食, 美其服, 樂其俗, 安其居, 鄰邦相望, 鷄狗之聲相聞, 民至老死, 不相往來.

【대의】

작은 나라와 적은 백성.

『노자』의 이상 세계는 소국과민小國寡民, 즉 작은 나라와 적은 수의 백성이다. 이런 국가에는 비록 배나 수레가 있어도, 또 무기가 있어도, 열 명 혹은 백 명 이상이 사용하는 그런 복잡한 기물은 사용하는 사람이 전혀 없다. 사람들은 모두 새끼로 매듭을 묶어 기록하는 원시시대로 돌아가기 때문에 그런 것들은 쓸모가 없다. 그런 나라의 백성은 잘 먹고, 잘 입고, 생활은 안정되어 있으며 만족스럽게 즐기며 산다. 그들은 자기 집에 머물면서 날마다 잘 지내고, 아무도 싸울 생각을 안 하고 멀리 나가려고 하지도 않는다. 이웃나라들이 매우 가깝게 붙어 있어 닭 우는 소리와 개 짖는 소리가 들릴 정도가 되어도 평생 동안 왕래하려 하지 않는다.

【토론】

小邦寡民 소방과민

이것은 『노자』에서 묘사하는 이상국가다. "소방小邦"은 을본과 통행본에는 한나라 고조의 이름을 피휘하여 "국國"으로 되어 있고, 갑본은 피휘하지 않았다. 옛사람들의 이상 국가는 모두 현실과 반대로 되어 있다. 현실 세계에서는 모두 큰 나라에서 사치스러운 생활을 하면서 상업과 문화의 중심지에 살기를 바란다. 그러나 이상 국가는 일반적으로 모두 작은 나라이고 원시적일수록 더 흥미를 느낀다. 이런 작은 나라는 태반이 반문명적인 환상에서 발생한 것이다. 그러나 그 역시 어떤 원형을 가지고 있다. 춘추시기에는 12제후가 있었고, 전국시기에는 7대강국이 있었는데 모두 대국이었다. 그러나 작은 나라도 좀 있었다. 예를 들면 산둥山東은 바로 하나의 고국박물관古國博物館[1]이었다. 옛날 사람들도 인류학적 지식이 있었다. 당시의 야만족에 관한 이야기蠻夷傳나 이민족에 대한 기록蕃國志 등에는 해외에 관한 이상한 이야기들이 매우 많았다. 무슨 여아국女兒國이니 군자국君子國이니 하는 것들이 모두 해외에 있었다. 사람들은 모두 원시적인 것을 찾으려고 하지만, 그것은 쉽지 않다. 예를 들어 순종 돼지를 찾으려면 오직 세상과 완전히 단절된 깊은 산속의 작은 촌을 뒤져야 찾을 수 있는 것과 같다.

什百人之器 십백인지기

아직까지 확실한 해석이 없다. 일반적으로 "십백什百"은 수량을 표시하는 글자로서 "십什"은 10, "백百"은 100이라고 생각한다. 나는 이 말은 열 사람 이상 혹은 백 사람 이상이 사용하는, 기술 수준이 비교적 높고 성능이 비교적 복잡한 기물일 것이라는 것, 예를 들어 다음에 나오는 "주거舟車"나 "갑병甲兵"과 같은 종류에 해당하는 기물을 가리킨다고 생각한다. 이런 종류의 기물은 개인이 사용하는 기물과는 다르다. 개인이 사용하는 기물, 예를 들어 솥이나 주발이나 바가지나 물동이 혹은 농기구와 같은 것들은 일반적으로 비교적 단순하다. 어떤 사람은 "십백什百"은 군대의 편제라고 설명하는데, 일리 있는 말이다. 고대의 군대 편제의 기초는 오伍, 십什, 양兩, 대隊, 졸卒이다. 오는 5인, 10인, 양은 25인, 대는 50인, 졸은 100인이다. 그러나 그에 상

1 전국시기 산둥 지역에 자잘한 나라가 많이 있었다는 것을 비유적으로 한 말이다.—옮긴이

응하는 주민 조직 역시 그렇게 부를 수 있었다.[1] "십백인什百人"은 꼭 군대를 가리키는 것이 아니라 주민 조직이나 혹은 10이나 100으로써 그 자릿수에 해당하는 기타 사물을 가리킬 수 있었다. "십백인지기什百人之器"는 반드시 유월兪樾이 말한 것처럼 무기만을 지칭하는 것은 아니다.[2] "십什"은 원래 "십十"으로 썼다. "무毋"는 을본에는 "물物"로 되어 있고, 통행본에는 "무無"로 되어 있다.

使有而毋用, 使民重死而遠徙 사유이무용, 사민중사이원사

"중사重死"는 생명을 아끼고 삶을 가볍게 여기려 하지 않는 것이다. "원사遠徙"는 집을 나서 바깥으로 여행하려 하지 않는 것이다. "원遠"은 형용사가 아니라 동사로서 "중重"과 대응된다. "원사遠徙"는 멀리 여행가거나 집을 떠나 멀리 가는 것이 아니라 "사徙"를 거의 하지 않는 것이고, "사徙"를 멀리하는 것이며, 집을 나서서 여행 가는 것을 달가워하지 않는 것이다. "원사遠徙"는 통행본에는 "불원사不遠徙"로 되어 있다. 이는 "원사遠徙"를 집을 나와 멀리 가는 것으로 오해했기 때문에 불不자를 덧붙인 것이다.[3]

有舟車, 無所乘之 유주거, 무소승지

배와 수레는 사람들에게 제공하는 교통수단이다. 작은 나라의 백성은 "집 밖을 여행하는 것을 멀리하기遠徙"하기 때문에 비록 배나 수

1 李零, 『李零自選集』, 「中國古代居民組織的兩大類型及其不同來源」, 廣西師大出版社, 1998, 148~168쪽.

2 高明, 앞의 책, 150~152쪽.

3 高明, 앞의 책, 152~153쪽.

례가 있어도 쓸모가 없다.

有甲兵, 無所陳之 유갑병, 무소진지

갑병甲兵은 병사를 주둔시키고 진을 치는 데 필요한 것들이다. "진陳"은 진을 치는 것이다. 고문자에는 원래 진陣자가 없었고, 진陳자를 빌려 진陣의 뜻을 표현했다. 작은 나라의 백성은 "목숨을 가볍게 여기지 않기重死" 때문에 목숨을 걸고 싸우려고 하지 않는다. 그래서 비록 무기甲兵가 있어도 쓸모가 없다.

使民復結繩而用之 사민부결승이용지

상고시대의 백성은 끈을 묶어 기록했다고 전해 내려온다. 『역』「계사 하繫辭 下」에 "먼 옛날에는 새끼줄을 묶어 문자로 삼아 다스렸고, 후세에 이르러 성인이 새끼줄을 묶어 표시하던 것을 문자로 바꿨으며, 백관百官은 그것으로써 다스렸고 만민은 그것으로써 살폈다"[1]라는 기록이 있다. 여기서 말하는 성인은 창힐倉頡이라고 전해진다.

樂其俗, 安其居 낙기속, 안기거

자신들의 풍속을 즐기고 자신들의 거처를 안락하게 생각한다. 엄본은 이것과 같다. 하본과 왕본에는 "안기거, 낙기속安其居, 樂其俗"으로 되어 있고, 부본에는 "안기속, 낙기업安其俗, 樂其業"으로 되어 있다.

1 『역』「계사 하」: 上古結繩而治, 後世聖人易之以書契, 百官以治, 萬民以察.

鷄狗之聲相聞 계구지성상문

"구狗"는 갑본과 하본과 엄본에는 "구狗"로 되어 있고, 을본과 부본과 왕본에는 "견犬"으로 되어 있다. 구狗와 견犬은 같은 동물이지만, 두 글자는 자주 혼용된다. 그러나 옛날 책에서는 용법이 조금 구별이 있었다. 옛날 책에서 기술한 것들을 귀납해보면 그 두 글자는 주로 두 가지 점에서 구별되었다. 첫째, 견犬은 견류동물犬類動物의 통칭이고, 구狗는 견류동물의 일종이다. 둘째, 견犬은 사냥개 종류의 대형 개를 가리키는 말이었고, 구狗는 대체로 체형이 비교적 작은 개, 특히 일반 사람들이 기르는 집 지키는 개를 가리키는 말이었다. 허신許愼은 견犬을 "현제懸蹏가 있는" 개狗라고 정의했고, 구狗를 왕왕 짖는 것을 좋아해서 집이나 정원을 지키는 개라고 정의했다.[1] 왕세양王世襄에 따르면 18개의 발가락을 가진 것은 구狗고, 20개의 발가락을 가진 것은 견犬이다. 견犬의 뒷다리에는 발가락이 구狗보다 두 개 더 많이 나 있다. 그 두 개의 발가락은 땅에 닿지 않는다. 즉 개를 기르는 사람들이 말하는 이른바 "노리개撩儿"다. 이 두 개의 "노리개撩儿"가 바로 허신이 말한 "현제懸蹏"다.[2] 옛날 책에 인용된 글을 보면, 『장자』「거협」과 『문자』「자연」에는 "계구지음상문鷄狗之音相聞"으로 되어 있고, 『사기』「화식열전」에는 "계구지성상문鷄狗之聲相聞"으로 되어 있으며, 모두 "구狗"로 쓰고 있다. "구狗"는 집을 지키는 개다. 여기서는 보통 사람들의 집에서 집을 지키는 개를 말한다. "구狗"로 쓰는 것이 "견犬"으로 쓰는 것보다 좋다.

1 『설문해자說文解字』「견부犬部」: 犬, 狗之有縣懸蹏者也, 象形. 孔子曰, 視犬之字如畫狗也. 凡犬之屬皆從犬. 狗, 孔子曰, 狗, 叩也. 叩氣吠以守. 從犬句聲.

2 王世襄, 『錦灰堆』, 北京: 三聯書店, 1999, 貳卷, 642쪽.

제68장

통행본 제81장

미더운 말은 아름답지 않고, 아름다운 말은 미덥지 못하다. 지혜로운 사람은 아는 것이 많지 않고, 많이 아는 사람은 지혜롭지 못하다. 설득력이 뛰어난 사람은 말이 많지 않고, 말이 많은 사람은 설득력이 뛰어나지 못하다. 성인은 물건을 쌓아놓지 않는다. 성인은 다른 사람을 도와주지만, 그럴수록 자기는 더욱더 부유해진다. 성인은 다른 사람에게 나눠주지만, 그럴수록 자기는 더욱더 많아진다. 하늘의 도는 그저 사람을 이롭게 할 뿐 사람을 해치지 않고, 사람의 도는 그저 다른 사람을 도와줄 뿐 다른 사람과 다투지 않는다.

信言不美, 美言不信. 知者不博, 博者不知. 善者不多, 多者不善. 聖人無積, 旣以爲人, 己愈有, 旣以予人, 己愈多. 故天之道, 利而不害, 人之道, 爲而弗爭.

【대의】

이롭게 해주면서 해치지 않고, 위해주면서 다투지 않는다.

앞의 여섯 구에서 글쓴이의 태도가 매우 명확하게 드러난다. 믿을 수 있는 것과 듣기 좋은 것 가운데서 그는 믿을 수 있는 것을 선택한다. 총명한 것과 해박한 것 가운데서 그는 총명한 것을 선택한다. 질적인 것과 양적인 것 가운데서 그는 질적인 것을 선택한다. 그는 말한다. 성인은 재산을 지키고 있지 않으며 다른 사람에게 나누어 주지만, 나누어 줄수록 자기는 더욱더 부유해진다. 하늘의 도는 오직 다른 사람을 이롭게 해주고 다른 사람을 해롭지 않게 하는 것이다. 사람의 도는 자신의 길을 걸어가면서 다른 사람과 다투지 않는 것이다.

【토론】

信言不美, 美言不信 신언불미, 미언불신

왕궈웨이王國維는 다음과 같은 명언을 하나 남겼다. "철학적인 말 가운데 대부분 듣기 좋은 것은 믿을 수 없고, 믿을 수 있는 것은 듣기에 좋지 않다."[1]

知者不博, 博者不知 지자불박, 박자부지

"지知"는 지혜로울 지智자로 읽어야 한다. 노자는 지혜를 반대했다. 여기서 말하는 "지知"는 당연히 이해력이 높다는 뜻이다.

1 王國維, 「自序二」, 『靜安文集續編』에 수록, 『王國維遺書』, 上海: 上海古籍書店, 1983, 21~22쪽.

善者不多, 多者不善 선자부다, 다자불선

하본, 엄본, 왕본 등에는 "선자불변, 변자불선善者不辯, 辯者不善(선한 사람은 변론을 잘하지 못하고, 변론을 잘하는 사람은 선하지 못하다)"으로 되어 있고, 부본에는 "선언불변, 변언불선善言不辯, 辯言不善(좋은 말은 사리를 밝히지 못하고, 사리를 밝히는 말은 좋지 못하다)"으로 되어 있다. 아마도 "다多"자를 다언선변多言善辯, 즉 말이 많고 변론에 능하다는 뜻으로 이해한 것 같다.

聖人無積, 旣以爲人, 己愈有, 旣以予人, 己愈多 성인무적, 기이위인, 기유유, 기이여인, 기유다

성인은 물건을 쌓아놓지 않는다. 성인은 다른 사람을 도와주면 도와줄수록 자기는 더욱더 부유해진다. 다른 사람에게 나눠주면 줄수록 자기는 더욱더 많아진다. 옛날에도 오늘날과 같이 이기利己와 이타利他의 문제에 대한 논쟁이 있었다. 양주楊朱와 묵적墨翟의 차이점은 여기에 있었다. 『노자』의 "몸을 소중하게 여기는 것貴身"(예를 들어 제13장, 제44장)은 양주와 비슷하고, "다른 사람을 도와주는 것爲人"과 "다른 사람에게 나눠주는 것予人"은 묵적과 비슷하다. 노자는 이 두 가지를 절충하여 자기로부터 출발해서 다시 자기에게로 돌아왔다. 말로는 전혀 이기적이지 않고 온전히 이타적이지만, 결과는 어떤가? "자기는 더욱더 부유해지고己愈有" "자기는 더욱더 많아져己愈多" 결국에는 자기에게 그대로 되돌아가게 한다. "무적無積"은 갑본과 부본에는 "무적無積"으로 되어 있고, 하본과 왕본에는 "부적不積"으로 되어 있다.

故天之道, 利而不害, 人之道, 爲而弗爭

고천지도, 이이불해, 인지도, 위이부쟁

하늘의 도는 그저 사람을 이롭게 할 뿐 사람을 해치지 않고, 사람의 도는 그저 다른 사람을 도와줄 뿐 다른 사람과 다투지 않는다. "인지도人之道"는 통행본에는 "성인지도聖人之道"로 되어 있다.

제69장

통행본 제67장

세상 사람들은 나道를 크다고 하는데, 크기는 하지만 어떤 모양을 이루고 있지는 않다. 모양을 이루고 있지 않기 때문에 클 수 있는 것이다. 만약 어떤 모양을 이루고 있다면 오랜 시간이 지났기 때문에 미미한 존재가 됐을 것이다. 나는 늘 세 가지 보물을 지니고 있는데, 잘 지키면서 간직하고 있다. 첫째는 인자함이고, 둘째는 절제이고, 셋째는 함부로 세상 사람들보다 앞서 나가지 않는 것이다. 인자하기 때문에 용감할 수 있고, 절제하기 때문에 넓힐 수 있으며, 함부로 세상 사람들보다 앞장서 나가지 않기 때문에 공을 세운 모든 사람들의 우두머리가 될 수 있다. 만약 인자함을 버리고 용기를 부린다거나 절제를 버리고 넓히려고 한다거나 뒤쪽을 버리고 앞장서 나간다면 반드시 죽을 것이다. 인자함이라는 것은, 그것으로 전쟁을 하면 승리를 거두고, 그것으로 성을 지키면 견고해진다. 하늘이 누군가를 완성하려고 하면 자애라는 성벽을 쌓아준다.

天下皆謂我大, 大而不肖. 夫唯不肖, 故能大. 若肖, 久矣其細也夫. 我恒有三寶, 持而寶之. 一曰慈, 二曰儉, 三曰不敢爲天下先. 夫慈, 故能勇, 儉, 故能廣, 不敢爲天下先, 故能爲成事長. 今舍其慈且勇, 舍其儉且廣, 舍其後且先, 則必死矣. 夫慈, 以戰則勝, 以守則固. 天將建之, 如以慈垣之.

【대의】

인자함으로 성을 쌓아라.

이 장에서는 전쟁兵에 대해 말하고 있다. 글쓴이는 말한다. 대상大象은 모양이 없고, 아무런 형상도 없다. 형상이 없어야 비로소 클 수 있다. 형상은 시간이 오래 되면 작은 것으로 바뀐다. 군사를 쓰는 데 세 가지 잠언이 있다. 하나는 "인자慈"고, 둘은 "절제儉"고, 셋은 "세상 사람들보다 앞서 나가지 않는 것不爲天下先"이다. "인자慈"해야 비로소 "용감勇"하고, "절제儉"해야 비로소 "확장廣"되고, "함부로 세상 사람들보다 앞서 나가지 않아야不敢爲天下先", 즉 나중에 출발하여 사람들을 제어해야 공을 세운 모든 사람들을 이끌어갈 수 있다. 만약 "인자慈"가 없으면서 "용감勇"해지기를 바라고, "절제儉"가 없으면서 "확장廣"되기를 바라고 "뒤처짐後"이 없으면서 "앞서기先"를 바란다면 그것은 죽음을 추구하는 것이다. 오직 인자한 군사만이 전투에서 반드시 승리를 거둘 수 있고 수비에서 반드시 공고함을 유지할 수 있다. 하늘이 누군가를 완전하게 만들어주고 싶다면 바로 인자함으로써 그를 보호할 것이다.

【토론】

天下皆謂我大, 大而不肖 천하개위아대, 대이불초

도는 추상抽象이다. 만물의 형상象에서 뽑아낸抽 것이다. 그것의 특징은 크다는 것이다. 모든 것을 다 포용한다. 그러나 도 그 자체는 아무것도 아니며, 어떤 형상도 없다. "불초不肖"는 닮지 않았다는 뜻이다.

若肖, 久矣其細也夫 약초, 구의기세야부

만약 도가 어떤 구체적인 모습을 닮았다면, 오랜 시간이 지나면 미세한 것으로 변해버릴 것이라는 뜻이다. "세細"는 "대大"에 대응되는 말이다. 엄본에는 "소小"로 되어 있다. 의미는 같다.

我恒有三寶, 持而寶之 아항유삼보, 지이보지

앞의 "보寶"자는 진귀한 물건이라는 뜻으로 명사이고, 뒤에 나오는 "보寶"는 가지고 있다는 뜻으로 동사다.

一曰慈, 二曰儉, 三曰不敢爲天下先
일왈자, 이왈검, 삼왈불감위천하선

"자慈"는 인자함이고, "검儉"은 절약이며, "불감위천하선不敢爲天下先"은 함부로 먼저 시작하지 않는 것이다. 옛날 사람들은 이렇게 말했다. "앞의 사람들은 사람의 마음을 빼앗고, 나중 사람들은 상대방이 쇠약해지기를 기다린다."[1] "대개 전장에 먼저 주둔해 있다가 적을 기다리는 쪽은 편안하지만, 나중에 전장에 주둔한 다음 허겁지겁 전투에 임하는 쪽은 수고롭다."[2] 『여씨춘추』「불이不二」에서는 "왕료王廖는 선제공격先을 중시했고, 아량兒良은 반격後을 중시했다"[3]라고 말했다. 옛날부터 병가에서는 선제공격先을 중시하는 파와 반격後을 중시하는 파 등 두 학파가 있었다. 세속에서는 먼저 시작하는 쪽이 강하고

---

1 『좌전』 문공文公 7년조, 선공宣公 12년조, 소공昭公 21년조 등에서 『軍志』를 인용한 것: 先人有奪人之心, 後人有待其衰.

2 『손자』「허실虛實」: 凡先處戰地而待敵者佚, 後處戰地而趨戰者勞.

3 『여씨춘추』「불이」: 王廖貴先, 兒良貴後.

나중에 손을 쓰는 쪽은 재앙을 당한다고 말한다. 『노자』는 반격後을 중시한다. 마오쩌둥은 이렇게 말했다. "우리는 자위적 입장에 서서 국민당의 진공에 반격하려고 한다. 하나는 자위이고 하나는 반격이다. (…) 우리의 계획은 다음과 같다. 제1조는 '세상 사람들보다 앞서지 않는다不爲天下先'라고 부르는 노자의 철학이다. 다시 말하면 우리는 먼저 총을 쏘지 않는다. 제2조는 바로 『좌전』에서 말한 '퇴피삼사退避三舍'[1]다. (…) 제3조는 『예기』에서 말한 '예상왕래禮尙往來'[2]다. 받기만 하고 보내지 않는 것은 예가 아니고, 보내기만 하고 받지 않는 것 역시 예가 아니다. 다시 말하면 '다른 사람이 나를 침범하지 않으면, 나도 다른 사람을 침범하지 않는다. 만약 다른 사람이 나를 침범한다면, 나도 반드시 다른 사람을 침범할 것이다.'"[3] 마오쩌둥의 이 말은 나중에 중국-인도 국경과 중국-베트남 국경에서 발생한 "자위반격전自衛反擊戰"에서도 사용되었는데, 말의 순서는 바뀌었다. 제2조와 제3조의 순서가 바뀌었다. 첫 번째는 먼저 총을 쏘지 않는 것이고, 두 번째는 상대방에서 우리를 공격하면 우리도 공격한다는 것이고, 세 번째는 분쟁이 발생한 지역을 공격하고 난 다음에는 다시 철수한다는 것이다.

1 퇴피삼사退避三舍는 90리를 물러난다는 말로 감히 싸우지 못하고 양보해준다는 것을 뜻한다.—옮긴이

2 예상왕래禮尙往來는 예에서는 서로 주거니 받거니 하면서 양보하는 것을 중시한다는 것을 뜻하는 말이다.—옮긴이

3 毛澤東, 「在中國共産黨第七次全國代表大會上的口頭政治報告」(1945년 4월 24일), 『毛澤東文集』 제3권, 北京: 人民出版社, 1996, 325~326쪽.

夫慈, 故能勇 부자, 고능용

용기는 자애로운 마음에서 나온다.

儉, 故能廣 검, 고능광

티끌만한 것이라도 절약하기 때문에 태산 같이 불어날 수 있다.

不敢爲天下先, 故能爲成事長 불감위천하선, 고능위성사장

세상 사람들보다 먼저 하지 않기 때문에 앉아서 그 성공을 볼 수 있고 모든 판국의 이익을 거두어들일 수 있다.

今舍其慈且勇, 舍其儉且廣, 舍其後且先, 則必死矣.

금사기자차용, 사기검차광, 사기후차선, 즉필사의.

앞에서 말한 세 가지 조목을 없애버리면 의심의 여지없이 분명히 죽음을 맞을 것이라는 뜻이다. "즉필사의則必死矣"는 백서 갑본에는 이와 같고, 을본에는 "필必"자가 없다. 하본, 엄본, 왕본 등에도 "필必"자가 없으며 차이가 크지 않지만, 부본에는 "시위입사문是謂入死門(이것을 죽음으로 들어가는 문이라고 한다)"으로 되어 있어 비교적 차이가 크다.

夫慈, 以戰則勝, 以守則固 부자, 이전즉승, 이수즉고

앞에서 말한 세 가지 조목 가운데서 자애慈愛는 첫 번째 조목이다. 자애는 생명을 아끼는 것으로 전쟁이 인간의 생명과 관련된 중대한 것임을 안다. "이전즉승以戰則勝"은 대부분의 판본에서 이와 같이 되어 있는데 오직 부본에만 "이진즉정以陳則正"으로 되어 있다.

天將建之, 如以慈垣之 천장건지, 여이자원지

하늘이 누군가를 완성하려고 하면 자애라는 성벽을 쌓아주기 때문에 전쟁을 하면 승리하고 수비를 하면 공고하다는 것을 말하고 있다. "건建"은 통행본에는 "구救"로 되어 있다. "원垣"은 통행본에는 "위衛"로 되어 있다. 위衛자와 회回자는 서로 바꿔 쓸 수 있는 통가자였다. 어쩌면 긍亘에서 회回로 와전되었고 그것은 또 통가자에 속하는 위衛자로 읽었을 것이다. 혹은 두 글자의 의미가 서로 비슷해서 바꿔 쓰게 되었을 것이다.

제70장

통행본 제68장

훌륭한 무사는 무력을 쓰지 않고, 전쟁을 잘하는 자는 분노하지 않고, 적을 잘 이기는 사람은 적과 맞붙지 않으며, 사람을 잘 쓰는 사람은 그 아래로 들어간다. 이것을 다투지 않는 덕이라 하고, 이것을 용인술, 즉 적당한 사람을 쓰는 방법이라 하고, 이것을 하늘과 짝이 되는 것이라고 하는데, 고대 무도의 최고 경지다.

善爲士者不武, 善戰者不怒, 善勝敵者弗與, 善用人者爲之下. 是謂不爭之德, 是謂用人, 是謂配天, 古之極也.

【대의】

부쟁의 덕

이 장에서도 전쟁에 대해 이야기하고 있다. 글쓴이는 훌륭한 무사는 힘을 헤아리고서 실행할 줄 알기 때문에 무력을 남용하지 않고, 전쟁을 잘하는 사람은 감정을 통제할 줄 알기 때문에 순간적인 분노를 표출하지 않고, 승리를 잘 하는 사람은 적과 맞붙지 않고도 전쟁에서 적을 이길 수 있고, 사람을 잘 쓰는 사람은 항상 현사賢士에 대하여 예로써 자신을 낮추기 때문에 사람들은 그에게 쓰이는 것을 즐거워한다. 이들 무덕武德은 모두 부쟁不爭의 덕이다. 이런 덕행이 있어야 비로소 사람 쓸 줄 안다고 할 수 있고, 비로소 하늘의 뜻을 헤아릴 줄 안다고 할 수 있다. 고대의 가장 고명高明하다는 사람도 이와 같을 뿐이었다.

【토론】

善爲士者不武 선위사자불무

여기서 말하는 "사士"는 무사다. 고대의 사士는 본래 무사였고, 조정朝廷 위에 있는 자들은 행실이 근엄한 군자였다. 전진戰陣 사이에 있는 자들은 용감하고 씩씩한 무부武夫였다. 무사가 문사文士로 바뀐 것은 공자 사후에 일어난 한 가지 변화였다. 구제강顧頡剛 선생이 이 문제에 대해 논의한 적이 있으니, 참고할 만하다.[1] "불무不武"에서 무武자는 과부戈部와 지부止部로 이루어진 글자로서 한 자루의 창戈과 한쪽 발[2]을 본뜬 것으로, 아마도 창을 든 보병을 뜻하는 글자일 것이

1 顧頡剛, 『史林雜識』(初編), 「武士與文士之蛻化」, 北京: 中華書局, 1963, 85~91쪽.

2 그칠 지止는 발 지趾의 본 글자다.

다. 옛날 사람 중에 "지止자와 과戈자가 결합하여 무武자가 되었다"고 풀이한 사람이 있었다.[1] 무武자는 본래 보무步武, 즉 발걸음을 가리키는 글자였지만, 나중에는 강무剛武, 용무勇武, 위무威武 등과 같이 여러 가지 무덕武德을 뜻하는 말로 확대되었다. 고대의 시법謚法에는 문文과 무武 등 두 글자가 있어 서로 대립되었다. 서양에는 전쟁이나 군사와 관련된 단어에 남성과 관련된 것이 많다.[2] 이 글자는 영어의 마초macho(사내다운) 혹은 마셜martial(전쟁의)과 매우 비슷하다.

善戰者不怒 선전자불로

군인이 가장 크게 경계해야 할 것은 분노다. 『손자』「화공火攻」에 이런 말이 있다. "군주는 분노 때문에 군사를 일으켜서는 안 되고, 장수는 노여움 때문에 전쟁을 일으켜서는 안 된다."[3]

善勝敵者弗與 선승적자불여

적을 잘 이기는 자는 상대방과 교전하지 않는다. 이른바 "싸우지도 않고 상대방의 군대를 굴복시키는 것이 최고 중의 최고다"라는 것이다. "여與"는 대부분의 판본에 "여與"로 되어 있고, 오직 부본에만 "쟁爭"으로 되어 있다. "쟁爭"으로 쓴 것은 통속화된 것이다.

1 『좌전』 선공 12년조.

2 李零, 『花間一壺酒』, 「戰爭啓示錄」, 北京: 同心出版社, 2005, 100~125쪽. 한국어판은 『꽃 사이에 술 한 병 놓고』(장창호 옮김, 글항아리, 2018)로 출간되었다.

3 『손자』 「화공」: 主不可以怒而興軍, 將不可以慍而致戰.

善用人者爲之下 선용인자위지하

다른 사람에게 자신을 잘 낮추면, 사람들은 그에게 쓰이는 것을 즐거워한다는 것을 말하고 있다.

是謂不爭之德 시위부쟁지덕

"불무不武" "불로不怒" "불여弗與" "위지하爲之下" 등은 모두 다른 사람과 싸우지 않는 것이다.

是謂用人 시위용인

이것을 적당한 사람을 찾아 쓰는 것이라고 한다. 통행본에는 "시위용인지력是謂用人之力(이것을 다른 사람의 힘을 빌려 쓰는 것이라고 한다)"으로 되어 있는데, 글자를 더하여 의미를 구체화했다.

是謂配天 시위배천

이것을 하늘의 도와 일치하는 것이라고 한다.

古之極也 고지극야

고대 무덕武德의 최고봉.

제71장

통행본 제69장

군사를 부리는 데 이런 말이 있다. 나는 감히 주동적으로 움직이지 못하고 오히려 수동적으로 움직이며, 나는 감히 한 치도 나아가지 못하고 오히려 한 자를 물러난다. 이것을 걸어가고 싶어도 길이 없는 것과 같은 경우라 하고, 팔을 걷어붙여 팔뚝을 드러내고 싶어도 팔뚝이 없는 것과 같은 경우라 하고, 무기를 집어 들고 싶어도 무기가 없는 것과 같은 경우라고 하는데, 그 때문에 바로 적이 없는 것이다. 적이 없는 것보다 더 큰 재앙은 없다. 적이 없다는 것은 나의 보물을 잃은 것과 같다. 그러므로 군사력이 엇비슷할 때는 전쟁을 슬프게 생각하는 쪽이 승리한다.

用兵有言曰, 吾不敢爲主而爲客, 吾不[敢]進寸而退尺. 是謂行無行, 攘無臂, 執無兵, 乃無敵矣. 禍莫大於無敵, 無敵, 近亡吾寶矣. 故稱兵相若, 則哀者勝矣.

【대의】

전쟁을 슬퍼하면 반드시 이긴다.

이 장도 전쟁에 대해 말하고 있다. 글쓴이의 생각은 세 층으로 나누어진다. 한 층의 생각은 다음과 같다. 옛날 사람은, 쌍방이 전투를 한다고 할 때 한쪽은 공격하는 쪽이고 한쪽은 수비하는 쪽이며, 한쪽은 기세가 등등하고, 한쪽은 점점 뒤로 물러선다면, 후자와 같은 태도를 취하는 것이 가장 좋다고 말했다. 다른 한 층의 생각은 다음과 같다. 전쟁에는 적이 없을 수 없다. 만약 적이 없다면, 엄청난 기량을 가지고 있다 하더라도 헛것이며, 아무리 좋은 군대라도, 또 아무리 좋은 무기라도, 그리고 아무리 좋은 지형地形을 차지하고 있더라도 모두 전혀 쓸모가 없다는 것이다. 그리고 다른 한 층의 의미는 다음과 같다. 만약 적이 있고, 설령 적군과 아군의 실력이 비슷하다 해도 용병用兵을 애례哀禮로써 간주하는 쪽이 승리를 거둔다는 것이다.

【토론】

用兵有言 용병유언

이것은 병가의 정설임을 설명한다. 『노자』와 『묵자』는 똑같이 방어 위주의 병법과 자기 보전 위주의 병법을 중시했다. 이점은 『손자』와는 다르다.

吾不敢爲主而爲客, 吾不敢進寸而退尺

오불감위주이위객, 오불감진촌이퇴척

『손자』「구지」에서 주객을 설명하면서 객을 더 중시했다. 그 개념은 다음과 같다. 내가 적국에 쳐들어가면 적은 주가 되고 내가 객이 되지만, 적이 내 나라에 쳐들어오면 내가 주가 되고 적은 객이 된다. 공격하는 쪽이 객이다. 그러나 여기서는 공격하는 쪽이 주가 되고 수비하면서 후퇴하는 쪽이 객이 된다. 공격하는 것이 좋은가, 수비하는 것이 좋은가? 역대로 논쟁거리였다. 통행본 『손자』의 「형形」 편에 다음과 같은 구절이 있다. "수비하면 부족하고, 공격하면 넉넉하다."[1] 인췌산銀雀山 출토 한대 죽간본에서는 이것과는 정반대로 다음과 같이 말한다. "수비하면 넉넉하고, 공격하면 부족하다守則有餘, 攻則不足." 후자는 초기 문헌의 본래 모습이다. 서양의 전술가도 이런 말을 했다. 예를 들어 카를 폰 클라우제비츠는 다음과 같이 말했다. 지키는 것이 빼앗는 것보다 쉽고, 방어가 공격보다 쉽다. "저항과 수비로부터 얻을 수 있는 장점은 모든 방어적 성질 속에 포함된다. 이러한 장점은 생활의 기타 영역에도 있고, 특히 전쟁과 매우 비슷한 소송에도 있다. 그것은 분명히 '홈그라운드의 이점'이라는 라틴 속담에서 전래되었을 것이다. 다른 하나의 순수한 것은 전쟁 자체가 가져다주는 장점으로, 지형地形의 이점이다. 그것은 방어자가 우선적으로 누릴 수 있는 이점이다."[2] 두 번째 나오는 "감敢"자는 갑본에는 빠져 있다. 을본에 의거하여 보충한다.

行無行 행무행

걸어가고 싶어도 길이 없다. 앞의 "행行"자는 길을 가는 것이고, 뒤의 "행行"자는 길이라는 뜻으로 쓴 것이다.

---

1 『손자』「형形」: 守則不足, 攻則有餘.

2 克勞塞維茨Karl Philip Gottfried von Clausewitz, 中國人民解放軍軍事科學院 譯, 『戰爭論』 第二卷, 北京: 商務印書館, 1978, 476쪽.

攘無臂 양무비

팔을 걷어붙여 팔뚝을 드러내고 싶어도 팔뚝이 없다.

執無兵 집무병

무기를 집어들고 싶어도 무기가 없다.

禍莫大於無敵 화막대어무적

이 말은 병가의 최고 진리이고 명언이다. "무적無敵"은 통행본에는 "경적輕敵"으로 되어 있는데 의미가 달라진다.

稱兵相若 칭병상약

여기서는 적군과 아군의 실력이 비슷한 것을 가리킨다. "칭병稱兵"은 옛날 책에서 비교적 자주 나온다. 예를 들어 『좌전』 양공 23년조, 27년조, 『예기』 「월령」 등이 그것이다. 칭稱자는 거擧자로 풀이할 수 있다. 여기서는 거병擧兵의 뜻이다. 통행본에는 "항병상가抗兵相加"로 되어 있다. 먼저 "약若"자를 "여如"자로 바꾼 다음 다시 "여如"자를 "가加"자로 잘못 바꿨을 것이다. "항병抗兵"은 옛날 책에 아주 드물게 보인다. 『위서』 「유휴빈전劉休賓傳」에서 "승성은 아직 수십 일을 저항할 수 있다"[1]라고 언급했다. 이는 저항의 뜻이다. 그러나 항抗자 역시 거擧자로 풀이할 수 있다.

1 『위서』 「유휴빈전劉休賓傳」: 升城猶能抗兵累旬.

近亡吾寶 근망오보

통행본에는 "기상오보幾喪吾寶"로 되어 있다. "기幾"는 견모미부見母微部에 속하는 글자고, 근近은 견모문부見母文部에 속하는 글자다. 두 글자가 음이 서로 비슷하다. "망亡", 초나라 죽간에서 망亡자는 두 가지 용법이 있다. 하나는 유무有無의 없을 무無와 같은 의미로서의 무亡고, 또 하나는 상망喪亡, 즉 죽다 혹은 멸망하다는 뜻을 나타내는 망亡이다. 앞의 경우는 망亡자로 쓰고 뒤의 경우는 상喪자의 생략형 글자체로 쓴 것이기 때문에 상喪자로 바꿔 쓸 수도 있다. 여기서의 "오보吾寶"는 아마도 앞서 제69장에서 말한 "나는 늘 세 가지 보물을 지니고 있다"[1]를 말하는 듯하다.

則哀者勝矣 즉애자승의

제31장을 참조할 것. 제31장에서는 전쟁은 흉사凶事이기 때문에 상례喪禮로 보아야 하며, "많은 사람을 죽이고 나서는 슬프게 곡을 하고, 전쟁에서 이기면 상례를 치르는 것과 같이 처신한다"[2]고 했다. 이 말은 나중에 "애병필승哀兵必勝", 즉 전쟁을 슬퍼하면 반드시 이긴다는 숙어가 되었다.

---

1 제69장: 我恒有三寶.

2 제31장: 殺人衆, 以悲哀泣之, 戰勝, 以哀禮處之.

제72장

통행본 제70장

내 말은 매우 알기 쉽고 매우 실행하기 쉽지만, 사람들은 그걸 알지 못하고, 실행하지도 못한다. 내가 하는 말에는 근거가 있고, 내가 하는 일에는 원칙이 있다. 사람들이 무지하기 때문에 나를 몰라주는 것이다. 나를 아는 사람이 거의 없다는 것은 내가 그만큼 귀하다는 것이다. 이 때문에 성인은 갈포 옷을 입고 그 속에 옥을 품고 있다.

吾言甚易知也, 甚易行也, 而人莫之能知也, 而莫之能行也. 言有宗, 事有君. 夫唯無知也, 是以不我知. 知我者希, 則我貴矣. 是以聖人被褐而懷玉.

【대의】

이해하는 사람이 너무 적다.

글쓴이는 자신을 이해해주는 사람이 너무 적다고 말한다. 그가 말하는 것은 뿌리가 있고 근거가 있기 때문에 이해하기 매우 쉽고 따라 하기도 매우 쉽지만, 애석하게도 대부분의 사람들은 너무 어리석어 이해하지 못하고 따라하지도 못한다. 그는 자신을 이해하는 사람이 적을수록 자신의 말을 설명하는 것은 더욱더 귀중하다고 한다. 그것은 마치 성인이 낡은 옷을 입고서 보배로운 옥을 품에 숨기고 있는 것과 같다는 것이다.

【토론】

言有宗, 事有君 언유종, 사유군

내가 하는 말과 내가 하는 일은 모두 근거가 있는 것이지 그냥 함부로 지껄이는 허튼소리가 아니라는 것이다. 이른바 "종宗"과 "군君"은 모두 뿌리가 있고 근거가 있음을 가리킨다.

夫唯無知也, 是以不我知 부유무지야, 시이불아지

그들이 너무 무지하기 때문에 나를 이해하지 못한다는 뜻이다.

知我者希 지아자희

나를 이해하는 사람이 적으면 적을수록 내가 하는 말의 가치는 더욱더 높아진다는 것을 말한다. "희希"는 드물다는 뜻이다.

是以聖人被褐而懷玉 시이성인피갈이회옥

"성인聖人"은 이상적인 통치자다. "갈褐"은 조악한 천으로 만든 옷이다. 성인이 자주 이해를 받지 못하는 것은 마치 겉에는 낡은 옷을 걸치고 있지만 품속에 보배로운 옥을 감추고 있는 것과 같다.

제73장

통행본 제71장

자신이 무엇을 모르는지 아는 것이 가장 좋다. 자신이 무엇을 아는지 모르는 것은 문제다. 성인에게 모자람이 없는 것은 그 자신의 문제를 문제로 여기기 때문인데, 이 때문에 성인에게는 모자람이 없는 것이다.

知不知, 上矣. 不知知, 病矣. 是以聖人之不病, 以其病病, 是以不病.

【대의】

모르는 것을 아는 것과 아는 것을 모르는 것.

자기가 무엇을 모르는지 아는 것이 가장 좋다. 자기가 무엇을 모르는지 알지 못한다면 그것은 큰 잘못이다. 성인은 이런 잘못을 저지르지 않는다. 그 자신이 잘못을 잘못으로 여기기 때문에 그는 그런 잘못을 저지르지 않는다.

【토론】

이 장에서 말하는 것은 매우 재미있다. 약간은 말장난 같다. "상上"자와 뒤에 나오는 네 개의 "병病"자는 모두 양부陽部의 압운을 이룬다. 『논어』「위정」에 이런 말이 있다. "스승님께서 말씀하셨다. 자로야, 안다는 것이 무엇인지 가르쳐주마. 네가 알고 있는 것을 안다 하고, 네가 모르는 것을 모른다고 하는 것, 그것이 바로 아는 것이다."[1] 이 역시 말장난 같고, 형식이 비슷할 뿐만 아니라 내용에 있어서도 비슷한 점이 있다.

不知知, 病矣. 부지지, 병의.

"부지지不知知"는, 갑본에서는 "불不"자 아래 중복부호를 잘못 찍었지만, 여기서 을본과 통행본에 의거하여 바로잡는다. 통행본에는 대부분 이 구절 다음에 "오직 병폐를 병폐로 여기기만 한다면 그 때문에 병폐가 되지 않는다夫唯病病, 是以病病"[1]라는 문장이 나온다. 『잠부론潛夫論』「사현思賢」에 이 두 구가 있는데, 이것이 바로 통행본들이

1 『논어』「위정」: 子曰, 由, 誨女知之乎. 知之爲知之, 不知爲不知, 是知也.

참조한 원본일 것이다.

是以聖人之不病, 以其病病, 是以不病.

시이성인지불병, 이기병병, 시이불병.

『한비자』「유로」에는 "병병病病"이 "불병不病"으로 되어 있고, "불병不病"은 "무병無病"으로 되어 있다. 통행본에서는 "시이是以"를 삭제해버렸다.

『장자』「제물론」에서도 이 문제에 대해 논의한 문장이 있다. 설결이 왕예에게 세 가지 문제에 대해 질문했다. 첫째, 만물에는 동일한 기준이 있는가라는 것이다. 이 물음에 대해 왕예는 내가 그것을 어떻게 알겠느냐고 대답했다. 둘째, 선생님은 선생님께서 모른다는 사실을 아느냐는 것이다. 이 물음에 대해 왕예는 내가 그것을 어떻게 알겠느냐고 대답했다. 셋째, 만물은 서로 이해할 수 없는가라는 것이다. 이 물음에 대해 왕예는 내가 그것을 어떻게 알겠는가라고 대답했다. 세 번의 물음에 대해 세 번 모두 모른다고 했다. 그러고 나서 그는 설명했다. 그렇지만 내가 알고 있다고 생각하는 것이 반드시 내가 모르는 것이 아니라는 것을 내가 어떻게 알겠으며, 내가 모른다고 생각하는 것이 반드시 내가 알고 있지 못하다는 것을 어떻게 알 수 있겠는가라고 되물었다.[2] 공자 역시 "부지不知"에 대해 말하기 좋아했다. 그

---

1 저자는 이 부분을 "夫唯病病, 是以病病"으로 인용하고 있지만, 실제로 대부분의 통행본(하본, 부본, 왕본 등)에는 "夫唯病病, 是以不病"으로 되어 있다. 즉 뒤쪽의 "病病"을 "不病"으로 쓰고 있는 것이다. 저자가 잘못 인용한 것으로 판단되어 실제 통행본에 따라 "不病"으로 번역한다.—옮긴이

2 『장자』「제물론」의 다음 문장을 참조할 것. "齧缺問乎王倪曰, 子知物之所同是乎. 曰, 吾惡乎知之. 子知子之所不知邪. 曰, 吾惡乎知之. 然則物無知邪. 曰, 吾惡乎知之. 雖然, 嘗試言之. 庸詎知吾所謂知之非不知邪. 庸詎知吾所謂不知之非知邪."

러나 결코 진짜 모르는 것이 아니라 알고 있어도 말해주지 않는다는 것으로서 그런 표현을 빌려 불만을 나타냈던 것이다.[1]

인지의 문제에서 우리가 가장 알기 어려운 것은 우리가 무엇을 모르고 있는지 모르고, 따라서 우리가 이미 알고 있는지 아직 모르고 있는지 그 한계를 분명하게 정하기 어렵다는 점이다.

1 『논어』「팔일」의 다음 문장을 참조할 것. "或問禘之說. 子曰, 不知也. 知其說者之於天下也, 其如示諸斯乎. 指其掌."(우리말 번역문은 김갑수 옮김, 『장자』, 글항아리, 2019, 개정증보판, 68쪽 참조)

제74장

통행본 제72장

백성이 위험을 두려워하지 않으면 장차 거대한 위험이 도래할 것이다. 그들이 사는 곳을 협소하게 해서는 안 되고, 그들의 삶을 압박해서는 안 된다. 그저 압박하지만 않아도 싫어하지 않는다. 이 때문에 성인은 스스로를 알지만 자신을 드러내지는 않으며, 스스로를 아끼지만 자신을 높이지는 않는다. 그러므로 저것을 버리고 이것을 취한다.

民之不畏威, 則大威將至矣. 毋狎其所居, 毋厭其所生. 夫唯弗厭, 是以不厭. 是以聖人自知而不自見也, 自愛而不自貴也. 故去彼取此.

【대의】

백성이 위험을 두려워하지 않으면.

『노자』는 자신이 살고 있는 세계에 대해 공포감을 가지고 있었다. 특히 백성이 반란을 일으킬까봐 두려워했다. 글쓴이는 백성이 일단 위험을 두려워하지 않으면 곧 거대한 위험이 들이닥칠 것이라고 말한다. 통치자는 백성이 지나치게 좁은 데서 살게 해서는 안 되고, 그들의 생활을 지나치게 궁핍하게 해서는 안 된다. 백성을 압박하지만 않아도 그들은 통치자를 버리지 않을 것이다. 성인은 스스로를 아는 총명함을 가지고 있지만 결코 다른 사람에게 자랑하지 않고, 자기 자신을 아끼지만 결코 스스로 뛰어난 인물이라고 생각하지 않는다. 성인은 스스로를 알고 스스로를 아끼는 쪽을 선택하고, 스스로 자랑하거나 허영심을 갖는 쪽을 선택하지 않는다.

【토론】

民之不畏威, 則大威將至矣. 민지불외위, 즉대위장지의.

"위威"는 위危와 통하는 글자다.

毋狎其所居, 毋厭其所生. 무압기소거, 무염기소생.

그들이 사는 거주환경을 너무 협소하게 해서는 안 되고, 그들의 생활을 너무 궁핍하게 해서는 안 된다. "압狎"은 백서 갑본에는 "갑閘"으로 되어 있고, 을본에는 "伂"으로 되어 있다. 또 왕본과 부본에는 "압狎"으로 되어 있고, 하본에는 "협狹"으로 되어 있으며, 엄본에는 "협挾"으로 되어 있다. 여기서는 협狹으로 읽는다. "염厭"은 압壓과 통하는 글자이고, 압박한다는 뜻이 있을 뿐만 아니라 싫어한다는 뜻도 있다.

여기서는 압壓으로 읽고 압박한다는 뜻으로 풀이한다.

夫唯弗厭, 是以不厭 부유불염, 시이불염

앞의 "염厭"은 압壓으로 읽고, 앞의 문장을 이어받는다. 뒤에 나오는 "염厭"은 글자 그대로 염厭으로 읽는데 싫어한다는 뜻을 나타낸다. 예를 들어 제66장의 "온 세상 사람들이 기꺼이 추대하면서 싫증을 내지 않는다天下樂推而弗厭也"라는 대목에서 쓴 "염厭"이 바로 싫어한다는 뜻이다. 이 두 구에서 뒤의 구는 압운을 맞추기 위해 일부러 목적어를 생략했다.

是以聖人自知而不自見也, 自愛而不自貴也.
시이성인자지이부자견야, 자애이부자귀야.

그 때문에 성인은 스스로를 아는 총명함을 가지고 있지만 결코 자기를 드러내지 않고, 자기 자신을 존중하지만 결코 자기가 무슨 대단한 능력을 지녔다고 생각하지 않는다.

故去彼取此 고거피취차

제12장과 제38장을 참조할 것.

제75장

통행본 제73장

과감한 쪽으로 결단을 내리면 죽고, 과감하지 않은 쪽으로 결단을 내리면 산다. 이 두 가지 중 어떤 것은 이롭고 어떤 것은 해롭다. 하늘이 어떤 것을 싫어하는지 그 속내를 누가 알겠는가? 하늘의 도는 싸우지 않고도 잘 이기고, 말하지 않고도 잘 대응하며, 부르지 않고도 저절로 오게 하고, 마음에 거리낌이 없으면서도 뛰어난 계책을 세운다. 하늘의 그물은 넓고도 넓어 성글지만 아무것도 놓치지 않는다.

勇於敢者則殺, 勇於不敢者則活, 此兩者或利或害. 天之所惡, 孰知其故. 天之道, 不戰而善勝, 不言而善應, 不召而自來, 坦而善謀. 天網恢恢, 疏而不失.

【대의】

하늘의 그물은 넓고 성글지만 아무것도 빠뜨리지 않는다.

이 장에서는 전쟁에 대해 이야기하고 있고, 그것은 또 죽음을 두려워하는가, 죽음을 두려워하지 않는가 하는 문제와 관련이 있다. 글쓴이는 전쟁에서 길흉화복吉凶禍福은 매우 예측하기 어렵지만, 적을 죽이는 데 목숨을 다할 정도라면 죽임을 당할 것이며, 자기를 보호하는 데 용감하면 살아남을 수 있으며, 이 두 종류 가운데 어떤 것을 선택하느냐에 따라 이로움과 해로움이 나누어진다고 생각한다. 하늘의 생각은 무엇일까? 하늘은 어느 쪽을 미워할까? 누구도 그것을 알지 못하지만, 하늘이 무엇을 좋아하는지는 오히려 매우 분명하다. 하늘이 좋아하는 것은 적군과 교전하지 않고서도 승리를 쟁취하는 사람이고, 명령을 내리지 않는데도 병사들의 지지를 얻는 사람이며, 적군을 투항하라고 부르지도 않았는데 적군이 자발적으로 투항해 오도록 하는 사람이고, 탁 트인 가슴을 가지고서 계책을 세우는 데 뛰어난 사람이다. 하늘은 공평하다. 하늘의 그물은 넓고도 넓어서 빠져나가기 쉬워 보이지만 그 어떤 것도 새어나가지 못한다. 생사生死와 화복禍福은 하늘의 뜻에 따라 결정되며, 모든 것은 우리가 알 수 없는 아득한 데서 저절로 처리된다.

【토론】

勇於敢者則殺, 勇於不敢者則活, 此兩者或利或害.

용어감자즉살, 용어불감자즉활, 차량자혹리혹해.

전쟁의 목적은 적군을 없애고 자신이 살아남는 데 있다. 이 목적을 달성하기 위해서는 대담해야 할 때는 대담하며, 소심해야 할 땐

소심해야 한다. 까닭 없이 목숨을 잃어서도 안 되고 오로지 살기만을 추구해서도 안 된다. 두 가지 가운데 어떤 것을 선택하든 각각 장단점이 있다. 따라서 어느 것이 더 좋은가는 말하기 매우 어렵다.

天之所惡, 孰知其故 천지소오, 숙지기고

도대체 목숨을 거는 것을 하늘이 싫어할지, 죽음을 두려워하는 것을 하늘이 싫어할지 매우 알기 어렵다. 이 두 구 다음에 통행본에는 "시이성인유난지是以聖人猶難之"라는 구절이 추가되어 있다. 그것은 성인조차도 매우 알기 어렵다는 뜻이다.

天之道, 不戰而善勝, 不言而善應, 不召而自來, 坦而善謀.
천지도, 부전이선승, 불언이선응, 불소이자래, 탄이선모.

이 몇 개의 구절에 대해서는『손자』의 다음과 같은 세 문장을 참고할 만하다.『손자』「모공謀攻」의 "이 때문에 백전백승하는 것은 가장 좋은 것이 아니다. 싸우지 않고도 적의 군사를 굴복시키는 것이 가장 좋은 것이다."[1] 이는 바로 여기서 말하는 "부전이선승不戰而善勝", 즉 싸우지 않고도 잘 이기는 것이다.「구지」의 "법에 없는 상을 베풀고, 정무에 없는 명령을 내린다. 삼군의 무리와 약속하면 마치 한 사람을 부리는 것처럼 할 수 있다. 사정에 맞추어 약속하되 말로 거듭 설명하지 말고, 이로움으로 약속하되 해로움을 알리지 않는다."[2] 이는 바로 여기서 말하는 "불언이선응不言而善應", 즉 말하지 않

1『손자』「모공」: 是故百戰百勝, 非善之善者也. 不戰而屈人之兵, 善之善者也.

2『손자』「구지」: 施無法之賞, 懸無政之令. 犯三軍之衆, 若使一人. 犯之以事, 勿告以言, 犯之以利, 勿告以害. 번역은『전쟁은 속임수다』(김승호 옮김, 글항아리, 2012, 694쪽)을 따랐다.

고도 잘 대응하는 것이다. 「허실虛實」의 "그러므로 싸움을 잘 하는 사람은 다른 사람을 오게 하고 다른 사람에게 끌려가지 않는다. 적군을 스스로 오게 할 수 있으면 이롭고, 적군을 오게 할 수 없으면 해롭다."[1] 이는 바로 여기서 말하는 "불소이자래不召而自來", 즉 부르지 않고도 저절로 오게 하는 것이다. "불소이자래不召而自來"는 백서 을본에는 "불不"이 "불弗"로 되어 있고, 갑본과 통행본도 같다. "탄이선모坦而善謀"는 삶과 죽음에 대해 마음에 거리낌이 없으며, 또 계책을 세우는 데 뛰어난 것이다. "탄坦"은 백서 갑본에는 "탄彈"으로 되어 있고, 을본에는 "단單"으로 되어 있고, 하본과 왕본에는 "천繟"으로 되어 있고, 엄본에는 "탄坦"으로 되어 있고 부본에는 "묵默"으로 되어 있다. "탄彈"과 "단單"과 "천繟"은 "탄坦"과 바꿔 쓸 수 있는 통가자였다. "묵默"자는 "전廛"자의 잘못일 가능성이 크다.

天網恢恢, 疏而不失 천망회회, 소이부실

오늘날의 말로는 "하늘의 그물은 넓고도 넓어 성글지만 아무것도 새어나가지 못한다天網恢恢, 疏而不漏"가 된다.

1 『손자』 「허실」: 故善戰者, 致人而不致於人. 能使敵人自至者, 利之也, 能使敵人不得至者, 害之也.

제76장

통행본 제74장

만약 백성이 조금도 죽음을 두려워하지 않는다면, 어떻게 살상으로써 그들을 두렵게 할 수 있겠는가? 만약 백성이 죽음을 몹시 두려워하면서도 난을 일으킨다면, 내가 그들을 죽여버릴 수 있을 텐데 그러면 누가 감히 난을 일으키겠는가? 만약 백성이 죽음을 몹시 두려워한다면 항상 처형을 담당하는 관리를 시켜 죽이게 해야 한다. 처형을 담당하는 관리를 대신하여 백성을 죽인다면 그것은 도목수를 대신해서 도끼질을 하는 것과 같다. 도목수를 대신하여 도끼질을 하면 자신의 손에 상처를 입히지 않는 경우가 드물다.

若民恒且不畏死, 奈何以殺懼之也. 若使民恒且畏死而爲奇者, 吾得而殺之, 夫孰敢矣. 若民恒且必畏死, 則恒有司殺者. 夫代司殺者殺, 是代大匠斲也. 夫代大匠斲者, 則希不傷其手矣.

【대의】

백성은 죽음을 두려워하지 않는다.

이 장에서는 백성이 죽음을 두려워하지 않으면 어떻게 해야 할까 하는 문제에 대해 말하고 있다. 첫째, 어떤 상황에서 죽일 수 있는가? 둘째, 어떤 사람을 죽일 것인가? 셋째, 누가 죽일 것인가? 글쓴이는 만약 백성이 죽음마저 두려워하지 않는다면, 죽은 자의 머리통을 베어 들고 그들을 위협해본들 그게 무슨 소용이 있겠느냐고 말한다. 죽일 수 없다. 만약 그들이 죽음을 두려워한다면 당연히 그들을 죽일 수 있다. 그러나 함부로 죽여서는 안 된다. 반란을 일으킨 자만 죽여도 나머지 사람들은 감히 난을 일으키지 못한다. 사람을 죽일 때는 직접 죽여서는 안 된다. 살인을 전담하는 관리를 시켜 죽이게 해야지 직접 손을 쓸 필요는 없다. 살인을 전담하는 사람을 대신해서 자기가 직접 사람을 죽인다면, 그것은 마치 목수 일을 모르면서 목수를 대신해 나무를 벤다면 자기 손에 상처를 내지 않는 것이 오히려 이상한 것과 같다. 그가 강조하는 것은 살인의 문제에 있어서도 무위해야 한다는 것이다. 즉 첫째, 마음대로 죽여서는 안 되고, 백성을 위협하기 위해서만 죽일 것이며, 둘째, 직접 죽여서는 안 된다는 것이다.

【토론】

若民恒且不畏死, 奈何以殺懼之也

약민항차불외사, 내하이살구지야

만약 백성이 죽음을 두려워하지 않고 또 철저하고도 확실하게 죽음을 두려워하지 않는다면 통치자가 죽은 자의 머리통을 베어다가 그들을 위협해본들 그게 무슨 소용이 있겠는가? 여기서 말하는 "항차불恒且不"은 강조하는 말투의 일종이다. 통행본에는 "불不"이 생략되어 있고, "살殺"이 "사死"로 되어 있다. 『윤문자』 「대도 하大道 下」에 "백성이 죽는 것을 두려워하지 않는다면 어떻게 죽음으로 그들을 두렵게 하겠는가?"[1]라는 구절이 있다. 이것이 바로 통행본이 참조한 원본일 것이다.

若使民恒且畏死而爲奇者, 吾得而殺之, 夫孰敢矣.

약사민항차외사이위기자, 오득이살지, 부숙감의.

만약 백성이 죽음을 두려워하고 철저하고도 확실하게 죽음을 두려워한다면, 설령 백성이 윗사람을 능멸하고 난을 일으킨다 해도 내가 그들을 붙잡아 죽여버린다면 누가 감히 난을 일으키겠는가? 통행본에는 "외畏"자 앞에는 "상常"자가 있고 "차且"자는 없다. "오득이살지吾得而殺之"는 하본, 엄본, 왕본 등에는 "오득집이살지吾得執而殺之"로 되어 있고, 부본에는 "오득이살지吾得而殺之"로 되어 있다. "위기爲奇"는 법도를 지키지 않고 윗사람을 능멸하고 난을 일으킨다는 의미다.

若民恒且必畏死, 則恒有司殺者 약민항차필외사, 즉항유사살자

만약 백성이 죽음을 두려워하고 또 철저하고도 확실하게 죽음을 두려워하고, 또 의심의 여지없이 분명히 죽을죄를 지은 자가 있다면, 살인을 담당하는 관리를 시켜 죽이게 해야지 내가 직접 손을 써서 죽일 필요가 결코 없다. "필必"자 역시 분명함을 강조하는 말로 썼다. 통행본에는 이 구절의 첫 번째 구가 없다.

1 『윤문자』 「대도 하」: 民不畏死, 如何以死懼之.

斲 착

도끼(자귀)를 가지고 목재를 자른다는 뜻이다.

希 희

희稀자와 같다. 드물다는 뜻이다.

제77장

통행본 제75장

사람들이 굶주리는 것은 세금을 많이 걷어가기 때문이다. 이 때문에 굶주리는 것이다. 백성이 다스려지지 않는 것은 윗사람이 유위하기 때문이다. 이 때문에 다스려지지 않는 것이다. 백성이 죽음을 가볍게 생각하는 것은 그들이 생활의 풍족을 추구하기 때문이다. 이 때문에 죽음을 가볍게 여기는 것이다. 오직 삶을 위해 무리하지 않는 것만이 삶을 소중하게 다루는 현명한 방법이다.

人之饑也, 以其取食稅之多也, 是以饑. 百姓之不治也, 以其上有以爲也, 是以不治. 民之輕死, 以其求生之厚也, 是以輕死. 夫唯無以生爲者, 是賢貴生.

【대의】

백성이 죽음을 두려워하지 않으면.

이 장 역시 백성이 죽음을 두려워하지 않는 문제에 대해 논의하고 있다. 앞부분에서는 백성이 죽음을 두려워하지 않는 데 대한 대처 방법을 말하고 있다. 먼저 백성이 죽음을 두려워하지 않는 원인을 분석한다. 백성은 본래 몹시 온순한데 어떻게 해서 죽음마저 두려워하지 않고 반란을 일으키는 지경까지 가게 만들었을까? 그것은 통치자로서는 가장 골치 아픈 일이다. 백성은 왜 죽음을 두려워하지 않을까? 그 원인은 간단하다. 그들은 삶에 대한 욕구가 절박하고 너무나도 살고 싶어 한다. 글쓴이는 사람들이 굶주리는 까닭은 세금으로 내는 곡식이 너무 많기 때문이라고 말한다. 백성을 관리하기 어려운 이유는 위에 있는 사람들이 쓸데없이 백성을 지나치게 괴롭히고 항상 백성을 성가시게 하기 때문이다. 인민들이 죽음을 두려워하지 않는 것은 살고자 하는 의지가 너무나도 강렬하기 때문이다. 최소한의 생존마저 유지해나갈 수 없다면 그들은 비로소 죽는 것이 사는 것보다 낫다는 것을 깨닫는다.

【토론】

이 장은 말하는 내용도 대단히 좋고, 분석도 매우 분명하고 확실하다. 아쉽게도 구본舊本에는 오류가 많고 구주舊注에는 틀린 곳이 많으며, "기其"와 "기상其上"을 자주 혼동하고 있다. 원문의 "기其"는 백성을 가리키고 "기상其上"은 백성 위에 있는 통치자를 가리킨다. 이 점은 본래 아주 분명했지만, 통행본에서는 억지로 통일성을 꾀하다 보니 "기其"자 아래 매번 "상上"자를 멋대로 추가함으로써 글의 뜻을 혼란하게 만들고 말았다. 이제 백서본을 얻었으니 통행본의 잘못을 바로잡고 역대로 내려오던 오해를 말끔히 씻어낸다.

人之饑也 인지기야

하본, 왕본, 부본 등에는 "민지기야民之饑也"로 되어 있고, 엄본에는 "인지기야人之饑也"로 되어 있다. 『후한서』「낭의전郎顗傳」에도 "인지기야人之饑也"로 되어 있다. "민民"은 당나라 태종의 이름을 피휘하기 위해 "인人"으로 바꾼 것이다.

以其取食稅之多也 이기취식세지다야

통행본에서는 다음에 나오는 문장과의 통일성을 기하기 위해 "기其"자 다음에 "상上"자를 추가했다. 여기서 말하는 "기其"는 "인人", 즉 다음 문장에 나오는 "백성百姓"과 "민民"이지 통치자를 가리키는 것이 아니다. "취식세取食稅"는 식량을 세금으로 빼앗기는 것이다.

百姓之不治也, 以其上有以爲也, 是以不治.
백성지불치야, 이기상유이위야, 시이불치.

두 개의 "불치不治"는 통행본에는 "난치難治"로 되어 있다. "난치難治"는 다스리기 어려운 것이지 근본적으로 다스릴 수 없는 것이 아니다. 그 정도가 다르다.

民之輕死, 以其求生之厚也, 是以輕死. 夫唯無以生爲者, 是賢貴生.
민지경사, 이기구생지후야, 시이경사. 부유무이생위자, 시현귀생.

"경사輕死"는 죽음을 두려워하지 않는 것, 즉 앞 장에서 말한 "불외사不畏死"다. "구생지후求生之厚"는 넉넉한 삶이고, 다음 문장에서 "귀생貴生"이라고 부르는 것이다. "귀생貴生"은 "경사輕死"와 대립되는 말로서 생명(삶)을 중시한다는 의미다. 우리가 주의해야 할 것은 이 몇 개의 구절의 주어가 모두 "민民"이지 통치자가 아니라는 점이다. 여태까지의 해석에서는 뒤쪽의 몇 구절의 주어를 통치자로 간주하는 경우가 많았고, 부본에서는 심지어 "기其"를 "기상其上"으로 바꾸어 위 문장과 통일하기까지 했다. 이렇게 고치면 곧바로 의미가 바뀌어버린다. 많은 사람들은 원문에서 말하고자 하는 것을 다음과 같이 이해하고 있다. 즉 백성이 죽음을 가볍게 여기는 원인은 통치자가 생명을 중시하는 데 있고, 그 때문에 통치자가 생명을 귀하게 여기지 않는 것이 오히려 생명을 중시하는 것보다 더 낫다는 것이다. 그런데 실은 백서본을 보면 그와는 정반대다. 백서본에서는 백성이 죽음을 가볍게 여기는 까닭은 그들이 생명을 중시하지만 살아갈 방법이 없기 때문에 그들은 오히려 죽음을 가볍게 여긴다고 말하며, 또 죽음을 가볍게 여기는 것이 생명을 귀하게 여기는 것보다 나은 것으로 본다고 말한다. 하상공河上公 주에서는 다음과 같이 설명한다. "사람들이 죽는 것을 가볍게 여기는 까닭은 그들이 지나치게 풍족한 생활을 추구하느라 위험을 자초하면서까지 이로운 것을 탐하기 때문이며, 또 지나치게 풍족한 삶을 추구하느라 사지死地로 들어가는 것을 가볍게 생각하기 때문이다."[1] 하상공 주에서는 사람들이 죽음을 가볍게 여기는 원인을 탐리貪利, 즉 이익을 탐하는 데 있다고 말했지만, 비록 맞지는 않지만 주어에 대한 이해는 맞다. 엄준은 보다 더 분명하게 다음과 같

1 『노자하상공주老子河上公注』「탐손제75貪損第七十五」: 人民輕犯死者, 以其求生活之道太厚, 貪利以自危, 以求生太厚之故, 輕入死地也.

이 말한다. "지금 누리고 있는 것을 계속 유지하고 싶어하는 욕망이 모두 세상 사람들보다 지나치다. 어떤 경우는 전자와 같고, 어떤 경우는 후자와 같다. 정신이 혼미하고 불안하기 때문에 가지고 있어도 없는 듯하고 살아 있어도 죽은 듯하다. 사람들은 의지와 용기와 담력이 넘쳐 눈을 부릅뜨고 서로 노려본다. 군주와 신하가 서로 음모를 꾸미고 아비와 자식이 서로 모의한다. 탕확湯鑊[1]의 형벌로도 두렵게 할 수 없고, 부월鈇鉞[2]의 형벌로도 멈추게 할 수 없다. 백성이 제 목숨을 가볍게 여기고 재물을 중시하고, 엄격하게 금지하는 것에 대해 위험을 무릅쓰면서까지 위반하고, 시퍼런 칼날을 향해 달려가고, 날아오는 화살을 무릅쓰는 등 제 몸을 돌보지 않으면서 재물 얻는 것을 최우선으로 삼는 것은 명예를 추구하고 풍족한 삶을 추구하기 때문이다."[3]

1 가마솥에 물이나 기름을 끓여 죄인을 그 속에 빠뜨리는 형벌.—옮긴이

2 칼과 도끼로 허리와 머리를 베어 죽이는 형벌.—옮긴이

3 嚴遵, 『노자지귀老子指歸』「인지기人之飢」: 在所欲存, 俱過於世, 或如彼, 或如此. 恍恍悒悒, 存不如亡, 生不如死. 志勇膽橫, 瞋目相視. 君臣相謀, 父子相揆. 湯鑊不能畏, 鈇鉞不能止. 民之所以細其命而大財寶, 乘危狹, 觸重禁, 赴白刃, 冒流矢, 不顧其身, 得利爲右者, 以其欲名之榮而求生之厚也.

제78장

통행본 제76장

사람이 살아 있을 때는 부드럽고 약하지만, 죽으면 근육이 굳어서 강해진다. 만물 가운데 풀과 나무는 살아 있을 때는 부드럽고 약하지만, 죽으면 말라서 뻣뻣해진다. 그러므로 굳세고 강한 것은 죽음의 무리에 속하고, 부드럽고 약한 것은 삶의 무리에 속한다. 군대가 강하면 적을 이길 수 없고, 나무가 강하면 부러진다. 강하고 큰 것은 아래쪽에 있고, 부드럽고 약한 것은 위쪽에 있다.

人之生也柔弱, 其死也筋肕堅強. 萬物草木之生也柔脆, 其死也枯槁. 故曰, 堅強者, 死之徒也, 柔弱, 生之徒也. 兵強則不勝, 木強則恒. 強大居下, 柔弱居上.

【대의】

굳세고 강한 것은 부드럽고 약한 것만 못하다.

사람이 살아 있을 때는 온몸이 부드럽다. 그러나 죽으면 딱딱하게 굳는다. 초목이 살아 있을 때는 매우 곱고 부드럽지만, 죽으면 말라 누렇게 되고 바싹 시든다. 딱딱하고 강한 것은 대개 죽은 것이고, 살아 있는 것은 그와는 반대로 부드럽고 약한 것임을 알 수 있다. 군대가 강하면 실패를 초래할 수 있고, 나무가 강하면 부러질 수 있다. 그러므로 강하고 큰 것은 대부분 아래쪽에 있고 부드럽고 약한 것은 대부분 위쪽에 있다.

【토론】

筋肕 근인

인肕은 굳은 살을 뜻한다.

脆 취

부드럽다는 뜻을 가지고 있다.

堅強者, 死之徒也, 柔弱, 生之徒也.

견강자, 사지도야, 유약, 생지도야.

"도徒"는 부류라는 뜻이다. "유약柔弱" 다음에 갑본에는 "미세微細" 두 글자가 자주 나오고, 을본과 통행본에는 "유약柔弱"으로만 되어 있다. 아마도 베껴 쓴 사람이 앞에 나오는 "취脆"자를 "취毳"자로 읽었기 때문에 "미세微細" 두 글자를 더해서 풀이한 것 같은데, 실은 잘못 들어간 쓸데없는 글자다. 제50장의 "사람은 태어나서 죽는다. 지금 삶의 기운이 왕성해지고 있는 사람은 10분의 3이고, 지금 죽어가는 사람은 10분의 3이며, 삶에서 죽음으로 옮겨가다가 여차하면 죽을 자리死地로 들어가는 사람이 10분의 3이다"[1]를 참조할 것.

兵強則不勝, 木強則恒 병강즉불승, 목강즉항

끝에 있는 글자는 갑본에는 "항恒"으로 되어 있고, 을본에는 "경竞"으로 되어 있다. 앞뒤 문장을 보면 여기서는 양부陽部의 압운을 쓰고 있음을 알 수 있다. 갑본은 원래 "강僵"으로 되어 있던 것이 글자의 모양이 비슷해서 "항恒"으로 와전되었으며, 을본에서 쓰고 있는 글자는 "강僵"과 서로 바꿔 쓸 수 있는 통가자였다. 이 글자는 왕본에는 "병兵"으로 되어 있고, 유월俞樾은 그것을 "절折"자의 잘못이라고 생각했다(『諸子評議』). 하본, 엄본, 부본 등에는 "공共"으로 되어 있지만, 이것은 "병兵"자의 잘못이다. 『문자』「도원」, 『회남자』「원도」, 『열자』「황제」 등에 "군대가 강하면 멸망하고, 나무가 강하면 부러진다兵強則滅, 木強則折"라는 말이 있다. 이는 또 다른 종류의 문헌이다.

強大居下, 柔弱居上 강대거하, 유약거상

제61장의 다음 부분을 참조할 것. "대국은 강물의 하류와 같고, 세상의 암컷이다. 세상의 모든 관계에서 암컷은 항상 고요함으로써 수컷을 이긴다. 암컷은 고요해야 하기 때문에 아래쪽에 있는 것이 좋다."

1 제50장: 出生入死. 生之徒十有三, 死之徒十有三, 而民生生, 動皆之死地之十有三.

제79장

통행본 제77장

하늘의 도는 활시위를 잡아당기는 것과 같이 높은 곳은 눌러주고 낮은 곳은 올려주며, 남는 곳은 덜어내고 부족한 곳은 보충한다. 그러므로 하늘의 도는 남는 데서 덜어내어 부족한 곳에 보충해주지만, 사람의 도는 그렇지 않고 부족한 사람에게서 덜어내서 남아도는 사람을 부양한다. 넉넉하게 남아돈다고 해서 자신의 재산을 덜어내 하늘에 바치려고 할 사람이 누가 있겠는가? 오직 도가 있는 사람만 그렇게 할 것이다. 이 때문에 성인은 어떤 일을 하더라도 그 결실을 소유하지 않고, 성과를 이루어도 거기에 머물러 있지 않는다. 이처럼 성인은 자신의 현명함을 드러내지 않으려 한다.

天之道, 猶張弓者也, 高者抑之, 下者擧之, 有餘者損之, 不足者補之. 故天之道, 損有餘而補不足, 人之道, 則不然, 損不足而奉有餘. 孰能有餘而有以取奉於天者乎. 唯有道者乎. 是以聖人爲而弗有, 成功而弗居也. 若此, 其不欲見賢也.

【대의】

천도와 인도

하늘에는 천도가 있고 사람에게는 인도가 있다. 하늘의 도는 남는 데서 덜어내어 부족한 곳을 보충한다. 그것은 마치 활을 잡아당기는 것과 같다. 활을 잡아당기면 활등의 상반부는 아래쪽을 향해 구부러지며, 하반부는 위쪽을 향하여 치켜 올라간다. 이것을 "높은 곳은 눌러주고 낮은 곳은 올려준다"라고 한 것이다. 사람의 도는 그것과는 정반대다. 즉 부족한 데서 덜어내어 남아도는 곳에 바친다. 글쓴이는 누가 남는 것을 하늘에 바칠 수 있겠는가라고 묻는다. 아마도 도를 터득한 사람뿐일 것이다. 성인은 모두 좋은 일만 하고 점유욕이 없으며 많은 재산을 원하지 않을 뿐만 아니라 명성조차도 원하지 않는다. 그들이 그렇게 하는 이유는 사람들이 그들을 대단하게 생각하는 것이 두렵기 때문이다.

【토론】

天之道, 猶張弓者也, 高者抑之, 下者擧之

천지도, 유장궁자야, 고자억지, 하자거지

이 문단은 많은 사람들이 해석했지만, 완전히 이해하지는 못했다. 사실 이치는 매우 간단하다. 활이라는 것을 한번 잡아당겨보기만 하면 위쪽은 아래쪽을 향해 구부러지고 아래쪽은 위쪽을 향해 구부러짐을 알 수 있다. 활등을 중심으로 양쪽을 원래의 고도와 비교해보면 위쪽은 내려가고 아래쪽은 올라간다고 할 수 있다. 공자는 "조화를 이루지만 동화하지 않는다"[1]고 주장했고, 노자도 대동大同을 말하지는 않았다. 그의 태도는 사회의 양극 중 높은 쪽은 좀 눌러주고 낮은 쪽은 좀 들어올려 그 양자의 거리를 적당하게 조절해야 한다는 것이다. 그는 결코 양자를 균등하게 하려고 하지는 않았다. 활을 가져다가 만약 위아래를 평평하게 해버리면 활등은 부러지고 만다.

故天之道, 損有餘而補不足, 人之道, 則不然, 損不足而奉有餘.

고천지도, 손유여이보부족, 인지도, 즉불연, 손부족이봉유여.

앞의 두 구는 조금 전에 나왔던 "하늘의 도는 (…) 남는 데서 덜어낸다天之道, (…) 有餘者損之"와 중복된다. 뒤의 두 구는 의미가 완전히 상반된다. 그러나 "봉奉"과 "보補"는 다르다. 보충하는 것이 아니라 바치는 것이다. 이 몇 구절은 진실로 고금을 꿰뚫고 있다. 중국 역사상 백성이 반란을 일으킬 때 거대한 깃발에는 "하늘을 대신하여 도를 실행한다替天行道"는 문구가 쓰여 있었다. 천도는 무엇일까? 그것은 바로 "남는 데서 덜어내어 부족한 곳을 보충해주는 것損有餘而補不足"이다. 인류 사회에서 너무도 비열한 것은 가난한 자들을 약탈하여 부자들을 도와주는 것, 즉 "손부족이봉유여損不足而奉有餘"하는 것이다. 그러나 비열한 것도 막장에 이르면 사태는 뒤집어진다. 이때 어떤 사람이 출현하여 하느님을 대신해서 이렇게 연설한다. 너희들은 가난한 자들을 약탈하여 부자들을 도왔지만, 우리는 부자들을 약탈하여 가난한 자들을 도울 것이다.

1 『논어』「자로」: 和而不同.

孰能有餘而有以取奉於天者乎. 唯有道者乎.

숙능유여이유이취봉어천자호. 유유도자호.

이것은 묻는 말이다. 재산이 지나치게 많다는 이유로 양심의 가책을 받아 그 재산을 가져다가 하늘에 바치려고 할 사람이 있겠는가? 아마도 "유도자有道者", 즉 도를 터득한 사람뿐일 것이다. 앞의 구절은 하본과 왕본에는 "숙능유여이봉천하孰能有餘以奉天下"로 되어 있고, 엄본에는 "숙능손유여이봉천하孰能損有餘而奉天下"로 되어 있으며, 부본에는 "숙능손유여이봉부족어천하자孰能損有餘而奉不足於天下者"로 되어 있다. "손損"자는 나중에 덧붙인 글자다. 이들 판본의 차이점 중 가장 중요한 것은 "천자天者(하늘)"를 "천하天下(세상 사람들)"로 바꿨다는 점이다.

是以聖人爲而弗有, 成功而弗居也

시이성인위이불유, 성공이불거야

여기서 『노자』도 성인을 끌어들여 이야기한다. "불유弗有"는 통행본에는 "불시不恃"로 되어 있다. "불거弗居"는 통행본에는 "불처不處"로 되어 있다.

若此, 其不欲見賢也 약차, 기불욕견현야

통행본에는 "약차若此"가 없다.

제80장

통행본 제78장

세상에서 물보다 부드럽고 약한 것은 없지만, 견고하고 강력한 것을 공격하는 데는 그것보다 나은 것이 없고, 다른 무엇으로도 대체할 수 없다. 물이 견고한 것을 이기고 약한 것이 강한 것을 이기는 것을 세상에 알지 못하는 사람은 없지만 그러한 도리를 실행할 수 있는 사람은 없다. 그러므로 성인은 다음과 같이 말한다. 한 나라의 더러운 것을 다 받아들이는 사람을 사직社稷의 주인이라 하고, 한 나라의 상서롭지 못한 것을 다 받아들이는 사람을 천하의 왕이라고 한다. 올바른 말은 반어反語와 같다.

天下莫柔弱於水, 而攻堅強者, 莫之能勝也, 以其無以易之也. 水之勝剛, 弱之勝強, 天下莫弗知也, 而莫能行也. 故聖人之言云. 曰, 受邦之垢, 是謂社稷之主, 受邦之不祥, 是謂天下之王. 正言若反.

【대의】

부드럽고 약한 것이 굳세고 강한 것을 이긴다.

세상에 물보다 부드럽고 약한 것이 없다. 그러나 물을 대신할 만한 것이 없고, 견고하고 굳은 것을 물보다 더 잘 이겨낼 수 있는 것은 없다. 부드러움으로 강인함을 이기고, 약함으로 강함을 이겨내는 이런 이치를 세상 사람 중에 모르는 이가 없고 깨닫지 못하는 자가 없지만, 아무도 물을 따라 하려고 하지 않는다. 성인은 국가를 위해 부끄러움과 수치심을 참아내며 불길함을 받아들일 수 있는 사람만이 나라(사직)의 주인이 될 수 있고, 천하의 왕자가 될 수 있다고 말한다.

【토론】

이 장에서는 부드럽고 약한 것이 굳세고 강한 것을 이긴다는 점을 강조하며, 물을 그 예로 들고 있다.

天下莫柔弱於水, 而攻堅強者, 莫之能勝也, 以其無以易之也.
천하막유약어수, 이공견강자, 막지능승야, 이기무이역지야.

떨어지는 물방울은 바위를 뚫을 수 있다. 검푸른 바다가 뽕나무밭으로 변하고, 웅장한 산세가 거친 물살로 변하며, 온갖 지형과 지세의 변화 등은 모두 물과 관련이 있다. 가령 옥을 가공하는 해옥사解玉砂[1]를 쓸 때도 물 흐름의 도움을 받다. 물이 그 무엇보다도 강해서 다른 것으로 대체할 수 없기 때문이다. "승勝"은 백서 갑본과 을본 모두 결락되어 있고, 하본과 왕본에는 "승勝"으로 되어 있으며, 부본에

1 고대에 옥기를 만들 때 옥을 자르고 연마하는 데 사용한 도구. 연옥사碾玉砂, 형사邢砂, 마옥하수사磨玉夏水砂 등으로도 부른다.—옮긴이

는 "선先"으로 되어 있다. 첫 번째 구는 각 책들이 대체로 같지만, 하본에만 "세상에서 물보다 부드럽고 약한 것은 없다天下柔弱, 莫過於水"로 되어 있다.

水之勝剛, 弱之勝強, 天下莫弗知也, 而莫能行也.

수지승강, 약지승강, 천하막부지야, 이막능행야.

참고로 제72장에서 "내 말은 매우 알기 쉽고 매우 실행하기 쉽지만, 사람들은 그걸 알지 못하고, 실행하지도 못 한다"[1]라고 하면서 "도"를 모르는 멍청이에 대해 이야기했다. "수水"는 갑본에는 결락되어 있는데 여기서는 을본에 의거하여 보충한다. 이 두 구는 하본과 왕본에는 "약지승강, 유지승강弱之勝強, 柔之勝剛"으로 되어 순서가 뒤바뀌어 있다. 엄본에는 "부수지승강, 유지승강夫水之勝強, 柔之勝剛"으로 되어 있다. 구 앞에 "수水"자가 있는 점은 을본과 같지만, 두 구의 순서가 역시 뒤바뀌어 있다. 부본에는 "유지승강, 약지승강柔之勝剛, 弱之勝強"으로 되어 있다. 순서는 백서본과 같지만 "수水"자가 없다.

故聖人之言云 고성인지언운

이 말은 다음에 나오는 말을 가리킨다. 왕본과 하본에는 "지언之言"이라는 말이 없다.

1 제72장: 吾言甚易知也, 甚易行也, 而人莫之能知也, 而莫之能行也.

曰, 受邦之垢, 是謂社稷之主, 受邦之不祥, 是謂天下之王.

왈, 수방지구, 시위사직지주, 수방지불상, 시위천하지왕.

치욕을 참고 중책을 짊어지고 과감하게 시련을 감당해내야 비로소 큰일을 이룰 수 있다는 것을 말한다. "사직의 주인社稷之主"은 한 나라의 주인이고, "천하의 왕天下之王"은 온 세상의 주인, 즉 천자天子다.

正言若反 정언약반

난세亂世에는 옳고 그름이 전도되고 올바른 말은 반어反語로 변하기 때문에 분명히 알기가 정말로 어렵다. 우리는 올바른 말을 반대말로 생각하고 반대말을 올바른 말로 생각하면 모르긴 몰라도 십중팔구는 맞을 것이다.

제81장

통행본 제79장

큰 원한은 그것을 해소하더라도 반드시 남는 원한이 있으니 어떻게 해야 잘 될 수 있을까? 이 때문에 성인은 계약서를 들고서 다른 사람에게 빚 독촉을 하지 않는다. 그러므로 덕이 있는 사람은 빼앗지 않고 덕이 없는 사람은 빼앗아 간다. 하늘의 도는 편애하지 않지만, 언제나 선한 사람善人과 함께 한다.

和大怨, 必有餘怨, 焉可以爲善. 是以聖人執右契, 而不以責於人. 故有德司契, 無德司徹. 夫天道無親, 恒與善人.

【대의】

다른 사람이 나를 저버릴지언정 나는 다른 사람을 저버리지 않는다.

『노자』는 큰 원한을 풀어버렸다 해도 마치 내가 도리어 상대방에게 빚을 지고 있는 것처럼 대개는 아직 삭이지 못한 원한이 남는다고 말한다. 가장 좋은 방법은 성인聖人과 같이 채권을 꺼내들기는 하되 변제를 독촉해서는 결코 안 되고, 상대방이 나에게 빚을 지고 있다는 사실을 깨닫도록 하는 것이다. 덕이 있는 사람은 채권을 꺼내든 사람이고, 덕이 없는 사람은 직접 변제를 독촉하는 사람이다. 천도는 사람을 후하게 대하거나 각박하게 대하는 경우는 없지만, 천도는 그래도 "선한 사람善人"을 더 좋아한다.

【토론】

和大怨, 必有餘怨, 焉可以爲善 화대원, 필유여원, 언가이위선

뼈에 사무치는 원한은 완전히 없애기가 매우 어렵다. 화해하고 나서도 여전히 삭혀지지 않은 원한이 남는 경우가 왕왕 있다. 어떻게 해야 좋을까? "언焉"은 통행본에는 "안安"으로 되어 있다. "선善"은 알맞다, 타당하다는 뜻이다.

是以聖人執右契, 而不以責於人 시이성인집우계, 이불이책어인

"우계右契"는 갑본에는 이렇게 되어 있고, 을본과 통행본에는 "좌계左契"로 되어 있는데 "좌계左契"로 되어야 한다. 오늘날 계약 시에는 똑같은 내용을 두 매 만든다. 고대에는 나무에 내용을 새겨 계契, 즉 증표를 만들고 그것을 두 쪽으로 나누었다. 그것의 진위를 확인할 때는 쪼개진 쪽을 맞춰보아 반드시 서로 꼭 맞아떨어져야 했다. 채권자는 좌계左契, 즉 증표의 왼쪽 조각을 가졌고 채무자는 우계右契, 즉 증표의 오른쪽 조각을 가지고 있었다. "책責"은 빚을 뜻하는 채債자와 뿌리가 같은 글자다. 여기서는 빚을 독촉한다는 뜻으로 썼다. 『노자』는 원한을 없애는 가장 좋은 방법은 상대방을 원망하는 것이 아니라 상대방으로 하여금 빚을 지고 있다는 것을 느끼게 하는 것이라고 보았다. 예를 들어 좌계左契를 꺼내들기만 하고 독촉을 하지 않는 것처럼 해야 한다는 것이다. 사람들은 이것을 친절한 채권자라고 한다. 조조가 한 유명한 말이 있다. "내가 다른 사람을 저버릴지언정 다른 사람은 나를 저버리지 못 한다."[1] 거꾸로 말하면 "다른 사람이 나를 저버릴지언정 나는 다른 사람을 저버리지 못한다"는 것이 된다. 여기서 말하고자 하는 것은 바로 사람들로 하여금 나에게 빚을 지고 있다고 생각하게 만드는 것이다.

故有德司契, 無德司徹 고유덕사계, 무덕사철

"철徹"은 예전에는 주대의 철법徹法, 즉 10분의 1의 비율에 따라 농업세를 거두는 제도라고 설명했다. 철徹은 고문자에서는 손으로 솥을 들어 옮기는 것을 형상화한 글자로서 나중에 나타난 철撤과 같은 글자였다. 사계司契는 빼앗지 않는 것이고, 사철司徹은 빼앗는 것으로 완전히 상반된다. 『노자』는 무위를 쓰기 때문에 당연히 가져가지 않는다.

1 『삼국지三國志』「위지魏志」 무제기武帝紀의 주: 寧我負人, 毋人負我.

夫天道無親, 恒與善人 부천도무친, 항여선인

"천도무친天道無親"은 사람이 원한다고 해서 바뀌는 것이 아니라는 뜻이다. "항여선인恒與善人"은 선한 사람에게 항상 유리하다는 것을 말한다. "선한 사람善人"은 좋은 사람이다. 이 말은 제8장, 제27장, 제62장 등에도 나온다. 이것은 『노자』에서 도를 널리 알리고자 하는 심리학적 구상에 따른 것이다. 일반 사람들은 천도는 매우 신비롭기 때문에 사람의 힘으로 좌우할 수 있는 것이 아니라고 믿는다. 『노자』에서 말한 "천도무친天道無親"은 사람들의 그러한 신앙에 부합할 수 있다. 일반 사람들은 좋은 사람에게는 좋은 보답이 주어지기를 바라고, 손해는 작게 보고 이득은 크게 나기를 희망한다. 『노자』에서 말한 "항여선인恒與善人" 역시 일반 사람들의 이러한 희망을 만족시켜 줄 수 있다. 『설원』「경신」에서는 『금인명』에 "하늘의 도는 편애하지 않지만, 언제나 선한 사람善人과 함께 한다"[1]라는 등의 말이 있다고 인용했는데,[2] 이 말이 바로 그 원본일 것이다.[3] 『후한서』「원소전袁紹傳」에서는 이 구절을 인용하면서 『태공금궤太公金匱』에 나왔다고 말했다.

1 『설원』「경신」: 天道無親, 常與善人.

2 『공자가어』「관주觀周」에도 보인다.

3 鄭良樹, 『諸子著作年代考』, 「金人銘與老子」, 12~20쪽.

옮긴이의 말

『노자』에 대한 번역서나 역주서 그리고 해설서 등은 매우 많습니다.

그것은 비단 우리나라만 그런 것이 아니고 다른 나라도 마찬가지입니다. 그리고 오늘날에만 그런 것이 아니라 아주 먼 옛날부터 그래 왔습니다. 인터넷 서점에서 "도덕경" 혹은 "노자"를 입력하면 『노자』 번역서나 해설서, 연구서 등이 셀 수 없을 만큼 쏟아져 나옵니다.

이미 나와 있는 『노자』 관련 책이 그렇게 많은데도 불구하고 이 책을 또 보태는 데는 그럴 만한 충분한 가치가 있다고 생각되기 때문입니다. 이 책은 이제까지 나온 그 어떤 『노자』와도 다른 점이 있고, 단순히 다르기만 한 것이 아니라 『노자』 이해에서 필수적이라고 할 수 있는 장점들을 가지고 있습니다.

『노자』는 겨우 5000자 정도의 글자로 이루어진 책입니다. 문장은 대부분이 길이가 짧고, 운율을 이루고 있습니다. 그런 문체적 제약 때문에 애매한 구절이 많고, 그것이 담고자 하는 사상 역시 일반적인 생각과는 거리가 멀거나 역설적인 것이 많습니다. 그 때문에 애초부터 여러 가지 관점에서 해석할 수 있는 여지를 지니고 있었습니다. 그것이 바로 자신의 해석이 노자 사상의 정수라고 주장하는 다양한 해석이 나오게 된 원인의 하나라고 생각됩니다.

같은 이유에서 어느 책보다 다양한 판본을 가진 책이 바로 『노자』입니다. 『노자』에 대한 가장 이른 해설서로는 『장자』와 『손자』가 있으며, 주석서로는 『한비자』(「해로」 「유로」)가 있습니다. 『장자』는 주로 양생이나 삶의 지혜로 노자를 이해했고, 『한비자』는 제왕의 통치술로 이해했으며, 『손자』는 전쟁술로 이해했습니다. 그 뒤 한나라 이후 여러 가지 주석서가 쏟아져 나왔습니다. 그 가운데 오늘날까지 전해지는 책으로는 하상공河上公(한 문제 때 사람)의 『도덕경장구道德經章句』, 왕필王弼(226~249)의 『노자도덕경주老子道德經注』, 부혁傅奕(555~639)의 『도덕경고본道德經古本』, 엄준嚴遵(기원전 86~기원전 10)의 『도덕진경지귀道德眞經指歸』, 장도릉張道陵(34~156)의 『노자상이주老子想爾注』 등 다섯 가지가 있습니다. 한대 이후에 나온 이 다섯 가지 『노자』 주석서는 그 뒤로 『노자』 이해의 기본 텍스트가 되었는데, 이들을 가리켜 통행본이라고 합니다. 이들 주석서는 각각 서로 다른 관점에서 『노자』를 이해했습니다.

1973년 후난성 창사長沙 마왕두이馬王堆에서 한대漢代의 무덤을 발굴했습니다. 거기서 비단에 쓴 『노자』 두 가지가 출토되었습니다. 이것을 백서본帛書本 갑본甲本과 을본乙本이라고 부릅니다. 또 1993년에는 후베이성 징먼荊門 궈뎬郭店에서 전국시대 중기로 보이는 초楚나라 사람의 무덤을 발굴했습니다. 그곳에서는 죽간竹簡에 쓰인 『노자』가 발견되었습니다. 이것을 죽간본竹簡本이라고 부릅니다. 이들 출토 문헌은 아직 종이가 발견되기 이전이나 혹은 보편적으로 쓰이기 이전의 책이며, 주석이나 해설은 없고 『노자』 원문만 있습니다. 따라서 통행본에 비해 『노자』의 원형에 가깝다고 할 수 있겠죠. 주석이 없는 출토본 『노자』는 적어도 의도적인 왜곡이나 변형이 없거나 비교적 적을 것이라고 추정할 수 있으니까요.

근대 이전에 책은 대개 필사를 통해서 유통되었습니다. 목판이나 활자 등으로 유통된 책이 차지하는 비중은 필사본에 비해 극히 미미했죠. 게다가 『노자』나 제자백가서 등이 목판이나 활자본으로 정착된 것은 당대唐代 이후에나 가능한 일이었습니다. 그 이전에는 손으로 직접 쓴 필사본 형태로 유통되었습니다. 그리고 『노자』나 『장자』의 경우 원문만 따로 유통된 것이 아니라 특정 학자의 주석과 함께 전해져왔습니다. 소위 통행본이라고 불리는 책들은 모두 『노자』 원문만이 아닌 주석과 함께 전해지고 있으며, 각 책마다 해석이 다른 것은 말할 것도 없고, 『노자』 원문의 글자가 다르기도 합니다.

이 책은 리링李零의 『人往低处走: 『老子』天下第一』(北京: 三聯書店, 2008, 제1판)을 우리말로 옮긴 것입니다. 다만 원작의 끝부분에 실린 "부록"은 『장자』 『사기』 『한서』 『예기』 『순자』 『여씨춘추』 『열자』 『회남자』 『설원』 『전국책』 등 노자老子나 노래자老萊子에 관한 기록이 들어 있거나 노자의 말을 인용한 옛 문헌 그리고 『한비자』의 「유로」 편과 「해로」 편을 원문 그대로 전재하고 있기 때문에 이 부분은 제외했습니다.

리링의 이 책은 백서본 갑본을 저본으로 삼고 을본을 참고하여 글자를 보충했습니다. 각 장은 『노자』 원문(번역 원문과 한자 원문)—"대의"—"토론" 등의 순으로 구성되어 있습니다. 그리고 각 장의 순서는 저본으로 삼은 백서본 갑본에 따랐고, 그것이 통행본 몇 장에 해당하는지 괄호 속에 밝혀두었습니다. "대의"에서는 각 장의 의미를 간략하게 설명했고, "토론"에서는 원문 한 글자 한 글자에 대해 풀이했습니다. 그리고 다섯 가지 통행본 및 출토 문헌 그리고 여러 고대 문헌에 인용된 『노자』의 구절 등을 비교 분석하면서 어떤 것이 보다 더 원본에 가까운가, 그리고 그것들의 선후先後 관계는 어떠한가를 탐색하여 정리했습니다. 이는 『노자』의 본래 모습이 어떤 것이었는지를 밝히는 대단히 중요한 작업입니다. 이를 통해 『노자』를 본래 모습에 가깝게 복원한 것은 물론이고 여러 가지 판본 및 인용된 문헌과 피인용된 문헌의 관계를 밝히는 데도 중요한 성과를 거두었습니다.

몇 년 전에 번역한 『집 잃은 개喪家狗』(글항아리, 2012)에서도 언급했듯이 리링은 중문학 전공자이고 그는 이른바 삼고三古, 즉 고문자학, 고문헌학, 고고학에 능통한 사람으로, 현존하는 중국 최고급 연구자에 속합니다. 시안西安 병마용 전시실 한켠에는 병마용의 발굴 과정의 모습과 발굴에 참여한 학자들 사진이 걸려 있습니다. 여기에 리링의 사진이 설명과 함께 걸려 있습니다. 그는 고고학적 유물이나 고문헌이 출토될 때 가장 먼저 달려갑니다.

글항아리에서 출판했거나 출판하고 있는 리링의 고전 주석서 전집은 해당 고전이 가지고 있는 민낯을 보여준다는 데 가장 큰 특색이자 장점이 있습니다. 유가서를 포함한 제자백가서는 약 3000년 내외의 긴 세월에 걸쳐 무수한 사람의 손을 거쳤고, 그 과정에서 글자가 바뀌기도 하고 해석이 갈리기도 하면서 현재 우리에게까지 전해지고 있습니다. 다시 말하면 현재 우리가 보고 있는 제자백가서는 후대인들에 의해 덧칠해지거나 변형된 부분이 매우 많다는 것입니다.

우리가 리링의 주석이나 해석을 중시하는 것은 그가 자신만이 가지고 있는 도구와 기법을 이용하여 덧칠해진 부분을 벗겨내고 변형된 부분을 바로잡는 데 남다른 노력을 기울였고, 또 많은 성과를 거두었기 때문입니다. 리링은 후대 사람들의 부주의로 인한 오류를 바로잡고, 의도적인 해석을 걷어냄으로써 고전이 본래 가지고 있던 진면목을 우리에게 보여주고, 그에 대한 해석이나 판단은 독자의 몫으로 돌리고 있습니다. 리링의 이러한 진면목 찾기 작업은 고전 중에서도 가장 많은 판본과 다양한 해석을 가지고 있는 『노자』와 『논어』에서 그 진가를 발휘합니다. 여타의 제자백가서와는 달리 특이하게도 『노자』는 통행본의 종류가 많을 뿐만 아니라 백서본과 죽간본 등과 같은 출토문헌도 비교적 많은 편입니다. 거기에 각 도관道觀의 석각본과 둔황본燉煌本, 투루판본吐魯番本, 러시아 소장본俄藏本까지 합하면 그야말로 수십 가지의 서로 다른 『노자』가 있는 셈입니다. 그러다 보니 하나의 글자, 한 줄의 문장을 놓고도 글자가 다르거나 완전히 딴판으로 해석되는 경우가 너무도 많습니다. 물론 각자 나름의 관점에서 여러 가지로 해석하는 것을 탓할 필요는 없습니다. 그러나 『노자』의 진면목을 보고, 그로부터 출발하고 싶어하는 사람에게는 어떤 판본이 『노자』 원본에 더 가까운지, 누구의 해석이 노자의 진의를 더 잘 나타내고 있는지 헷갈릴 수밖에 없습니다.

그런 점에서 볼 때 글항아리에서 번역한 리링 전집 가운데 리링의 학술적 장점을 가장 잘 드러낼 수 있는 책은 바로 『노자』라고 할 수 있습니다. 앞에서도 설명했듯이 『노자』야말로 판본이 가장 많고, 각 판본이나 인용자에 따라 글자가 변형되기도 하고 해석이 크게 다르기도 하며, 또 출토문헌의 종류도 다른 고전에 비해 가장 많습니다. 그 때문에 고문헌학적, 고문자학적, 나아가 고고학적 지식을 겸비한 리링의 학술적 장점을 가장 잘 드러낼 수 있는 책이 바로 말도 많고 설도 많은 『노자』라고 할 수 있을 것입니다.

노자라는 인물과 책 『노자』에 대해서는 이 책의 저자 리링이 일목요연하게 잘 정리하여 자세하게 설명하고 있습니다. 그러므로 굳이 여기서 다시 설명하지 않겠습니다.

이 책의 번역 원고는 2017년 4월 말에 탈고했으나 출판사와 옮긴이의 사정으로 말미암아 출판이 다소 늦어졌습니다.

오역이나 옮긴이가 잘못 설명한 것은 반드시 바로잡아 다음 쇄에 반영하도록 하겠습니다. 저의 개인 메일(honeydance@hanmail.net)로 언제든지, 자유로운 형식으로 의견 보내주시기 바랍니다. 독자 여러분의 지적과 충고는 한 글자라도 사소하게 여기지 않고 고맙게 받겠습니다.

옮긴이 김갑수

찾아보기

ㄴ

ㄷ

ㅂ

ㅅ

노자

실증적 『노자』 읽기

1판 1쇄 2019년 10월 30일
1판 2쇄 2023년 2월 2일

지은이 리링
옮긴이 김갑수
펴낸이 강성민
편집장 이은혜
기획 노승현
마케팅 정민호 이숙재 김도윤 한민아 이민경 정유선 김수인
브랜딩 함유지 함근아 김희숙 고보미 박민재 박진희 정승민
제작 강신은 김동욱 임현식

펴낸곳 (주)글항아리 | 출판등록 2009년 1월 19일 제406-2009-000002호

주소 10881 경기도 파주시 회동길 210
전자우편 bookpot@hanmail.net
전화번호 031-955-2696(마케팅) 031-955-1936(편집부)
팩스 031-955-2557

ISBN 978-89-6735-675-0 03150

잘못된 책은 구입하신 서점에서 교환해드립니다.
기타 교환 문의 031-955-2661, 3580

geulhangari.com